ŒUVRES

DE

J. BARBEY D'AUREVILLY

ŒUVRES

DE

BARBEY D'AUREVILLY

L'ENSORCELÉE

PARIS

ALPHONSE LEMERRE, ÉDITEUR
27-31, PASSAGE CHOISEUL, 27-31

M DCCC LXXVIII

PRÉFACE

e roman de *L'Ensorcelée* est le premier d'une série de romans qui vont suivre et dont les guerres de la Chouannerie seront le théâtre, quand elles n'en seront pas le sujet. Ainsi que l'auteur le disait dans l'introduction de son ouvrage, publié pour la première fois en 1851, diverses circonstances de famille et de parenté l'ont mis à même de connaître mieux que personne (et ce n'est pas se vanter beaucoup) une époque et une guerre presque oubliées maintenant, car pour que le destin soit plus complet et plus grande la cruauté de la Fortune, il faut parfois que l'héroïsme et le malheur ressemblent à ce bonheur dont on a dit qu'il n'a pas d'histoire.

L'histoire en effet manque aux Chouans. Elle leur manque comme la gloire et même comme la justice. Pendant que les Vendéens, ces hommes de la guerre de grande ligne, dorment, tranquilles et immortels, sous le mot que Napoléon a dit d'eux, et peuvent attendre, couverts par une telle épitaphe, l'historien qu'ils n'ont pas encore, les Chouans, ces soldats de buisson, n'ont rien, eux, qui les tire de l'obscurité et les préserve de l'insulte. Leur nom, pour les esprits ignorants et prévenus, est devenu une insulte. Nul historien d'autorité ne s'est levé pour raconter impartialement leurs faits et gestes. Le livre assez mal écrit, mais vivant, que Duchemin des Scépeaux a consacré à la Chouannerie du Maine, inspirera peut-être un jour le génie de quelque grand poëte; mais la Chouannerie du Cotentin, la sœur de la Chouannerie du Maine, a pour tout Xénophon un sabotier, dont les mémoires, publiés en 1815 et recherchés du curieux et de l'antiquaire, ne se trouvent déjà plus. Dieu, pour montrer mieux nos néants sans doute, a parfois de ces ironies qui attachent le bruit aux choses petites et l'obscurité aux choses grandes, et la Chouannerie est une de ces grandes choses obscures, auxquelles, à défaut de la lumière intégrale et pénétrante de l'Histoire, la Poésie, fille du Rêve, attache son rayon.

C'est à la lueur tremblante de ce rayon que l'auteur de *L'Ensorcelée* a essayé d'évoquer et de montrer un temps qui n'est plus. Il continuera l'œuvre qu'il a commencée. Après *L'Ensorcelée*, il a publié *Le Chevalier Des Touches*; il publiera *Un Gentilhomme de grand chemin*, *Une tragédie à Vaubadon*, etc., etc., entremêlant dans ses récits le roman, cette histoire possible, à l'histoire réelle. Qu'importe, du reste? Qu'importe la vérité exacte, *pointillée*, méticuleuse, des faits, pourvu que les horizons se reconnaissent, que les caractères et les mœurs restent avec leur physionomie, et que l'Imagination dise à la Mémoire muette : « C'est bien cela! » Dans *L'Ensorcelée*, le personnage de l'abbé de la Croix-Jugan est inventé, ainsi que les autres personnes qui l'entourent ; mais ce qui ne l'est pas, c'est la couleur du temps reproduite avec une fidélité scrupuleuse et dans laquelle se dessinent des figures fortement animées de l'esprit de ce temps. L'écueil des romans historiques, c'est la difficulté de faire parler, dans le registre de leur voix et de leur âme, des hommes qui ont des proportions grandioses et nettement déterminées par l'histoire, comme Cromwell, Richelieu, Napoléon ; mais le malheur historique des Chouans tourne au bénéfice du romancier qui parle d'eux. L'imagination de l'auteur ne trouve pas devant lui une imagination déjà prévenue et renseignée, moins accessible, par conséquent, à l'émotion qu'il veut produire, et plus difficile à entraîner.

J.-B. D'A.

Septembre 1858.

INTRODUCTION

A guerre de la Chouannerie, assez mal connue, et qu'on ne retrouve, ressemblante et vivante, que dans les récits de quelques hommes qui s'y sont mêlés comme acteurs, et qui, maintenant parvenus aux dernières années de leur vie, sont trop fiers ou trop désabusés pour penser à écrire leurs mémoires, cette guerre de guérillas nocturnes qu'il ne faut pas confondre avec la grande guerre de la Vendée, est un des épisodes de l'histoire moderne qui doivent attirer avec le plus d'empire l'imagination des conteurs. Les ombres et l'espèce de mystère historique qui l'entourent ne sont qu'un charme de plus. On se demande ce que l'illustre auteur des Chroniques de la Canongate aurait fait des chroniques de la Chouannerie, si, au lieu d'être Écossais, il avait été Breton ou Normand.

Il est bien probable qu'on se le demandera encore, après avoir lu le livre que nous publions. Cependant des circonstances particulières ont mis l'auteur en position de savoir sur la guerre de la Chouannerie des détails qui méritent vraiment d'être recueillis. Les populations au sein desquelles la Chouannerie éclata, pour s'éteindre si vite, sont les populations de France les plus fortement caractérisées. Quoique essentiellement actives et se distinguant par les facultés qui servent à dominer les réalités de la vie, la poésie ne manque pas à ces races, et les superstitions qu'on retrouve parmi elles, et dont L'Ensorcelée est un exemple, ou plutôt un calque, montrent bien que l'imagination est au même degré dans ces hommes que la force du corps et que la raison positive. Du moins si, comme les populations du Midi, ils n'ont pas cette poésie qui consiste dans l'éclat des images et le mouvement de la pensée, ils ont celle-là, peut-être plus puissante, qui vient de la profondeur des impressions...

C'est cette profondeur d'impression qu'ils ont jusqu'à ce moment opposée aux efforts tentés depuis cinquante ans pour arracher des âmes le senti-

ment religieux. Ni les fausses lumières de ce temps, ni la préoccupation incontestable chez les Normands des intérêts matériels, auxquels ils tiennent, en vrais fils de pirates, et pour lesquels ils plaident, comme l'immémorial proverbe le constate, depuis qu'ils ne se battent plus, n'ont pu affaiblir les croyances religieuses que leur ont transmises leurs ancêtres. En ce moment encore, après la Bretagne, la Basse Normandie est une des terres où le catholicisme est le plus ferme et le plus identifié avec le sol. Cette observation n'était peut-être pas inutile quand il s'agit d'un roman dans lequel l'auteur a voulu montrer quelle perturbation épouvantable les passions ont jetée dans une âme naturellement élevée et pure, et, par l'éducation, ineffaçablement chrétienne, puisque, pour expliquer cette catastrophe morale, les populations fidèles qui en avaient eu le spectacle ont été obligées de remonter jusqu'à des idées surnaturelles.*

Quant à la manière dont l'auteur de L'Ensorcelée *a décrit les effets de la passion et en a quelquefois parlé le langage, il a usé de cette grande largeur catholique qui ne craint pas de toucher aux passions humaines, lorsqu'il s'agit de faire trembler sur leurs suites. Romancier, il a accompli sa tâche de romancier, qui est de peindre le cœur de l'homme aux prises avec le péché, et il l'a peint sans embarras et sans fausse honte. Les incrédules voudraient bien que les choses de l'imagination et du cœur, c'est-à-dire le roman et le drame, la moitié pour le moins de l'âme humaine, fussent interdits aux catholiques, sous le prétexte que le catholicisme est trop sévère pour s'occuper de ces sortes de sujets... A ce compte-là, un Shakespeare catholique ne serait pas possible, et Dante même aurait des passages qu'il faudrait supprimer... On serait heureux que le livre offert aujourd'hui au public prouvât qu'on peut être intéressant sans être immoral, et pathétique sans cesser d'être ce que la religion veut qu'un écrivain soit toujours.*

L'ENSORCELÉE

I

A lande de Lessay est une des plus considérables de cette portion de la Normandie qu'on appelle la presqu'île du Cotentin. Pays de culture, de vallées fertiles, d'herbages verdoyants, de rivières poissonneuses, le Cotentin, cette Tempé de la France, cette terre grasse et remuée, a pourtant, comme la Bretagne, sa voisine, la pauvresse aux genêts, de ces parties stériles et nues, où l'homme passe et où rien ne vient, sinon une herbe rare et quelques bruyères, bientôt desséchées. Ces lacunes de culture, ces places vides de végétation, ces têtes chauves pour ainsi dire, forment d'ordinaire un

frappant contraste avec les terrains qui les environnent. Elles sont à ces pays cultivés des oasis arides, comme il y a dans les sables du désert des oasis de verdure. Elles jettent dans ces paysages frais, riants et féconds, de soudaines interruptions de mélancolie, des airs soucieux, des aspects sévères. Elles les ombrent d'une estompe plus noire... Généralement ces landes ont un horizon assez borné. Le voyageur, en y entrant, les parcourt d'un regard, et en aperçoit la limite. De partout, les haies des champs labourés les circonscrivent. Mais si, par exception, on en trouve d'une vaste largeur de circuit, on ne saurait dire l'effet qu'elles produisent sur l'imagination de ceux qui les traversent, de quel charme bizarre et profond elles saisissent les yeux et le cœur. Qui ne sait le charme des landes ?... Il n'y a peut-être que les paysages maritimes, la mer et ses grèves, qui aient un caractère aussi expressif et qui vous émeuvent davantage. Elles sont comme les lambeaux, laissés sur le sol, d'une poésie primitive et sauvage que la main et la herse de l'homme ont déchirée. Haillons sacrés qui disparaîtront au premier jour sous le souffle de l'industrialisme moderne ; car notre époque, grossièrement matérialiste et utilitaire, a pour prétention de faire disparaître toute espèce de friche et de broussailles aussi bien du globe que de l'âme humaine. Asservie aux idées de rapport, la société, cette vieille ménagère qui n'a plus de jeune que ses besoins et qui radote de ses lumières, ne comprend pas plus les divines ignorances de l'esprit, cette poésie de l'âme, qu'elle veut échanger contre de malheureuses connaissances toujours incomplètes, qu'elle n'admet la poésie des yeux, cachée et visible sous l'apparente inutilité des choses. Pour peu que cet effroyable mouvement de la pensée moderne continue, nous n'aurons plus, dans quelques années, un pauvre bout de lande où l'imagination puisse poser son pied pour rêver, comme le héron sur une de ses pattes. Alors, sous ce règne de l'épais génie des aises physiques qu'on prend pour de la civilisation et du progrès, il n'y aura ni ruines, ni mendiants, ni terres vagues, ni superstitions comme celles qui vont faire le sujet de cette histoire, si la sagesse de notre temps veut bien nous permettre de la raconter.

C'était cette double poésie de l'inculture du sol et de l'ignorance de ceux qui la hantaient, qu'on retrouvait encore, il y a quelques années, dans la sauvage et fameuse lande de Lessay. Ceux qui y sont passés alors pourraient l'attester. Placé entre la Haie-du-Puits et Coutances, ce désert normand où l'on ne rencontrait ni arbres, ni maisons, ni haies, ni traces d'homme ou de bêtes que celles du passant ou du troupeau du matin dans la poussière, s'il faisait sec, ou dans l'argile détrempée du sentier, s'il avait plu, déployait une grandeur de solitude et de tristesse désolée qu'il n'était pas facile d'oublier. La lande, disait-on, avait sept lieues de tour. Ce qui est certain, c'est que, pour la traverser, en droite ligne, il fallait à un homme à cheval, et bien monté, plus d'une couple d'heures. Dans l'opinion de tout le pays, c'était un passage redoutable. Quand de Saint-Sauveur-le-Vicomte, cette bourgade jolie comme un village d'Écosse et qui a vu du Guesclin défendre son donjon contre les Anglais, ou du littoral de la presqu'île, on avait affaire à Coutances et que, pour arriver plus vite, on voulait prendre la traverse, car la route départementale et les voitures publiques n'étaient pas de ce côté, on s'associait plusieurs pour passer la terrible lande ; et c'était si bien un usage, qu'on citait longtemps comme des téméraires, dans les paroisses, les hommes, en très-petit nombre, il est vrai, qui avaient passé seuls à Lessay de nuit ou de jour.

On parlait vaguement d'assassinats qui s'y étaient commis à d'autres époques. Et vraiment un tel lieu prêtait à de telles traditions. Il aurait été difficile de choisir une place plus commode pour détrousser un voyageur ou pour dépêcher un ennemi. L'étendue, devant et autour de soi, était si considérable et si claire qu'on pouvait découvrir de très-loin, pour les éviter ou les fuir, les personnes qui auraient pu venir au secours des gens attaqués par les bandits de ces parages, et, dans la nuit, un si vaste silence aurait dévoré tous les cris qu'on aurait poussés dans son sein. Mais ce n'était pas tout.

Si l'on en croyait les récits des charretiers qui s'y attardaient, la lande de Lessay était le théâtre des plus singulières apparitions. Dans le langage du pays, *il y revenait*. Pour ces populations musculaires, braves et prudentes, qui s'arment de précautions et de courage contre un danger tangible et certain, c'était là le côté véritablement sinistre et menaçant de la lande, car l'imagination continuera d'être, d'ici longtemps, la plus puissante réalité qu'il y ait dans la vie des hommes. Aussi cela seul, bien plus que l'idée d'une attaque nocturne, faisait trembler le *pied de frêne* dans la main du plus vigoureux gaillard qui se hasardait à passer Lessay, à la tombée. Pour peu surtout qu'il se fût *amusé* autour d'une chopine ou d'un pot, au *Taureau rouge,* un cabaret d'assez mauvaise mine qui se dressait, sans voisinage, sur le nu de l'horizon, du côté de Coutances, il n'était pas douteux que le compère ne vît dans le brouillard de son cerveau et les tremblantes lignes de ces espaces solitaires, nués des vapeurs du soir ou blancs de rosée, de ces choses qui, le lendemain, dans ses récits, devaient ajouter à l'effrayante renommée de ces lieux déserts. L'une des sources, du reste, les plus intarissables des *mauvais bruits,* comme on disait, qui couraient sur Lessay et les environs, c'était une ancienne abbaye, que la révolution de 1789 avait détruite, et qui, riche et célèbre, était connue à trente lieues à la ronde sous le nom de l'abbaye de Blanchelande. Fondée au douzième siècle par le favori d'Henry II, roi d'Angleterre, le Normand Richard de la Haye, et par sa femme Mathilde de Vernon, cette abbaye, voisine de Lessay et dont on voyait encore les ruines il y a quelques années, s'élevait autrefois dans une vallée spacieuse, peu profonde, close de bois, entre les paroisses de Varenguebec, de Lithaire et de Neufmesnil. Les moines, qui l'avaient toujours habitée, étaient de ces puissants chanoines de l'ordre de Saint-Norbert, qu'on appelait plus communément Prémontrés. Quant au nom si pittoresque, si poétique et presque virginal de l'abbaye de Blanchelande, — le nom, ce dernier soupir qui reste des choses! — les antiquaires ne lui donnent, hélas! que les plus incertaines étymologies. Venait-il de ce que les terres qui entouraient l'abbaye avaient pour fond une pâle glaise, ou des vêtements blancs des chanoines, ou des toiles qui devaient devenir le linge de la communauté, et qu'on étendait autour de l'abbaye, sur les terrains qui en étaient les dépendances, pour les blanchir à la rosée des nuits? Quoi qu'il en fût à cet égard, si on en croyait les irrévérencieuses chroniques de la contrée, le monastère de Blanchelande n'avait jamais eu de virginal que son nom. On racontait tout bas qu'il s'y était passé d'effroyables scènes quelques années avant que la révolution éclatât. Quelle créance pouvait-on donner à de tels récits? Pourquoi les ennemis de l'Église, qui avaient besoin de motifs pour détruire les monuments religieux d'un autre âge, n'auraient-ils pas commencé à démolir par la calomnie ce qu'ils devaient achever avec la hache et le marteau? Ou bien, en effet, en ces temps où la foi fléchissait dans le cœur vieilli des peuples, l'incrédulité avait-elle fait réellement germer la corruption dans ces asiles consacrés aux plus saintes vertus? Qui le savait? Personne. Mais toujours est-il que, faux ou vrais, ces prétendus scandales aux pieds des autels, ces débordements cachés par le cloître, ces sacriléges que Dieu avait enfin punis par un foudroiement social plus terrible que la foudre de ses nuées, avaient laissé, à tort ou à raison, une traînée d'histoires dans la mémoire des populations, empressées d'accueillir également, par un double instinct de la nature humaine, tout ce qui est criminel, dépravé, funeste, et tout ce qui est merveilleux.

Il y a déjà quelques années, je voyageais dans ces parages dont j'aurais tant voulu faire comprendre le saisissant aspect au lecteur. Je revenais de Coutances, une ville morne, quoique épiscopale, aux rues humides et étroites, où j'avais été obligé de passer plusieurs jours, et qui m'avait prédisposé peut-être aux profondes impressions du paysage que je parcourais. Mon âme s'harmonisait parfaitement alors avec tout ce qui sentait l'isolement et la tristesse. On était en octobre, cette saison mûre, qui tombe dans la corbeille du Temps comme une grappe d'or meurtrie par sa chute, et quoique je sois d'un tempérament peu rêveur, je jouissais pleinement de ces derniers et touchants beaux jours de l'année où la mélancolie a ses ivresses. Je m'intéressais à tous les accidents de la route que je suivais. Je voyageais à cheval, à la manière des coureurs de chemins de traverse. Comme je ne haïssais pas le clair de lune et l'aventure, en digne fils des Chouans, mes ancêtres, j'étais armé autant que Surcouf le corsaire, dont je venais de quitter la ville, et peu me chaillait de voir tomber la nuit sur mon manteau ! Or, justement quelques minutes avant le chien-et-loup, qui vient bien vite, comme chacun sait, dans la saison d'automne, je me trouvai vis-à-vis du cabaret du *Taureau rouge,* qui n'avait de rouge que la couleur d'ocre de ses volets, et qui, placé à l'orée de la lande de Lessay, semblait, de ce côté, en garder l'entrée. Étranger, quoique du pays, que j'avais abandonné depuis longtemps, mais passant pour la première fois dans ces landes, planes comme une mer de terres, où parfois les hommes qui les parcourent d'habitude s'égarent quand la nuit est venue, ou, du moins, ont grand'peine à se maintenir dans leur chemin, je crus prudent de m'orienter avant de m'engager dans la perfide étendue, et de demander quelques renseignements sur le sentier que je devais suivre. Je dirigeai donc mon cheval sur la maison de chétive apparence que je venais d'atteindre, et dont la porte, surmontée d'un gros bouchon d'épines flétries, laissait passer le bruit de quelques rudes voix appartenant sans doute aux personnes qui buvaient et devisaient dans l'intérieur de la maison. Le soleil oblique du couchant, deux fois plus triste qu'à l'ordinaire, car il marquait deux déclins, celui du jour et celui de l'année, teignait d'un jaune soucieux cette chaumière brune comme une sépia, et dont la cheminée à moitié croulée envoyait rêveusement vers le ciel tranquille la maigre et petite fumée bleue de ces feux de tourbe que les pauvres gens recouvrent avec des feuilles de chou, pour en ralentir la consomption trop rapide. J'avais, de loin, aperçu une petite fille en haillons, qui jetait de la luzerne à une vache attachée par une corde de paille tressée au contrevent du cabaret, et je lui demandai, en m'approchant d'elle, ce que je désirais savoir. Mais l'aimable enfant ne jugea point à propos de me répondre, ou peut-être ne me comprit-elle pas, car elle me regarda avec deux grands yeux gris, calmes et muets comme deux disques d'acier, et, me montrant le talon de ses pieds nus, elle rentra dans la maison, en tordant son chignon couleur de filasse sur sa tête, d'où il s'était détaché pendant que je lui parlais. Prévenue sans doute par la sauvage petite créature, une vieille femme, verte et rugueuse comme un bâton de houx durci au feu (et pour elle ç'avait été peut-être le feu de l'adversité), vint au seuil et me demanda *qué que j'voulais,* d'une voix traînante et hargneuse.

Et moi, comme je me savais en Normandie, le pays de la terre où l'on entend le mieux les choses de la vie pratique, et où la politique des intérêts domine tout à tous les niveaux, je lui dis de donner une bonne mesure d'avoine à mon cheval et de l'arroser d'une chopine de cidre, et qu'après je lui expliquerais mieux ce que j'avais à lui demander. La vieille femme obéit avec la vitesse de l'intérêt excité. Sa figure rechignée et morne se mit à reluire comme un des gros sous qu'elle allait gagner. Elle apporta l'avoine dans une espèce d'auge en bois, montée sur trois pieds boiteux ; mais elle ne comprit pas que le cidre, fait pour un *chrétian,* fût la *bâisson d'oune animâ.* Aussi fus-je obligé de lui répéter l'ordre de m'apporter la chopine que j'avais demandée, et je la versai sur l'avoine qui remplissait la mangeoire, à son grand scandale apparemment, car elle fit claquer l'une contre l'autre ses deux mains larges et brunes, comme deux battoirs qui auraient longtemps séjourné dans l'eau d'un fossé, et murmura je ne sais quoi dans un patois dont l'obscurité cachait peut-être l'insolence.

— Eh bien ! la mère, lui dis-je en regardant manger mon cheval, vous allez me dire à présent quel chemin je dois suivre pour arriver à la Haie-du-Puits dans la nuit et sans m'égarer.

Alors elle allongea son bras sec, et, m'indiquant la ligne qu'il fallait suivre, elle me donna une de ces explications compliquées, inintelligibles, où la malice narquoise du paysan, qui prévoit les embarras d'autrui et qui s'en gausse par avance, se mêle à l'absence de clarté qui distingue les esprits grossiers et naturellement enveloppés des gens de basse classe.

Je n'avais rien compris à ce qu'elle me disait. Aussi je me préparais, tout en rebridant mon cheval, à lui faire répéter et éclaircir son explication malencontreuse, quand, s'avisant d'un expédient qui anima sa figure comme une découverte, elle tourna sur le talon de ses sabots ferrés, et s'écria d'une voix aiguë en rentrant à moitié dans le cabaret :

— Hé ! maître Tainnebouy, v'là un mônsieu qui demande le quemin de la Haie-du-Puits, et qui, si vous v'lez, va s'en aller *quant et vous !*

Sur ma parole, je ne me souciais pas trop du compagnon qu'elle me donnait de son autorité privée. Le *Taureau rouge* était mal famé, et l'air de la vieille n'avait rien de très-rassurant. Si c'était, comme on le disait, un asile pour des drôles de toute espèce, pour tous les vagabonds sans aveu, que ce cabaret, qui semblait bâti par le diable devenu maçon pour l'accomplissement de quelque dessein funeste, on trouvera naturel que je n'inclinasse guère à recevoir de la main de la reine de ce bouge un guide ou un compagnon pour ma route dans cette dangereuse lande qu'il fallait traverser et que la nuit allait bientôt couvrir.

Mais ces réflexions, qui passèrent en moins de temps dans mon cerveau que je n'en mets à les exprimer, ne tinrent pas, malgré l'heure qui noircissait, la misérable réputation du *Taureau rouge* et l'air sinistre de son hôtesse, contre la présence de l'homme qu'elle avait appelé et qui vint à moi du fond de l'intérieur de la maison, montrant à ma vue agréablement surprise un de ces gaillards de riche mine, lesquels n'ont pas besoin d'un certificat de bonne vie et mœurs, délivré par un curé ou par un maire, car Dieu leur en a écrit un magnifique et lisible dans toutes les lignes de leur personne. Dès que je l'eus toisé du regard, mes défiantes idées s'envolèrent comme une nuée de corneilles dénichées tout à coup d'un vieux château par un joyeux coup de fusil tiré au loin dans la plaine. Je vis tout de suite à quelle espèce d'homme j'avais affaire. Il semblait avoir toutes les qualités nécessaires au passage de la lande, c'est-à-dire, en deux mots, la figure la plus rassurante pour un honnête homme et les épaules les plus effrayantes pour un coquin.

C'était un homme de quarante-cinq ans environ, bâti en force, comme on dit énergiquement dans le pays, car de tels hommes sont des bâtisses, un de ces êtres virils, à la contenance hardie, au regard franc et ferme, qui font penser qu'après tout, le mâle de la femme a aussi son genre de beauté. Il avait à peu près cinq pieds quatre pouces de stature, mais jamais le refrain de la vieille chanson normande :

> C'est dans la Manche
> Qu'on trouve le bon bras,

n'avait trouvé d'application plus heureuse et plus complète. Il me fit l'effet, au premier coup d'œil, et la suite me prouva que je ne m'étais pas trompé, d'un fermier aisé de la presqu'île, qui s'en revenait de quelque marché d'alentour. Excepté le chapeau à *couverture de cuve*, qu'il avait remplacé par un chapeau à bords plus étroits et plus commode pour trotter à cheval contre le vent, il avait le costume que portaient encore les paysans du Cotentin dans ma jeunesse : la veste ronde de droguet bleu, taillée comme celle du *majo* espagnol, mais moins élégante et plus ample, et la culotte courte, de la couleur de la laine de la brebis, aussi serrée qu'une culotte de daim, et fixée au genou avec trois boutons en cuivre. Et il faut le dire, puisqu'il n'y pensait pas, cette sorte de vêtement lui allait vraiment bien, et dessinait une musculature dont l'homme le moins soucieux de ses avantages aurait eu le droit d'être fier. Il avait passé, par-dessus ses bas de laine bleue à côtes, bien tendus sur des mollets en cœur, ces anciennes bottes sans pied qui descendaient du genou jusqu'à la cheville et dans lesquelles on entrait avec ses souliers. Ces anciennes bottes, qui n'avaient qu'un éperon, et qu'on laissait dans l'écurie avec son cheval, quand on était arrivé, étaient, aux jambes de notre Cotentinais, couvertes d'une boue séchée qui y constellait une boue fraîche, et elles disaient suffisamment qu'elles avaient vu du chemin, et du mauvais chemin, ce jour-là. La boue souillait aussi à une grande hauteur la massue du *pied de frêne* qu'il tenait à la main, et qu'une lanière de cuir, formant fouet, fixait à son solide poignet, dans des enroulements multipliés.

— J'n'ai jamais, me dit-il avec l'accent de son pays et une politesse simple et cordiale, refusé un bon compagnon, quand Dieu l'a envoyé sur ma route. Il souleva légèrement son chapeau et le remit sur sa forte tête brune, dont les cheveux épais, droits, coupés carrément et marqués des coups de ciseaux du *frater* qui les avait hachés d'une main inhabile, tombaient jusque sur ses épaules, autour d'un cou herculéen, lié à peine par une cravate qui ne faisait qu'un tour, à la manière des matelots.

— La vieille mère Giguet dit, monsieur, que vous allez à la Haie-du-Puits, où je vais aussi pour la foire de demain. Comme j'n'ai pas de bœufs à conduire, car vous avez un cheval trop ardent pour bien suivre tranquillement un troupeau de bœufs, j'pouvons, si vous le trouvez bon, faire route ensemble et nous en aller jasant, botte à botte, comme d'honnêtes gens, et, sauf votre respect, une paire d'amis. La *Blanche* n'est pas tellement lassée, la pauvre bête, qu'elle ne puisse bien faire la partie de votre cheval. J'la connais. Elle a de l'amour-propre comme une personne. Auprès de votre cheval, elle va joliment renifler ! La lande est mauvaise, et, si c'est comme hier soir, dans les landes de Muneville et de Montsurvent, le brouillard nous prendra bien avant que nous n'en soyons sortis. M'est avis qu'un étranger, comme vous paraissez l'être, ne serait point capable de se tirer tout seul d'un tel pas et pourrait bien chercher sa route encore demain matin au lever du soleil, c'est-à-dire en pleine matinée, car le soleil commence d'être tardif dans cette arrière-saison.

Je le remerciai de sa politesse et j'acceptai sa proposition de grand cœur. Il y avait dans les manières, la voix, le regard de cet homme quelque chose qui attirait et qui eût forcé la confiance. Quoiqu'il fût Normand, son visage avisé n'était pas rusé. Il était presque aussi noir qu'un morceau de pain de sarrazin ; mais, si tanné qu'il fût par le soleil et les fatigues, il avait aussi les couleurs de la santé et de la force. Il respirait la sécurité audacieuse d'un homme toujours par monts et par vaux, comme il l'était par le fait de ses occupations et de son commerce, et qui, comme les chevaliers d'autrefois, ne devait compter, pour sortir de bien des embarras et de bien des difficultés, que sur sa vigueur et sur sa bravoure personnelle.

L'accent de son pays, que j'ai dit qu'il avait, n'était pas prononcé et presque barbare comme celui de la vieille hôtesse du *Taureau rouge*. Il était ce qu'il devait être dans la bouche d'un homme qui, comme lui, voyageait et hantait les villes... Seulement, cet accent donnait à ce qu'il disait un goût relevé de terroir, et il allait si bien à tout l'ensemble de sa vie et de sa personne, que, s'il ne l'avait pas eu, il lui aurait manqué quelque chose. Je lui dis franchement combien je m'estimais heureux de l'avoir pour compagnon de route. — Et, ajoutai-je, puisque vous parlez de brouillard, c'est assez l'heure où il commence ; — je lui montrai du doigt un cercle de vapeurs bleuâtres qui dansaient à l'horizon depuis que le soleil couché avait emporté les derniers reflets incarnats qu'il laisse après lui dans le ciel. — Il serait prudent peut-être de nous mettre en marche et de ne pas nous attarder plus longtemps.

— C'est la vérité, fit-il. Il est temps de filer notre nœud, comme disent les matelots. La *Blanche* a mangé sa trémaine, et je serai à vous dans une *petite minute de temps*. Mère Giguet, reprit-il de sa voix impérieuse et forte, combien la *Blanche* et moi vous devons-nous?

Je le vis plonger la main dans une ceinture de cuir à poches, comme en portent les herbagers de la vallée d'Auge, et il paya ce qu'il devait à l'hôtesse, plantée sur le seuil à nous regarder. Il alla chercher sa *Blanche,* comme il l'appelait, et qui était digne de son nom, car c'était une belle jument blanche comme une jatte de lait, à naseaux roses, et qui, crottée jusqu'à la sous-ventrière, n'en était que plus digne de son très-crotté cavalier. Elle mangeait sa *trémaine,* comme il avait dit, attachée à un anneau de fer incrusté dans le pignon du cabaret. Cachée par un angle du mur, je ne l'avais pas remarquée. A peine eut-elle entendu la voix de son maître, qu'elle se mit à hennir et à frapper la terre de son sabot avec une gaieté qui ressemblait à une violence.

Maître Tainnebouy, puisque tel était le nom de mon compagnon de voyage, raffermit un énorme manteau bleu, posé en valise sur sa selle, brida sa jument et lui grimpa lestement sur le dos avec l'aisance de l'habitude et un aplomb qui eût fait honneur à un écuyer consommé. J'ai vu bien des casse-cous dans ma vie mais, de ma vie, je n'en ai vu un qui ressemblât à celui-là! Une fois tombé en selle, il serra entre ses cuisses l'animal qu'il montait et le fit crier.

— Voilà qui vous prouvera, me dit-il avec l'orgueil un peu sauvage d'un fils des Normands de Rollon, que si nous sommes attaqués dans notre traversée, je suis homme à vous donner, *tant seulement* avec mon *pied de frêne,* un bon coup de main!

J'avais payé comme lui l'hôtesse du *Taureau rouge,* et j'étais remonté sur mon cheval. Nous nous plaçâmes comme il l'avait dit, botte à botte, et nous entrâmes dans cette lande de Lessay à la sombre renommée, et qui, dès les premiers pas qu'on y faisait, surtout comme nous les faisions, à la chute d'un jour d'automne, semblait plus sombre que son nom.

II

Quand on avait tourné le dos au *Taureau rouge* et dépassé l'espèce de plateau où venait expirer le chemin et où commençait la lande de Lessay, on trouvait devant soi plusieurs sentiers parallèles qui zébraient la lande, et se séparaient les uns des autres à mesure qu'on avançait en plaine, car ils aboutissaient tous, dans des directions différentes, à des points extrêmement éloignés. Visibles d'abord sur le sol et sur la limite du landage, ils s'effaçaient à mesure qu'on plongeait dans l'étendue, et on n'avait pas beaucoup marché qu'on n'en voyait plus aucune trace, même le jour. Tout était lande. Le sentier avait disparu. C'était là pour le voyageur un danger toujours subsistant. Quelques pas le rejetaient hors de sa voie, sans qu'il pût s'en apercevoir, dans ces espaces où dériver involontairement de la ligne qu'on suit est presque fatal, et il allait alors comme un vaisseau sans boussole, après mille tours et retours sur lui-même, aborder de l'autre côté de la lande, à un point fort distant du but de sa destination. Cet accident, fort commun en plaine, quand on n'a rien sous les yeux, dans le vide, ni arbre, ni buisson, ni butte, pour s'orienter et se diriger, les paysans du Cotentin l'expriment par un mot superstitieux et pittoresque. Ils disent du voyageur ainsi dévoyé, qu'il a *marché sur male herbe*, et par là ils entendent quelque *charme* méchant et caché, dont l'idée les contente par le vague même de son mystère.

— Voilà le sentier que nous devons suivre,

me dit mon compagnon, en me désignant, du bout de son *pied de frêne*, une des lignes blanches qui s'enfonçaient dans la lande. Tenez votre cheval plus à droite, monsieur, et ne craignez pas de peser sur moi ! Le chemin va bientôt s'effacer, et il forme ici une traîtresse de courbe presque insensible. Dans quelques minutes, il sera nuit, et nous n'aurons pas la possibilité de nous orienter en nous retournant pour regarder le *Taureau rouge*. Heureusement que la *Blanche* connaît le chemin par où elle a passé comme un chien de chasse connaît sa voie. Bien des fois, en m'en revenant des foires et des marchés, le sommeil m'a pris sur ma selle, et je n'en suis pas moins pour ça bien arrivé, comme si j'avais sifflé tout le temps, pour me distraire, la chanson de M. de Matignon, l'esprit alerte et les yeux ouverts.

— N'était-ce pas là un peu imprudent ? lui dis-je ; car voyageant de nuit dans des routes peu fréquentées, comme celle-ci, par exemple, ne vous exposiez-vous pas à être attaqué à l'improviste par quelques misérables vauriens, comme il en rôde souvent le soir dans les campagnes isolées ; surtout si vous avez l'habitude de porter une ceinture de cuir aussi enflée que celle que je vous vois autour des reins ?

— Je ne dis pas que non, monsieur, répondit-il. Mais à la grâce de Dieu, après tout ! Il est des moments où, si solide qu'on soit, après avoir bu sous dix tentes différentes dans une foire, et s'être égosillé pour faire le marché d'une dizaine de bœufs, la fatigue vous prend et vous assomme, et on dormirait sur le clocher de Colomby, par une ventée Saint-François ; à plus forte raison sur la *Blanche*, qui a l'allure moelleuse comme le mouvement d'un *ber* [1] et le pied sûr. Mais pour ce qui est des mauvais gars dont vous parlez, c'est bien certain qu'ils eussent pu me jouer quelque vilain tour, s'ils m'avaient surpris ronflant sur ma selle, comme au sermon de notre curé. Heureusement que la *Blanche* n'a jamais avisé de mine suspecte, dans le clair de lune ou dans l'ombre, qu'elle n'ait henni à couvrir le bruit d'un moulin ! Allez ! j'étais toujours à temps sur la défensive et prêt à donner le compte aux plus malins qui seraient venus me tarabuster !

— Et vous l'avez donné quelquefois, lui demandai-je, car j'ai ouï dire que les routes étaient bien loin d'être sûres dans ce pays ?

— Oh ! deux ou trois petites fois, monsieur, répondit-il, des bagatelles qui ne valent pas la peine qu'on en parle ; un ou deux coups de bâton par-ci par-là, qui faisaient piauler mes

---

[1]. Berceau.

coquins comme un chien qu'on fouette dans un carrefour. Mais jamais de râclée complète ! Ils ne l'attendaient pas ; ou ils décampaient, ou ils tombaient à terre comme un paquet de linge sale, et c'était le meilleur parti qu'ils avaient à prendre, car je n'ai jamais pu frapper un homme à terre... et la *Blanche* sautait par-dessus ! Mais de cela, il y a maintenant des années ; c'était dans le temps du fameux Lemaire, qui a été guillotiné à Caen, de ces soi-disant marchands de cuillers d'étain qui ont bouté le feu à plus d'une ferme... A présent les routes sont tranquilles, et peut-être, hors celle-ci, à cause de la lande, n'y en a-t-il pas une seule dans toute la Manche où il faille, comme j'ai vu, dans un temps, quand on y passait, se hausser sur les étriers pour regarder par-dessus les haies et faire un nœud de plus à la lanière de son bâton autour de son bras.

— Et voyagez-vous souvent dans ces parages ? lui demandai-je encore, ayant bien soin de régler le pas de mon cheval sur le pas du sien.

— Cinq à six fois par an, monsieur, dit-il. J'y fais ma tournée. J'y viens, de fondation, à la foire Saint-Michel de Coutances, à la Crottée, aux gros marchés de Créance, et il y en a deux en été et deux en hiver. Voilà à peu près tout, sauf erreur. Comme vous voyez, je ne suis pas bien grand *coutumier* de cette route-ci. Mes affaires sont de l'autre côté, du côté de Caen et de Bayeux, où je vais vendre aux Augerons de ce haut pays des bœufs qu'ils conduisent à Poissy, et qui sortent, comme tous ceux qu'ils y mènent, de nos herbages du bas Cotentin, et non pas de leur vallée d'Auge, dont ils sont si fiers.

— Je vois que vous êtes, lui dis-je souriant de son patriotisme d'éleveur, un herbager de la pointe de notre presqu'île; car, quoique vous m'ayez pris pour étranger et que j'aie perdu l'accent qui dit à l'oreille d'un autre qu'on est son compatriote, je suis cependant du pays, et si mon oreille n'a pas oublié autant que ma langue les sons qui me furent familiers autrefois, vous devez être, à votre manière de parler, du côté de Saint-Sauveur-le-Vicomte ou de Briquebec.

— Juste comme bon poids! s'écria-t-il avec une explosion de gaieté causée par l'idée que j'étais son compatriote, vous avez mis la main sur le pot aux roses, mon cher monsieur! Vère! je suis du côté de Saint-Sauveur-le-Vicomte, car je tiens à bail la grosse ferme du Mont-de-Rauville qui, comme vous le savez, puisque vous êtes du pays, est entre Saint-Sauveur et Valognes. Je suis herbager et fermier, comme l'ont été tous les miens, honnêtes vestes rousses de père en fils, et comme le seront mes sept garçons, que Dieu les protége! La race des Tainnebouy doit tout à la terre et ne s'occupera jamais que de la terre, du moins du vivant de maître Louis, car les enfants ont leurs lubies. Qui peut répondre de ce qui doit survenir après que nous sommes tombés ?...

Il dit ces derniers mots presque avec mélancolie. Je louai beaucoup l'honnête Cotentinais de cette résolution intelligente et courageuse, que malheureusement on ne trouve plus guère parmi les fermiers de nos provinces, enrichis par l'agriculture. Moi qui crois que les sociétés les plus fortes, sinon les plus brillantes, vivent d'imitation, de tradition, des choses reprises à à la même place où le temps les interrompit; moi, enfin, qui me sens plus de goût pour le système des castes, malgré sa dureté, que pour le système de développement à fond de train de toutes les facultés humaines, et qui, d'un autre côté, admirais l'aisance, la franchise, l'attitude du corps et de l'âme, cet aplomb, cette simplicité, toutes ces virilités qui circulaient noblement et paisiblement en cet homme, je trouvais qu'il avait doublement raison de vouloir que ses enfants ne fussent que ce qu'il était et rien de plus.

Je vis bien que cette grosse tête, placée sur

de si robustes épaules et solide comme le créneau qui couronne une tour, ne s'était pas laissé lézarder par ces fausses idées qui courent le monde et qu'il avait dû entendre souvent exprimer dans les foires et les marchés où il allait. C'était un homme de l'ancien temps. Quand il avait parlé de Dieu, il avait mis la main sans affectation à son chapeau et l'avait soulevé. La nuit n'était pas si bien venue que je n'eusse très-bien discerné ce geste muet. Tout en nous avançant dans la lande, cerclée d'une brume mobile qui venait vers nous peu à peu sous une lune froide et voilée, je repris la conversation, que mes réflexions sur le sens droit de mon compagnon avaient un instant suspendue.

— Ma foi! lui dis-je en regardant autour de moi, car le brouillard n'était pas encore assez épais pour que nous n'aperçussions pas devant et à côté de nous à de grandes distances, je suis fort disposé à vous croire, maître Louis Tainnebouy, quand vous exceptez des routes sûres de votre département cette lande de Lessay. Je suis comme vous un voyageur de nuit; j'ai déjà bien couru, et en plus d'un pays dans ma vie; mais je n'ai jamais vu, que je me rappelle, d'endroit qui se prêtât mieux à une attaque nocturne que celui-ci. Il n'y a pas d'arbres, il est vrai, derrière lesquels on puisse se cacher pour ajuster ou surprendre le voyageur, mais voilà des replis de terrain, des espèces de buttes derrière lesquelles un coquin peut se coucher à plat ventre pour éviter le regard de l'homme qui passe et lui envoyer un bon coup de fusil quand il est passé.

— Par l'oiseau de saint Luc, qui est le patron des bouviers, dit l'honnête fermier, vous seriez fort en *devinailles,* monsieur, comme on dit chez nous. Vous avez deviné tout à l'heure en m'entendant *causer,* que j'étais de Saint-Sauveur-le-Vicomte, et v'là que vous devinez maintenant ce que les sacrés bandits étaient *usagés* de faire, quand il y en avait dans ces parages. Vère, monsieur, comme vous dites, ils se blottissaient derrière ces buttes, à la façon d'un lièvre au gîte, car il y a bien des places comme celle-ci dans la lande, qui est bossuée comme la vieille casserole de cuivre d'un *magnan* [1]. Le plus souvent, s'ils étaient deux, ils se mettaient comme qui dirait l'un ici, l'autre là, et au moment où vous passiez, l'un se levait tout droit de sa butte et sautait à la bride de votre cheval, tandis que l'autre, qui sortait aussi de sa cachette, vous empoignait la cuisse, et à eux deux ils vous avaient bientôt démonté. Quelquefois ils ne faisaient pas tant

1. Revendeur ambulant.

de cérémonies : ils se contentaient de vous envoyer une charge de plomb en guise de coup de chapeau. Qui diable entendait le coup de fusil dans ces espaces ? Tout au plus, de ce côté de la lande, la mère Giguet du *Tauret rouge,* qui se gardait bien d'en souffler un mot, de peur de discréditer sa maison.

— Et une maison qui ne flaire pas comme baume ! l'ami, repris-je. On m'a dit à Coutances qu'il ne fallait pas trop s'y arrêter.

— Ce sont là des mauvais propos et des commérages, repartit maître Louis Tainnebouy, une espèce de méchant renom qui tient au voisinage de la lande et à la mine de l'auberge plus qu'à autre chose. Je connais la mère Giguet depuis plus de vingt ans, monsieur. Son mari était boucher à Sainte-Mère-Église. Je lui ai vendu plus d'une couple de bœufs qu'il m'a toujours bien payés, rubis sur l'ongle, comme on dit. Mais le malheur est entré dans sa maison à la mort de sa fille, un beau brin de blonde, aux joues comme son tablier d'incarnat des dimanches, morte à l'âge des noces. Elle n'avait pas dix-huit ans quand Dieu la prit. Pauvre jeunesse ! De ce moment-là, la chance a tourné pour les Giguet. Le père n'a plus eu le cœur à l'ouvrage. Il était toujours si *hargagne,* qu'on disait partout qu'il avait une maladie noire. Pour noyer son chagrin, il *s'adonna* à l'eau-de-vie et il a été promptement tourné. Quant à la mère, elle sécha sur pied comme un arbre frappé aux racines. Elle n'avait pas de garçon, et saigner des bœufs et en laver les *courées* n'est pas un métier qui convienne aux ciseaux ni aux mains d'une femme. Aussi bien ferma-t-elle son étal et s'en vint-elle s'établir à vendre du cidre au *Taurel rouge*. De sorte, ajouta-t-il avec un gros rire, qu'elle aura passé la moitié de sa vie à nourrir le monde et l'autre moitié à l'abreuver. Pour ce qui est des gens qui hantent sa maison, monsieur, ils ressemblent à ceux qui fréquentent les cabarets et les auberges. Ils ne sont ni mieux ni pis ; c'est comme partout : cinq mauvaises figures pour une bonne ! Quand on a un bouchon sur sa porte, ce n'est pas pour la fermer. Et d'ailleurs, quand il est gagné honnêtement, le sou du coquin n'a pas plus de vert-de-gris que celui de l'honnête homme, n'est-il pas vrai, monsieur ?...

C'est ainsi que nous allions en devisant. Il y avait à peu près une heure que nous chevauchions dans la lande, et le brouillard avait fini par nous envelopper complétement de son réseau diaphane. La lune filtrait dans la vapeur une lumière pâle et incertaine. Tout en trottant, maître Louis Tainnebouy avait détaché les longes de cuir qui retenaient son manteau sur la croupe de son cheval et l'avait étendu de toute sa vaste ampleur autant sur sa monture que sur lui, si bien qu'on eût dit, dans cette brume, que le cavalier et le cheval ne faisaient plus qu'un seul être, bizarre et monstrueux. Moi-même, j'avais resserré le mien autour de mon corps pour l'opposer à l'humidité qui pénétrait. Si nous avions gardé le silence, nous eussions ressemblé à deux ombres comme le Dante en dut voir errer dans les limbes de son Purgatoire. Les pas de nos chevaux s'entendaient à peine sur cette lande qui en amortissait le bruit. Nous allions, et plus nous allions, plus nous devenions communicatifs, plus aussi j'avais occasion de remarquer combien sur toutes les questions mon compagnon l'herbager montrait de justesse et *d'information*, comme disent les Anglais... L'intelligence de cet homme fruste était aussi saine que son corps. Ses connaissances étaient bornées, mais exactes. Ce qui s'était établi dans cette excellente judiciaire y était entré sans l'aide des écoles, par les yeux, par la main, par l'expérience. Si donc il y avait parfois en lui de ces originelles manières de sentir qu'on appelle arriérées dans ce pauvre siècle de mouvement perpétuel et de gesticulation cérébrale, il ne les avait point, comme on eût pu le croire, en raison de son infériorité relative de paysan. Sur tous les terrains de la vie réelle, il aurait battu les plus madrés, quand on eût extrêmement élevé le terrain. Mélange de Normand et de Celte, car le voisinage de la Bretagne et de la Normandie a souvent versé des familles d'une province dans l'autre, il était le type le plus expressif que j'eusse vu de sa double race. A travers les formes un peu agrestes, qu'on me passe le mot « un peu brunes » de son langage, il transperçait de sagacité fine et il éclatait de bon sens. Et puis, ce qui lui allait surtout, c'est qu'il était et restait toujours à sa place, qu'il faisait corps avec sa vie ; c'est qu'il s'ajustait, comme un gant à la main, à sa destinée. Toute chose doit sentir son fruit, disait Henri IV. Lui sentait le sien à pleines narines ; il se conformait sans le savoir aux préceptes de l'ami de Michaud. Ce n'était qu'un morceau de pain d'orge, mais il était bon.

Tout à coup, à un de ces replis de terrain que nous nous étions signalés, la jument de maître Louis Tainnebouy trébucha, et peut-être serait-elle tombée s'il ne l'eût pas soutenue de sa main vigoureuse et d'une bride épaisse. Mais quand elle se releva elle boitait.

— Sacre l... dit-il, et le juron que je n'ose écrire, il le lâcha tout au long avec une rondeur d'intonation qui ressembla à un coup de grosse caisse, voilà la *Blanche* qui boite maintenant ! Que le diable emporte la damnée lande ! A quoi a-t-elle pu se blesser sur ce sol uni sans cailloux ? Il faut que je *voie à cela*, et tout à l'heure ! Bien des excuses, monsieur ! ajouta-t-il en dégringolant plus qu'il ne descendit de son cheval. Je méprise l'homme qui n'a pas soin de sa monture. Qu'est-ce que je deviendrais sans la *Blanche*, la meilleure jument de la presqu'île, sur laquelle je crève depuis sept ans tous les bouillons du Cotentin ?...

Je m'étais arrêté, le voyant s'arrêter. Mais quand je le vis vider l'étrier d'une jambe si leste, je crus que l'amour de la *Blanche* lui tournait complétement la tête. En effet, quoique la nuit ne fût pas noire et que la lune noyât sa blafarde clarté dans le brouillard, il aurait fallu pourtant être plus nyctalope que tous les chats qui aient jamais miaulé à la porte d'une ferme à minuit, pour distinguer ce qui se trouvait sous le sabot d'un cheval, à une pareille heure. Mais comme il avait causé mon étonnement, il le dissipa aussi vite qu'il l'avait fait naître. Je le vis battre le briquet une seconde et tirer de la poche de son manteau à manches une petite lanterne d'écurie qu'il alluma. Aidé de la lueur de cette lanterne, il souleva, l'un après l'autre, les pieds de son cheval, et il s'écria que le pied de devant était déferré !

— Et peut-être depuis longtemps, ajouta-t-il, en répétant l'observation qu'il avait déjà faite ; car sur ce sol poussiéreux, on perdrait les quatre fers de son cheval qu'on ne s'en apercevrait pas ! Il est probable que c'est de ce pied-là que la bête se sera piquée. Seulement, fit-il inquiet, je ne vois rien.

Et il approchait sa lanterne, et il regardait la corne du cheval, comme un maréchal ferrant l'aurait fait :

— Je ne vois rien, ni sang, ni enflure, et cependant la pauvre bête pose à peine le pied à terre et paraît diantrément souffrir !

Il la prit au défaut du mors et la fit marcher en l'attirant à lui. Mais la jument, si fringante il n'y avait qu'un moment, boitait d'une façon lamentable, et vraiment il y avait raison de craindre qu'elle ne pût continuer son chemin.

— Nous voilà bien ! dit-il encore, mais avec l'accent d'une contrariété que je comprenais, et que même je commençais à partager, nous voilà bien, à *mittan* de la lande, avec un cheval qui boite, et sans âme qui vive, ni maison, ni rien, à deux lieues à la ronde, et un fier bout de route à faire encore ! La première forge que nous trouverons est à un quart de lieue de la Haie-du-Puits. C'est amusant ! Qu'allons-nous devenir ? Le diable m'emporte si je le sais ! Je n'ai pas d'envie de mettre la *Blanche* sur la litière pour une quinzaine, car c'est le premier du mois prochain la Toussaint, à Bayeux, une fameuse foire qui dure trois jours, et qui n'a pas sa pareille d'ici la Chandeleur!

Et toujours armé de sa lanterne, il tira à lui la jument, objet de ses plaintes ; mais la bête éclopée pouvait à peine se traîner.

— Ma fingue! monsieur, finit-il par me dire, comme un homme qui prend une résolution, m'est avis qu'à présent nos caravanes sont terminées et qu'il serait sage à vous de me quitter et de vous en aller tout seul, car le temps n'est pas beau et la nuit est froide, comme si l'air était plein d'aiguilles. Vous êtes p't-être pressé d'arriver... Chacun a ses affaires. Vous ne devez pas souffrir du retardement des miennes. Moi, j'ai mis dans ma tête d'aller à pied jusqu'à la Haie-du-Puits. J'arriverai, Dieu sait quand, c'est vrai... demain matin! Mais je suis accoutumé à la peine. J'en ai vu de *grises* dans ma vie. J'ai passé souvent la nuit sous Garnetot ou sous Aureville, enfoncé dans la vase du marais jusqu'à la ceinture, pour avoir le plaisir de tuer les canards sauvages et les sarcelles. Ce n'est donc pas une ou deux lieues dans le *buhan* qui me font bien peur... d'autant que Jeannine a doublé la houppelande de son homme comme une ménagère qui aime mieux lui mettre une tranche de jambon sur le gril et lui verser un bon pot de cidre que de lui faire de la tisane, quand il revient de toutes ses courses à la maison.

Mais je l'assurai que je ne le laisserais pas ainsi tout seul dans l'embarras, après avoir voyagé de si bonne amitié avec lui ; que mes affaires, en fin de compte, n'étaient pas plus pressées que les siennes, peut-être moins... et qu'un peu de brouillard ne m'avait jamais non plus épouvanté.

— Tenez, lui dis-je, maître Louis Tainnebouy, arrêtons-nous un moment. Nous sifflerons nos chevaux et nous fumerons un peu pour conjurer les âcres vapeurs de la nuit. Peut-être qu'après un temps de repos, vous pourrez remonter sur votre bête, puisque vous ne voyez, dites-vous, ni plaie ni enflure à son pied.

— Je crains bien, dit-il d'un air songeur et en hochant la tête, que je ne puisse remonter c'te nuit sur la *Blanche,* si c'est ce que je *crais* qui la tient.

— Et que croyez-vous donc, maître Louis ? lui demandai-je en voyant, à la clarté de la lanterne, un nuage couvrir ses traits francs et hardis où la gaieté brillait d'ordinaire.

— Ma finguette ! fit-il en se grattant l'oreille comme un homme qui éprouve une petite anxiété, j'ne suis pas très-enclin à vous le dire, monsieur, car vous allez p't-être vous moquer de moi. Mais si c'est la vérité, pourquoi la tairais-je ? Une risée n'est qu'une risée, après tout ! Notre curé répète sans cesse que ça fait toujours du bien de se confesser, et, pour mon propre compte, j'ai r'marqué que quand j'ai eu quéque poids sur l'esprit et que je l'ai dit à Jeannine, la tête sur la taie de l'oreiller, j'ai eu l'esprit plus soulagé le lendemain. D'ailleurs, vous êtes du pays et v'n'êtes pas sans avoir entendu parler de certaines choses avérées parmi nous autres herbagers et fermiers,... comme, par exemple, des secrets qu'ont d'aucunes personnes et qu'on appelle des *sorts* parmi nous.

— Certes, oui, j'en ai entendu parler, lui dis-je, et même beaucoup dans mon enfance. J'ai été bercé avec ces histoires... Mais je croyais que tous ces secrets-là étaient perdus.

— Perdus, monsieur ! fit-il rassuré, en voyant que je ne contestais pas la possibilité du fait, mais son existence actuelle, non, monsieur, ces secrets-là n'ont jamais été perdus et probablement ils ne se perdront jamais, tant que j'aurons dans le pays de ces garnements de bergers qui viennent on ne sait d'où et qui s'en vont un beau jour comme ils sont venus, et à qui il faut donner du pain à manger et des troupeaux à conduire, si on ne veut pas voir toutes les bêtes de ses pâturages crever comme des rats bourrés d'arsenic.

Maître Tainnebouy ne m'apprenait là que ce que je savais. Il y a dans la presqu'île du Cotentin, depuis combien de temps? on l'ignore, de ces bergers errants qui se taisent sur leur origine et qui se louent pour un mois ou deux dans les fermes, tantôt plus, tantôt moins. Espèces de pâtres bohémiens, auxquels la voix du peuple des campagnes attribue des pouvoirs occultes et la connaissance des secrets et des sortiléges. D'où viennent-ils? Où vont-ils? ils passent. Sont-ils les descendants de ces populations de Bohême qui se sont dispersés sur l'Europe dans toutes les directions, au moyen âge? Rien ne l'annonce dans leur physionomie ni dans la conformation de leurs traits. C'est une population blonde, aux cheveux presque jaunes, aux yeux gris clair ou verts, de haute taille, et qui a gardé tous les caractères des hommes venus autrefois du Nord, sur leurs barques d'osier. Par une singulière anomalie, ces hommes qui, selon mes incertaines et tremblantes lumières, doivent être une branche de Normands modifiés avec des éléments inconnus, n'ont ni l'âpre goût au travail, ni la prévoyance profonde, ni le génie pratique de leur race. Ils sont fainéants, contemplatifs, mous à la besogne, comme s'ils étaient les fils d'un brûlant soleil qui leur coula la dissolvante paresse dans les membres avec la chaleur de ses rayons. Mais d'où qu'ils soient issus, du reste, ils ont en eux ce qui agit le plus puissamment sur l'imagination des populations ignorantes et sédentaires. Ils sont vagabonds et mystérieux. Bien des fois on a essayé de les bannir des paroisses. Ils s'en sont allés, puis sont revenus. Tantôt solitaires, tantôt en troupe de cinq à six, ils rôdent çà et là, en proie à une oisiveté qu'ils n'occupent jamais que d'une manière, c'est-à-dire en conduisant quelques troupeaux de moutons le long du revers des fossés, ou les bœufs de quelque herbager d'une foire à une autre. Si par hasard un fermier les expulse durement de son service, ou ne veut plus les employer, ils ne disent mot, courbent la tête et s'éloignent ; mais un doigt levé, en se retournant, est leur seule et sombre menace ; et presque toujours un malheur, soit une mortalité parmi les bestiaux, soit les fleurs de tout un plant de pommiers brûlées dans une nuit, soit la corruption de l'eau des fontaines, vient bientôt suivre la menace du terrible et silencieux doigt levé.

— Et vous pensez donc, dis-je à mon Cotentinais, qu'on aurait bien pu jeter un sort sur votre jument, maître Louis Tainnebouy?

— J'en ai l'idée, fit-il en réfléchissant et en donnant un revers de la main à son chapeau, qu'il poussa par là sur son oreille, j'en ai l'idée, monsieur. C'est la vérité, et voici pourquoi. Il y avait hier au marché de Créance, dans le cabaret où j'étais, justement un de ces misérables bergers, la teigne du pays, qui s'en vont en se louant à tous les maîtres. Il était accroupi dans les cendres de l'âtre et faisait chauffer un godet de cidre doux pendant que je finissais un marché avec un herbager de Carente (Carentan). Je venions de nous taper dans la main, quand mon acheteur me dit qu'il avait besoin de quelqu'un pour conduire ses bœufs à Coutances (il allait voir, lui, un de ses oncles malade à Muneville-le-Bengar), et c'est alors que le berger, qui s'acagnardait et buvait au bord de l'âtre, se proposa. « Qui es-tu, toi, pour que te je confie mes bêtes ? fit l'herbager. Si maître Tainnebouy te connaît et répond pour toi, je né demande pas mieux que de te prendre. Répondez-vous du gars, maître Louis ? — Ma fé, dis-je à l'herbager, prenez-le si vous v'lez, mais j'm'en lave les mains comme Ponce-Pilate ; j'me soucie pas d'encourir des reproches s'il arrivait quéque malencontre à vos bestiaux. Qui cautionne paye, dit le proverbe, et je ne cautionne point qui je ne connais pas. — Alors, va trouver un autre maître ! » a dit le Carentinais, et ça a été tout. Eh bien ! à présent, je me rappelle que le berger m'a jeté, de dessous le manteau de la cheminée, un diable de regard, noir comme le péché, et que je l'ai trouvé qui rôdait du côté de l'écurie quand j'ai été pour prendre la *Blanche* et partir.

Rien au fond n'était plus admissible que ce récit de maître Tainnebouy. Pour expliquer l'accident arrivé à son cheval, il n'était pas besoin de creuser jusqu'à l'idée d'un maléfice. Le berger, poussé par le ressentiment, avait pu introduire quelque corps blessant dans le sabot du cheval pour se venger de son maître, comme ce cruel enfant corse (on dit Napoléon), qui enfonça avec son doigt une balle de carabine dans l'oreille du cheval favori de son père, parce que son père lui avait infligé une correction. Seulement, ce qui pour mon Cotentinais révélait l'influence du démon dans toute cette affaire, c'est que la *Blanche* boitait sans blessure ou motif apparent de boiter. Il avait déposé sa lanterne à terre, sur un petit tertre qui se trouvait là, et il chargeait sa pipe en regardant sa jument qui, comme tous les animaux souffrants, abaissait d'instinct son intelligente tête vers la partie de son corps qui la faisait souffrir. J'étais descendu de mon cheval à mon tour, et je roulais entre mes doigts les feuilles du maryland que j'allais convertir en cigarettes. Le froid piquait, de plus en plus vif.

— C'est dommage, dis-je en jetant les yeux sur le sol dénudé de tout et où le vent d'ouest n'avait pas seulement roulé une branche d'arbre, que nous n'ayons pas quelque branche de bois mort comme on en trouve parfois d'éparses sur la terre. Nous pourrions allumer une flambée pendant que votre jument se repose et nous réchauffer le bout des doigts.

— Ah ! ben oui ! du bois mort, dans cette lande, fit-il, c'est comme du bois vert ! On ne trouve pas plus l'un que l'autre ; et nous n'avons qu'à souffler dans nos doigts pour les réchauffer. Quand les Chouans tenaient, par les nuits claires, leurs conseils de guerre là où nous sommes, ils étaient obligés d'apporter à dos d'homme le bois qu'ils avaient coupé, pour faire du feu, dans le taillis des Patriotes.

Ce mot de Chouans, jeté là en passant comme un souvenir de hasard, par cette énergique veste rousse qui avait peut-être, dans sa jeunesse, fait le coup de fusil par-dessus la haie avec eux, évoqua en ce moment, aux yeux de mon esprit, ces fantômes du temps passé devant lesquels toute réalité présente pâlit et s'efface. Je venais précisément d'une ville où la guerre des Chouans a laissé une empreinte profonde. Personne, quand j'y passai, n'y avait oublié encore le sublime épisode dont elle avait été le théâtre en 1799, cet audacieux enlèvement par douze gentilshommes, dans une ville pleine de troupes ennemies, du fameux Des Touches, l'intrépide agent des Princes, destiné à être fusillé le lendemain. Comme on ramasse quelques pincées de cendre héroïque, j'avais recueilli tous les détails de cette entreprise, sans égale parmi les plus merveilleuses crâneries humaines. Je les avais recueillis là où, pour moi, gît la véritable histoire, non celle des cartons et des chancelleries, mais l'histoire orale, le discours, la tradition vivante qui est entrée par les yeux et les oreilles d'une génération et qu'elle a laissée, chaude du sein qui la porta et des lèvres qui la racontèrent, dans le cœur et la mémoire de la génération qui l'a suivie. Encore sous l'empire des impressions que j'avais éprouvées, rien d'étonnant que ce nom de Chouans, prononcé dans les circonstances extérieures où j'étais placé, réveillât en moi de puissantes curiosités assoupies.

— Est-ce que vous auriez fait la guerre des Chouans? demandai-je à mon compagnon, espérant que j'allais avoir une page de plus à ajouter aux Chroniques de cette guerre nocturne de Catérans bas-normands, qui se rassemblaient aux cris des chouettes et faisaient un sifflet de guerre de la paume de leurs deux mains.

— Nenni pas, monsieur, me répondit-il après avoir allumé sa pipe et l'avoir coiffée d'une espèce de bonnet de cuivre, attaché à une chaînette du même métal qui tenait au tuyau. Nenni-dà! J'étais trop jeune alors ; je n'étais qu'un marmot bon à fouetter. Mais mon père et mon grand-père, qui ont toujours été un peu de la *vache à Colas,* ont chouanné dans le temps comme leurs maîtres. J'ai même un de mes oncles qui a été blessé de deux chevrotines dans le pli du bras, au combat de la Fosse, auprès de Saint-Lô, sous M. de Frotté. C'était un joyeux vivant que mon oncle, qui jouait du violon comme un meunier et aimait à faire pirouetter les filles. J'ai ouï dire à mon oncle que sa blessure, le soir même du combat, ne l'empêcha pas de jouer de son violon à ses camarades, dans une grange, pas bien loin de l'endroit où le matin on s'était si fort *capuché.* On s'attendait à voir les Bleus dans la nuit, mais on sautait tout de même, comme s'il n'y avait eu dans le monde que des cotillons courts et de beaux mollets ! Les fusils chargés ne dormaient que d'un œil dans un coin de la grange. Mon enragé et joyeux compère d'oncle tenait son violon de son bras blessé et saignant, et il jouait gaiement, comme le vieux ménétrier Pinabel, dans un de ses meilleurs soirs, malgré le diable d'air que lui jouait, à lui, sa blessure. Savez-vous ce qui arriva, monsieur ? Son bras resta toute sa vie dans la position qu'il avait prise pour jouer cette nuit-là ; il ne put l'allonger jamais. Il fut cloué par les chevrotines des Bleus dans cette attitude de ménétrier qu'il avait tant aimée pendant sa jeunesse, et jusqu'à sa mort, bien longtemps après, il n'a plus été connu à la ronde que sous le surnom de *Bras-de-violon*.

Enchanté d'une parenté aussi honorable et qui semblait me promettre les récits que je désirais, je poussai mon Cotentinais à me raconter ce qu'il savait de la guerre à laquelle ses pères avaient pris une part si active. Je l'interrogeai, je le pressai, j'essayai de lever une bonne contribution sur les souvenirs de son enfance, sur toutes les histoires qu'il avait dû entendre raconter, au coin du feu, pendant la veillée d'hiver, quand il se chauffait sur son escabeau, entre les jambes de son père. Mais, ô désappointement cruel, et triste preuve de l'impuissance de l'homme à résister au travail du temps dans nos cœurs! maître Louis Tainnebouy, fils de Chouan, neveu de cet héroïque *Bras-de-violon*, le blessé de la Fosse, qui aurait mérité d'ouvrir la tranchée à Lérida, avait à peu près oublié, s'il l'avait su jamais, tout ce qui, à mes yeux, *sacrait* ses pères. Hormis ces faits généraux et notoires, qui m'étaient aussi familiers qu'à lui, il n'ajouta pas l'obole du plus petit renseignement à mes connaissances sur une époque aussi intéressante à sa manière que l'époque de 1745, en Écosse, après la grande infortune de Culloden. On sait que tout ne fut pas dit après Culloden, et qu'il resta encore dans les Highlands plusieurs partisans en kilt et en tartan, qui continuèrent, sans réussir, le coup de feu, comme les Chouans à la veste grise et au mouchoir noué sous le chapeau le continuèrent dans le Maine et la Normandie, après que la Vendée fut perdue. Ce que j'aurais voulu, c'est qu'au moins le souvenir de cette guerre eût laissé une étincelle des passions de ses pères dans l'âme du neveu de *Bras-de-violon*. Or, je dois le dire, j'eus beau souffler dans cette âme l'étincelle que je cherchais ; je ne la trouvai pas. Le Temps, qui nous use peu à peu de sa main de velours, a une fille plus mauvaise que lui : c'est la Légèreté oublieuse. D'autres intérêts, d'un ordre moins élevé mais plus sûr, avaient saisi de bonne heure l'activité de maître Tainnebouy. La politique, pour ce cultivateur occupé de ses champs et de ses bestiaux, se trouvait trop hors de sa portée pour n'être pas un objet fort secondaire dans sa vie. A ses yeux de paysan, les Chouans n'étaient que des *réveille-matin* un peu trop brusques, et il était plus frappé de quelques faits de maraudage, de quelques jambons qu'ils avaient dépendus de la cheminée d'une vieille femme, ou d'un tonneau qu'ils avaient mis à *dalle* dans une cave, que de la cause pour laquelle ils savaient mourir. Dans le bon sens de maître Louis, la Chouannerie qui n'avait pas réussi était peut-être une folie de la jeunesse de ses pères. Conscrit de l'Empire, à qui il avait fallu dix mille francs pour se racheter de la coupe réglée des champs de bataille, un tel souvenir l'animait plus contre *Bonot*, — comme disaient les paysans, qui vous dépoétisaient si bien le nom qui a le plus retenti sur les clairons de la gloire, — que la mort du général de son oncle, ce Frotté, à l'écharpe blanche, tué par le fusil des gendarmes, avec un sauf-conduit sur le cœur !

Cependant, quand il eut fumé sa pipe et qu'il eut regardé encore une fois sous le pied déferré de sa jument, maître Tainnebouy parla de se mettre en route, que bien que mal, et de gagner comme nous pourrions la Haie-du-Puits. L'heure, au pied ailé, volait toujours à travers nos accidents et nos propos, et la nuit s'avançait silencieuse. La lune, alors dans son premier quartier, était couchée. Comme l'aurait dit Haly dans l'*Amour peintre,* il faisait noir autant que dans un four, et nulle étoile ne montrait le bout de son nez. Nous gardâmes la lanterne allumée, dont les rais tremblants produisaient l'effet d'une queue de comète dans la vapeur fendue du brouillard. Bientôt même elle s'éteignit, et nous fûmes obligés de marcher à pied, cahin caha, tirant péniblement nos chevaux par la bride et n'y voyant goutte. La situation, dans cette lande suspecte, ne laissait pas que d'être périlleuse ; mais nous avions le calme de gens qui ont sous leur main des moyens de résistance et dans leur cœur la ferme volonté, si l'occasion l'exigeait, de s'en servir. Nous allions lentement, à cause du pied malade de la *Blanche,* et aussi à cause des grosses bottes que nous traînions. Si nous nous taisions un moment, ce qui me frappait le plus dans ces flots de brouillard et d'obscurité, c'était le mutisme morne des airs chargés. L'immensité des espaces que nous n'apercevions pas se révélait par la profondeur du silence. Ce silence, pesant au cœur et à la pensée, ne fut pas troublé une seule fois pendant le parcours de cette lande, qui ressemblait, disait maître Tainnebouy, *à la fin du monde,* si ce n'est, de temps à autre, par le bruit d'ailes de quelque héron dormant sur ses pattes, que notre approche faisait envoler.

Nous ne pouvions guère, dans une obscurité aussi complète, apprécier le chemin que nous faisions. Cependant des heures retentirent à un clocher qui, à en juger par la qualité du son, nous parut assez rapproché. C'était la première fois que nous entendions l'heure depuis que nous étions dans la lande ; nous arrivions donc à sa limite.

L'horloge qui sonna avait un timbre grêle et clair qui marqua minuit. Nous le remarquâmes, car nous avions compté l'un et l'autre et nous ne pensions pas qu'il fût si tard. Mais le dernier coup de minuit n'avait pas encore fini d'osciller à nos oreilles, qu'à un point plus distant et plus enfoncé dans l'horizon, nous entendîmes résonner non plus une horloge de clocher, mais une grosse cloche, sombre, lente et pleine, et dont les vibrations puissantes nous arrêtèrent tous les deux pour les écouter.

— Entendez-vous, maître Tainnebouy ? dis-je un peu ému, je l'avoue, de cette sinistre clameur d'airain dans la nuit ; on sonne à cette heure : serait-ce le feu ?

— Non, répondit-il, ce n'est pas le feu. Le tocsin sonne plus vite, et ceci est lent comme une agonie. Attendez ! voilà cinq coups ! en voilà six ! en voilà sept ! huit et neuf ! C'est fini, on ne sonnera plus.

— Qu'est-ce que cela ? fis-je. La cloche à cette heure ! C'est bien étrange. Est-ce que les oreilles nous corneraient, par hasard ?...

— Vère ! étrange en effet, mais réel ! répondit d'une voix que je n'aurais pas reconnue, si je n'avais pas été sûr que c'était lui, maître Louis Tainnebouy, qui marchait à côté de moi dans la nuit et le brouillard ; voilà la seconde fois de ma vie que je l'entends, et la première m'a assez porté malheur pour que je ne puisse plus l'oublier. La nuit où je l'entendis, monsieur, il y a des années de ça, c'était de l'autre côté de Blanchelande, et minute pour minute, à cette heure-là, mon cher enfant, âgé de quatre ans et qui semblait fort comme père et mère, mourait de convulsions dans son berceau. Que m'arrivera-t-il de cette fois ?

— Qu'est donc cette cloche de mauvais présage ? dis-je à mon Cotentinais, dont l'impression me gagnait.

— Ah ! fit-il, c'est la cloche de Blanchelande qui sonne la messe de l'abbé de la Croix-Jugan.

— La messe, maître Tainnebouy ! m'écriai-je. Oubliez-vous que nous sommes en octobre, et non pas à Noël, en décembre, pour qu'on sonne la messe de minuit ?

— Je le sais aussi bien que vous, monsieur, dit-il d'un ton grave ; mais la messe de l'abbé de la Croix-Jugan n'est pas une messe de Noël, c'est une messe des Morts, sans répons et sans assistance, une terrible et horrible messe, si ce qu'on en rapporte est vrai.

— Et comment peut-on le savoir, repartis-je ; si personne n'y assiste, maître Louis ?

— Ah ! monsieur, dit le fermier du Mont-de-Rauville, voici comment j'ai entendu qu'on le savait. Le grand portail de l'église actuelle de Blanchelande est l'ancien portail de l'abbaye, qui a été dévastée pendant la révolution, et on voit encore dans ses panneaux de bois de chêne les trous qu'y ont laissés les balles des Bleus. Or, j'ai ouï dire que plusieurs personnes qui traversaient de nuit le cimetière pour aller gagner un chemin d'ifs qui est à côté, étonnées de voir ces trous laisser passer de la lumière, à une telle heure et quand l'église est fermée à clef, ont guetté par là et ont vu c'te messe, qu'elles n'ont jamais eu la tentation d'aller regarder une seconde fois, je vous en réponds ! D'ailleurs, monsieur, ni vous ni moi ne sommes dans les vignes ce soir, et nous venons d'entendre parfaitement les neuf coups de cloche qui annoncent l'*Introïbo*. Il y a vingt ans que tout Blanchelande les entend comme nous, à des époques différentes ; et dans tout le pays il n'est personne qui ne vous assure qu'il vaut mieux dormir et faire un mauvais somme que d'entendre, du fond de ses couvertures, sonner la messe nocturne de l'abbé de la Croix-Jugan !

— Et quel est cet abbé de la Croix-Jugan, maître Tainnebouy, repris-je, lequel se permet de dire la messe à une heure aussi indue dans toute la catholicité ?

— Ne *jostez pas !* monsieur, répondit maître Louis. Il n'y a pas de risée à faire là-dessus. C'était une créature qui en a rendu d'autres aussi malheureuses et criminelles qu'elle était. Vous me parliez des Chouans il n'y a qu'une minute, monsieur ; eh bien ! il paraît qu'il avait chouané, tout prêtre qu'il fût, car il était moine à l'abbaye de Blanchelande quand l'évêque Talaru, un débordé qui s'est bien repenti depuis, m'a-t-on conté, et qui est mort comme un saint en émigration, y venait faire les quatre coups avec les seigneurs des environs ! L'abbé de la Croix-Jugan avait pris sans doute, dans la vie qu'on menait lors à Blanchelande, de ces passions et de ces vices qui devaient le rendre un objet d'horreur pour les hommes et pour lui-même, et de malédiction pour Dieu. Je l'ai vu, moi, en 18.., et je puis dire que j'ai vu la face d'un réprouvé qui vivait encore, mais comme s'il eût été plongé jusqu'au creux de l'estomac en enfer.

Ce fut alors que je demandai à mon compagnon de voyage de me raconter l'histoire de l'abbé de la Croix-Jugan, et le brave homme ne se fit point prier pour me dire ce qu'il en savait. J'ai toujours été grand amateur et dégustateur de légendes et de superstitions populaires, lesquelles cachent un sens plus profond qu'on ne croit, inaperçu par les esprits superficiels qui ne cherchent guère dans ces sortes de récits que l'intérêt de l'imagination et une émotion passagère. Seulement, s'il y avait dans l'histoire de l'herbager ce qu'on nomme communément du merveilleux (comme si l'envers, le dessous de toutes les choses humaines n'était pas du merveilleux tout aussi inexplicable que ce qu'on nie, faute de l'expliquer!), il y avait en même temps de ces événements produits par le choc des passions ou l'invétération des sentiments, qui donnent à un récit, quel qu'il soit, l'intérêt poignant et immortel de ce phénix des radoteurs, dont les redites sont toujours nouvelles, et qui s'appelle le cœur de l'homme. Les bergers dont maître Tainnebouy m'avait parlé, et auxquels il imputait l'accident arrivé à son cheval, jouaient aussi leur rôle dans son histoire. Quoique je ne partageasse pas toutes ses idées à leur égard, cependant j'étais bien loin de les repousser, car j'ai toujours cru, d'instinct autant que de réflexion, aux deux choses sur lesquelles repose en définitive la magie, je veux dire : à la tradition de certains *secrets*, comme s'exprimait Tainnebouy, que des hommes initiés se passent mystérieusement de main en main et de génération en génération, et à l'intervention des puissances occultes et mauvaises dans les luttes de l'humanité. J'ai pour moi dans cette opinion l'histoire de tous les temps et de tous les lieux, à tous les degrés de la civilisation chez les peuples, et ce que j'estime infiniment plus que toutes les histoires, l'irréfragable attestation de l'Église romaine, qui a condamné, en vingt endroits des actes de ses Conciles, la magie, la sorcellerie, les charmes, non comme choses vaines et pernicieusement fausses, mais comme choses RÉELLES, et que ses dogmes expliquaient très-bien. Quant à l'intervention de puissances mauvaises dans les affaires de l'humanité, j'ai encore pour moi le témoignage de l'Église, et d'ailleurs je ne crois pas que ce qui se passe tout à l'heure dans le monde permette aux plus récalcitrants d'en douter... Je demande qu'on me passe ces graves paroles, attachées un peu trop solennellement peut-être au frontispice d'une histoire d'herbager, racontée de nuit, dans une lande du Cotentin. Cette histoire, mon compagnon de route me la raconta comme il la savait, et il n'en savait que les surfaces. C'était assez pour pousser un esprit comme le mien à en pénétrer plus tard les profondeurs. Je suis naturellement haïsseur d'inventions. J'aurais pu, la mémoire fraîchement imbibée du langage de maître Tainnebouy, écrire, quand nous fûmes arrivés à la Haie-du-Puits, tout ce qu'il m'avait raconté, mais je passai mon temps à y songer, et c'est ce que j'en puis dire de mieux. Aujourd'hui que quelques années se sont écoulées, m'apportant tout ce qui complète mon histoire, je la raconterai à ma manière, qui, peut-être, ne vaudra pas celle de mon herbager cotentinais. Donnera-t-elle au moins à ceux qui la liront la même volupté de songerie que j'eus à en ruminer dans ma pensée les événements et les personnages, le reste de cette nuit-là, le coude appuyé sur une mauvaise table d'auberge, entre deux chandelles qui coulaient, devant une braise de fagot flambé, au fond d'une bourgade silencieuse et noire, « dans laquelle je ne connaissais pas un chat, » aurait dit maître Louis Tainnebouy, — expression qui, par parenthèse, m'a toujours paru un peu trop gaie pour signifier une chose aussi triste que l'isolement !

III

L'an VI de la république française, un homme marchait avec beaucoup de peine, aux derniers rayons du soleil couchant qui tombaient en biais sur la sombre forêt de Cérisy. On entrait en pleine canicule, et quoiqu'il fût près de sept heures du soir, la chaleur, insupportable tout le jour, était accablante. L'orbe du soleil, rouge et fourmillant comme un brasier, ressemblait, penché vers l'horizon, à une tonne de feu défoncée, qu'on aurait à moitié versée sur la terre. L'air n'avait pas de vent, et, dans la mate atmosphère, nul arbre ne bougeait, du tronc à la tige. Pour emprunter à maître Tainnebouy (que je rappellerai souvent dans ce récit) une expression énergique et familière : on cuisait dans son jus. L'homme qui s'avançait sur la lisière de la forêt paraissait brisé de fatigue. Il avait peut-être marché depuis le matin et amoncelé sur lui les lourdes influences de cette longue et dévorante journée. Quoi qu'il en fût à cet égard, aux yeux de toute personne accoutumée aux faits de cette époque et qui eût avisé cet inconnu, il n'aurait pas été un voyageur ordinaire, armé, par précaution, pour longer les bords de cette forêt, réputée si dangereuse que les voitures publiques ne la traversaient pas sans une escorte de gendarmerie. A sa tournure, à son costume, à ce je ne sais quoi qui s'élève, comme une voix, de la forme muette d'un homme, il était aisé, sinon de reconnaître, au moins de soupçonner qui il était, tout en s'étonnant de le voir errer seul à une heure de la soirée où le jour était si haut encore. En effet, ce devait être un Chouan ! Ses vêtements étaient d'un gris semblable au plumage de la chouette, couleur que les Chouans avaient, comme on sait, adoptée pour désorienter l'œil et la carabine des vedettes quand au clair de la lune ou dans l'obscurité, ils se rangeaient contre un vieux mur, ou s'aplatissaient dans un fossé comme un monceau de poussière que le vent y aurait charriée. Ces vêtements, fort simples, étaient coupés à peu près comme ceux que j'avais vus à maître Tainnebouy. Seulement, au lieu de la botte sans pied de notre herbager, l'inconnu portait des guêtres en cuir fauve qui lui montaient jusqu'au dessus du genou, et son grand chapeau, rabattu *en couverture à cuve,* couvrait presque entièrement son visage.

Selon l'usage de ces guérillas de halliers, qui se reconnaissaient entre eux par des noms de guerre mystérieux comme des mots d'ordre, afin de n'offrir à l'ennemi que des prisonniers anonymes, rien, dans la mise de l'inconnu, n'indiquait qu'il fût un chef ou un soldat. Une ceinture du cuir de ses guêtres soutenait deux pistolets et un fort couteau de chasse, et il tenait de la main droite une espingole. D'ordinaire, les Chouans, qui n'allaient guère en expédition que la nuit, ne se montraient point sur les routes, de jour, avec leurs armes. Mais, comme personne ne savait mieux qu'eux l'état du pays, et comme ils eussent pu dire combien, en une heure, devaient passer de voyageurs et de voitures en tel chemin, c'est là ce qui donnait sans doute à ce Chouan, si c'en était un, sa sécurité. La diligence, avec son écharpe de gendarmes, était passée dans un flot de poussière vers les cinq heures, son heure accoutumée. Il ne s'exposait donc qu'à rencontrer quelques charrettes attelées de leurs quatre bœufs et de leurs deux chevaux, ou quelques fermiers et leurs femmes, montés sur leurs *bidets d'allure,* et revenant tranquillement des marchés voisins. C'était à peu près tout. Les routes ne ressemblaient point à ce qu'elles sont aujourd'hui ; elles n'étaient point, comme à présent, incessamment sillonnées de voitures élégantes et rapides. Terrifié par la guerre civile, le pays n'avait plus de ces communications qui sont la circulation d'une vie puissante. Les châteaux, orgueil de la France hospitalière, étaient en ruines ou abandonnés. Le luxe manquait. Il n'y avait de voitures que les voitures publiques. Quand on se reporte par la pensée à cette curieuse époque, on se rappelle la sensation que causa, même à Paris, la fameuse calèche blanche de M. de Talleyrand, la première qui ait, je crois, reparu après la révolution. Du reste, pour en revenir à notre voyageur, au premier bruit suspect, à la première vue de mauvais augure, il n'avait qu'un léger saut à faire et il entrait dans la forêt.

Mais s'il avait songé à tout cela, calculé tout cela, il n'y paraissait guère. Quand la précaution et la défiance dominent l'homme le plus brave, on s'en aperçoit dans sa démarche et jusque dans le moindre de ses mouvements. Or, le Chouan, qui se traînait entre les deux bords de la forêt de Cérisy, appuyé sur son espingole, comme un mendiant s'appuie sur son bâton fourchu et ferré, n'avait pas seulement la lenteur d'une fatigue affreuse, mais l'indifférence la plus complète à tout danger présent ou éloigné. Il ne fouillait point le fourré du regard. Il ne tendait point le cou pour écouter le bruit des chevaux dans l'éloignement. Il s'avançait insoucieusement, comme s'il n'avait pas eu conscience de sa propre audace. Et, de fait, il ne l'avait pas. L'obsession d'une pensée cruelle ou l'abattement d'une fatigue immense l'empêchait d'éprouver la palpitation du danger, chère aux hommes de courage. Aussi, de sang-froid, commit-il une grande imprudence. Il s'arrêta et s'assit sur le revers du fossé qui séparait le bois de la route; et là il ôta son chapeau qu'il jeta sur l'herbe, comme un homme vaincu par la chaleur et qui veut respirer.

C'est à ce moment que ceux qui l'auraient vu auraient compris son insouciance pour tous les dangers possibles, eussent-ils été rassemblés autour de lui, et embusqués derrière chaque arbre de la forêt, qui s'élevait aux deux bords du chemin. Débarrassé de son grand chapeau, sa figure, qu'il ne cachait plus, en disait plus long que n'aurait fait le plus éloquent des langages. Jamais peut-être, depuis Niobé, le soleil n'avait éclairé une si poignante image du désespoir. La plus horrible des douleurs de la vie y avait incrusté sa dernière angoisse. Beau, mais marqué d'un sceau fatal, le visage de l'inconnu semblait sculpté dans du marbre vert, tant il était pâle! et cette pâleur verdâtre et meurtrie ressortait durement sous le bandeau qui ceignait ses tempes, car il portait le mouchoir noué autour de la tête, comme tous les Chouans qui couchaient à la belle étoile, et ce mouchoir, dont les coins pendaient derrière les oreilles, était un foulard ponceau, passé en fraude, comme on commençait d'en exporter de Jersey à la côte de France. Aperçus de dessous cette bande d'un âpre éclat, les yeux du Chouan, cernés de deux cercles d'un noir d'encre, et dont le blanc paraissait plus blanc par l'effet du contraste, brillaient de ce feu profond et exaspéré qu'allume dans les prunelles humaines la funèbre idée du suicide. Ils étaient vraiment effrayants. Pour qui connaît la physionomie, il était évident que cet homme allait se tuer. Selon toute probabilité, il était de ceux qui avaient pris part à un engagement de troupes républicaines et de Chouans, lequel avait eu lieu aux environs de Saint-Lô, le matin même; un de ces vaincus de la Fosse, qui fut vraiment la fosse de plus d'un brave et la dernière espérance des *Chasseurs du Roi.* Son front portait la lueur sinistre d'un désastre plus grand que le malheur d'un seul homme. Redressé à moitié sur le flanc, comme un loup courageux abattu, cet homme isolé avait, dans la poussière de ce fossé, une incomparable grandeur, c'était la grandeur de l'instant suprême... Il tourna vers le soleil du soir, qui, comme un bourreau attendri, semblait lui compter avec mélancolie le peu d'instants qui lui restaient à vivre, un regard d'une lenteur altière; et ses yeux, qu'il allait fermer à jamais, luttèrent, sans mollir, avec le disque de rubis de l'astre éblouissant encore, comme s'il eût cherché à ce cadran flamboyant si l'heure *enfin* était sonnée à laquelle il s'était juré, dans son âme, qu'il cesserait de respirer. Qui sait? c'était peut-être la même heure où l'héroïque ménétrier *Bras-de-violon* ouvrait gaiement sur l'aire d'une grange ce bal intrépide de blessés et d'échappés au feu qu'il conduisit toute une nuit avec son bras fracassé. Seulement, pour ces joyeux compères à l'espoir éternel, et pour lui, cette heure n'avait pas le même timbre. Il n'acceptait pas si légèrement sa défaite. A en juger par la profondeur de sa peine, il devait être un des chefs les plus élevés de son parti, car on ne s'identifie si bien à une cause perdue, pour périr avec elle, que quand on tient à elle par la chaîne du commandement. Résolu donc à en partager la destinée, il avait ouvert le gilet strictement boutonné sur sa poitrine, et, sous la chemise collée à la peau par les caillots d'un sang coagulé, il avait pris un parchemin cacheté qui renfermait sans doute des instructions importantes; car, l'ayant déchiré avec ses dents, comme une cartouche, il en mangea tous les morceaux. Dans sa préoccupation sublime, il ne rabattit pas même son œil d'aigle sur la blessure de son sein, qui se remit à couler... Quand, le soir du combat des Trente, Beaumanoir *Bois-de-ton-sang* en but pour se désaltérer, certes, il était bien beau, et l'Histoire n'a pas oublié ce grand et farouche spectacle; mais peut-être était-il moins imposant que ce Chouan solitaire, dont l'ingrate et ignorante Histoire ne parlera pas, et qui, avant de mourir, mâchait et avalait les dépêches trempées du sang de sa poitrine, pour mieux les cacher en les ensevelissant avec lui.

Et lorsqu'il eut rempli ce devoir d'une fidélité prévoyante, quand du parchemin dévoré il ne lui resta plus entre les doigts que le large cachet de cire pourpre, qui le fermait et qu'il avait respecté, une idée, triste comme un espoir fini, traversa son âme intrépide. Chose étrange et touchante à la fois! on le vit contempler rêveusement, et avec l'adoration mouillée de pleurs d'un amour sans bornes, ce cachet à la profonde empreinte, comme s'il eût voulu graver un peu plus avant dans son âme le portrait d'une maîtresse dont il eût été idolâtre. Qu'y a-t-il de plus émouvant que ces lions troublés, que ces larmes tombées de leurs yeux fiers qui vont, roulant sur leurs crinières, comme la rosée des nuits sur la toison de Gédéon! Et pourtant, il n'y avait pas de portrait sur la cire figée. Il n'y avait que l'écusson qui scellait d'ordinaire toutes les dépêches de la maison de Bourbon. C'était tout simplement l'écusson de la monarchie, les trois fleurs de lys, belles comme des fers de lance, dont la France avait été couronnée tant de siècles, et dont son front révolté ne voulait plus! Aux yeux de ce Chouan, un tel signe était le saint emblème de la cause pour laquelle il avait vainement combattu. Il l'embrassa donc à plusieurs reprises, comme Bayard expirant embrassa la croix de son épée. Mais si la passion de ses baisers fut aussi pieuse que celle du Chevalier sans reproche, elle fut aussi plus désolée, car la croix parlait d'espérance, et les armes de France n'en parlaient plus! Quand il eut ainsi apaisé la tendresse de sa dernière heure, lui qui n'avait pas sur son glaive le signe du martyre divin qui ordonne même aux héros de se résigner et de souffrir, il saisit près de lui sa compagne, son espingole, chaude encore de tant de morts qu'elle avait données le matin même, et, toujours silencieux et sans qu'un mot ou un soupir vînt faire trembler ses lèvres, bronzées par la poudre de la cartouche, il appuya l'arme contre son mâle visage et poussa du pied la détente. Le coup partit. La forêt de Cérisy en répéta la détonation par éclats qui se succédèrent et rebondirent dans ses échos mugissants. Le soleil venait de disparaître. Ils étaient tombés tous deux à la même heure, l'un derrière la vie, l'autre derrière l'horizon.

C'était véritablement un beau soir. L'air avait repris son silence, et la brise qui s'élève quand le soleil est couché, comme la balle siffle quand elle est passée, commençait d'agiter doucement les feuilles de la forêt et pouvait caresser de ses souffles le front ouvert du suicidé. Une bonne femme, qui rôdait par là et qui ramassait des bûchettes, remonta lentement ce fossé qu'une créature de Dieu venait de combler avec son argile. Tout occupée de son ouvrage, sourde peut-être, ou, si elle avait entendu la déchirante espingole, l'ayant prise pour le fusil de quelque chasseur attardé, elle heurta par mégarde de son sabot le corps du meurtrier. Comme on le pense bien, elle eut peur d'abord de ce cadavre; mais elle avait son fils aux Chouans. Plus mère que femme, elle finit par courber sa vieille tête, en pensant à son fils, vers le corps du Chouan défiguré, et elle lui mit la main sur le cœur. Qui l'eût cru? il battait encore. Alors cette vieille n'hésita plus. Elle regarda, d'un œil inquiet, la route, le taillis, la clairière; mais partout ne voyant personne, et l'ombre venant, elle chargea le Chouan sur son dos, malgré sa vieillesse, comme un fagot qu'elle aurait volé, et elle l'emporta dans sa cabane, sise contre la lisière du bois. L'ayant couché sur son grabat, elle lava toute la nuit, à la lueur fumeuse de son *grasset,* les horribles blessures de cette tête aux os cassés et aux chairs pendantes. Il y en avait plusieurs qui se croisaient dans le visage du suicidé comme d'inextricables sillons. L'espingole était chargée de cinq ou six balles. En sortant de ce canon évasé, elles avaient rayonné en sens divers, et c'est, sans nul doute, à cette circonstance que le Chouan devait de n'être pas mort sur le coup. Cependant la bonne femme pansa, du mieux qu'elle put, cette effroyable momie sanglante, dont toute forme humaine avait disparu. Experte en misère, l'âme plus forte que tous les dégoûts, elle se dévoua à la tâche de pitié que Dieu lui envoyait à la fin de sa journée, comme au bon Samaritain sur le chemin de Jérusalem à Jéricho. C'était une rude chrétienne, une femme d'un temps bien différent du nôtre. Elle avait gardé cette foi du charbonnier, qui rend la vertu efficace, pousse aux bonnes œuvres, et fait passer la charité du cœur dans les muscles de la main. Elle n'imagina pas que l'homme qui était l'objet de sa pieuse sollicitude eût tourné contre lui-même une violence impie. Un signe, qu'elle trouva sur cet homme, l'eût arrachée d'ailleurs à l'horreur de cette pensée, si elle avait pu la concevoir. Royaliste, parce qu'elle honorait Dieu, elle ne douta donc pas que des balles bleues n'eussent fait les plaies qu'elle pansait, et ce lui fut une raison nouvelle pour les soigner avec un dévouement et plus chaleureux et plus tendre. Il fallait la voir, cette hospitalière de la souffrance! Quand elle avait fini d'éponger, de bassiner et de fermer avec les lambeaux de ses pauvres chemises mises en pièces, ces épouvantables blessures, elle s'agenouillait devant une image de la Vierge, et priait pour ce Chouan, déchiré de douleur. La Vierge-Mère l'exauçait-elle ?... Toujours est-il que le blessé tardait à mourir.

Or, dix jours environ s'étaient écoulés depuis que Marie Hecquet (c'est le nom de notre bonne femme) avait ramassé le Chouan expirant. Isolée sur la lisière de ce bois solitaire, n'ayant ni voisins ni voisines, elle n'était exposée à aucune interrogation maladroite ou ennemie. De ce côté, du moins, elle était tranquille. Mais comme dans un temps de troubles civils on ne saurait exagérer la prudence, elle avait enterré les armes et les habits du Chouan dans un coin de sa chaumière, prête à ruser si les Bleus passaient, et à leur dire que ce blessé qui se mourait était son fils. Elle ne craignait pas de lui quelque noble imprudence. Ses blessures ne lui permettaient pas d'articuler un seul mot.

« Que si les Bleus, pensait-elle, l'avaient vu parfois dans la fumée de la poudre et dans le face à face du combat, ils ne pourraient, certes ! pas le reconnaître, car sa mère, sa mère elle-même, si cet homme en avait une encore, ne l'aurait pas reconnu. »

Tout semblait donc favoriser son œuvre de

charité pieuse ; mais l'urne de la destinée est plus perfide que celle de Pandore. On croit l'avoir vidée de tous les malheurs de la vie, qu'on s'aperçoit qu'il y a encore un double fond et qu'il est tout plein !

C'était un soir, comme le jour du suicide, un soir long, orangé, silencieux. Marie Hecquet, au seuil de sa porte ouverte, par laquelle venait au blessé cet air des bois qui porte la vie en ses émanations parfumées, lavait dans un baquet posé devant elle les linges rougis de plusieurs bandelettes. Comme toutes ces plébéiennes si facilement héroïques quand elles ont du cœur, comme toutes ces Marthe de l'Évangile qui agissent toujours, mais chez qui l'action n'étouffe point la pensée, pas plus que le travail des champs n'étouffe et ne brise l'enfant qu'elles y portent souvent dans leur sein, la mère Hecquet surveillait son malade, quoiqu'elle eût les mains plongées dans la *broue* sanglante de son savonnage et qu'elle parût absorbée par ce qu'elle faisait. Une petite cloche, qu'on ne voyait pas, vint à tinter tout près de là. Ce n'était pas la faible clochette d'une de ces mousseuses chapelles d'ermite, bâties jadis dans les profondeurs des bois, car les églises ne se rouvraient point encore. C'était la *tinterelle* de quelque hutte de sabotier qui marquait les heures et la fin du travail et de la journée.

Mais pour Marie Hecquet, cette femme antique, restée ferme de cœur dans la religion de ses pères et dans les souvenirs de son berceau, ces sept heures sonnant, n'importe où, étaient demeurées l'heure bénie qui descendait autrefois des clochers, à présents muets, dans les campagnes, et qui conviaient à la prière du soir. Aussi, dès qu'elle les entendit, elle laissa retomber au fond du baquet les linges qu'elle tordait et qu'elle allait étendre au noisetier voisin, et portant sa vieille main mouillée à ce front jaune comme le buis aux yeux des hommes, mais pur comme l'or aux yeux de Dieu, elle se mit, la noble bonne femme, à réciter son *Angelus*.

Ce qui doit nous sauver peut nous perdre. Ce signe de croix fut son malheur.

Cinq Bleus, sortis à pas de loup de la forêt en face, s'étaient arrêtés sur le bord du chemin. Appuyés sur leurs fusils, éveillés, silencieux, l'œil plongeant dans toutes les directions de la route, ils guettaient çà et là, comme des chiens en train de battre le buisson et de faire lever le gibier. Leur gibier, à eux, c'était de l'homme! Ils chassaient au Chouan. Ils espéraient saisir, après leur récente défaite, quelques-uns de ces hardis partisans, éparpillés dans le pays. Depuis quelques minutes déjà ils se montraient par signes, les uns aux autres, la chaumière ouverte de la mère Hecquet, dont le soir rougissait l'argile, et cette pauvre femme qui savonnait à son seuil. Quand elle redressa son corps penché sur son ouvrage pour faire le signe de la Rédemption, à ce signe qu'on leur avait appris à maudire, ils ne doutèrent plus qu'elle ne fût une Chouanne, et ils s'avancèrent sur elle en poussant des cris.

— Hélas! c'est des chauffeurs, dit-elle. Jésus! ayez pitié de nous!

— Brigande, fit le chef de la troupe, nous t'avons vue marmotter ta prière; tu dois avoir des Chouans cachés dans ton chenil.

— Je n'ai que mon fils qui se meurt, dit-elle, et qui s'est blessé à la tête en revenant de la chasse. Et elle les suivit, pâle et tremblante, car ils s'étaient rués dans la maison comme eût fait une bande de sauvages.

Ils allèrent d'abord au lit, découvrirent avec leurs mains brutales le blessé dévoré de fièvre, et reculèrent presque en voyant cette tête enflée, hideuse, énorme, masquée de bandelettes et de sang séché.

— Cela! ton fils! dit celui qui avait parlé déjà. Pour ton fils, il a les mains bien blanches, ajouta-t-il, en relevant avec le fourreau de son sabre une des mains du Chouan qui pendait hors du lit. Par la garde de mon briquet, tu mens, vieille! C'est quelque blessé de la Fosse qui se sera traîné jusqu'ici, après la débâcle. Pourquoi ne l'as-tu pas laissé mourir? Tu mériterais que je te fisse fusiller à l'instant même, ou que mes camarades et moi rôtissions avec les planches de ton baquet les manches à balai qui te servent de jambes! Ramasser un pareil bétail! Heureusement pour ta peau que le brigand est diablement malade. Nos camarades l'ont arrangé de la belle manière, à ce qu'il paraît. Mille têtes de roi! quelle hure de sanglier égorgé! Cela ne vaut pas la balle qui dort dans les canons de nos fusils. Nous épargnerons notre poudre et le laisserons mourir tout seul. Nous avons bien nos sabres; mais il ne sera pas dit que nous serons venus ici pour abréger ses souffrances en l'achevant d'un seul coup. Non, de par l'enfer! Allons, la vieille bique! donne-nous à boire! As-tu du cidre? que nous puissions trinquer à la République, en regardant agoniser ce brigand-là!

La malheureuse Marie Hecquet sentait ses ongles noircir de terreur à de telles paroles; mais refoulant en elle ses émotions, elle alla tirer d'un petit fût, placé au pied de son lit, le cidre demandé par le Bleu. Elle le plaça dans un pot d'étain, avec des godets de Monroc, son humble vaisselle, sur une table que la hache avait à peine dégrossie. Les cinq réquisitionnaires de la République s'assirent sur le banc qui entoure toujours les plus pauvres tables normandes, et le pot, circulant, se remplit une dizaine de fois. Ils se souciaient fort peu de mettre à sec la provision de la vieille femme ; et elle, trop contente de voir, à ce prix, leur attention détournée, allait et venait dans la chaumine, tantôt balayant l'aire, tantôt ranimant la cendre du foyer, pour faire, comme la Baucis du poëte, *tiédir l'onde* nécessaire au pansement du soir, quand ses terribles hôtes seraient partis. Les discours des Bleus, qui s'exaltaient de plus en plus à force de parler et de boire, augmentaient encore les premières peurs de Marie Hecquet. Il se mêlait de temps à autre à ces discours les noms funestes de Rossignol et de Pierrot, de Pierrot surtout, ce Cacus dont les férocités avaient le grandiose de sa force, et qui s'amusait à rompre, comme il eût rompu une branche d'arbre, les reins de ses prisonniers sur son genou. De pareils discours étaient bien dignes, du reste, de soldats irrités comme eux par le fanatisme et la résistance des guerres civiles, dont le caractère est d'être impitoyable comme tout ce qui tient aux convictions. Dépravés par ces guerres implacables, ces cinq Bleus n'étaient point de ces nobles soldats de Hoche ou de Marceau que l'âme de leurs généraux semblait animer. Tout vin a sa lie, toute armée ses goujats. Ils étaient de ces goujats horribles qu'on retrouve dans les bas-fonds de toute guerre, de cette inévitable race de chacals qui viennent souiller le sang qu'ils lapent, après que les lions ont passé! En un mot, c'étaient des traînards appartenant à ces bandes de chauffeurs alors si redoutées dans l'Ouest, lesquelles, par l'outrance de leurs barbaries, avaient appelé, il faut bien en convenir, des représailles cruelles. Marie Hecquet avait entendu souvent parler de ces bandits à des voyageurs et à des fermiers. Elle se rappelait même une affreuse histoire que son fils, sabotier dans la forêt, et qui venait parfois la voir entre deux expéditions nocturnes, lui avait dernièrement racontée avec l'indignation d'une âme de Chouan révoltée. C'était l'histoire de ce seigneur de Pontécoulant (je crois) dont, au matin, au *soleil de l'aurore*, on avait trouvé la tête coupée et déposée — immonde et insultante raillerie! — dans un pot de chambre, sur une des fenêtres placées au levant de son château dévasté[1].

De tels récits, de tels souvenirs jetaient leur reflet sur ces Bleus sinistres et la faisaient frissonner, elle qui n'était ni faible ni folle, à chaque atroce plaisanterie de ces hommes, buvant avec une joie de cannibales, auprès du

---

1. Historique.

lit de torture du Chouan. « C'est peut-être les assassins de Pontécoulant, » pensait-elle. La nuit s'avançait. Fut-ce l'influence de ces ombres et de ces ténèbres, car la nuit couve les forfaits dans les cœurs scélérats, fut-ce plutôt l'échauffement de l'ivresse, ou encore l'odieux remords qui s'élève dans les âmes perverses, quand elles ont suspendu l'accomplissement d'un crime ou laissé là quelque épouvantable dessein, qui le sait?... mais à mesure que la nuit tomba plus noire sur la chaumière, les pensées de vengeance et de sang reprirent ces Bleus et montèrent dans leurs cœurs. Le Chouan, renversé sur son grabat, expirait sans pouvoir même crier de douleur. Les bandages qui liaient son visage fracassé appuyaient sur sa bouche un silence pesant comme un mur. Il ne gémissait pas, mais sa respiration entrecoupée, ce râle permanent et sourd, qu'on entendait dans ce coin de chaumière obscur, et sur lequel, incessant, éternel, funèbre, se détachaient les éclats de la voix et du rire des Bleus, tout cela leur fit sans doute l'effet du défi d'un ennemi par terre, d'une dernière morsure au talon, comme la douleur vaincue en imprime parfois, de sa bouche mourante, au pied brutal de la victoire.

— Ce Chouan m'ennuie à la fin avec son râle! dit le chef des Cinq, et la tentation me prend de l'envoyer à tous les diables, avant de partir!

Tope! fit un autre, peut-être le plus repoussant de la troupe : une tête écrasée et livide, aux tempes de vipère, sortant d'une énorme cravate lie-de-vin, métamorphosée pour le moment en valise, car elle contenait une chemise de rechange, volée la veille à un curé; cet homme, c'était l'horrible et le bouffon réunis. Tope, sergent! répéta-t-il d'une voix enrouée, c'est parler en homme, ça. Tuons ce Chouan après cette chopine, car nous ne pouvons boire ici jusqu'à demain matin. Mais comment le tuer? Tu le disais tout à l'heure, citoyen sergent, les flambards des Colonnes Infernales ne sont pas venus ici pour abréger les souffrances d'une chouanaille qui jouit en ce moment de tous les avant-goûts de l'enfer, s'il y en a un. Il faudrait lui inventer une agonie qui lui procurerait, avant la culbute définitive, l'enfer tout entier!

— Par le diable et ses cornes! tu as raison, Sifflet-de-voleur. — Le Bleu, en effet, avait le nez taillé en cette aimable forme et il en tirait son nom de guerre. — Il faut le tuer, comme dit le capitaine Morisset, *avec l'intelligence de la chose*. Je vous forme en conseil de guerre, citoyens, pour délibérer sur le genre de mort qu'il convient d'infliger à ce brigand-là!

Et ils remplirent leurs cinq godets de Monroc comme pour s'inspirer.

L'infortunée Marie Hecquet voulut intervenir au nom de tous les sentiments naturels soulevés dans son cœur. Elle implora, avec des paroles de feu et des larmes, ces cinq hommes sourds à toute pitié. C'était à croire ce qu'elle leur avait dit d'abord, qu'elle était la mère du blessé, tant elle fut pathétique dans ses discours, son action, sa manière de les supplier! Mais tout fut vain.

— Te tairas-tu, brigande! fit l'un d'eux en lui envoyant un coup de crosse de son fusil dans les reins.

— Empare-toi de cette vieille sorcière, Sans-Façon, reprit le sergent, et fais-lui un bâillon de la poignée de ton sabre pour qu'elle ne trouble pas les délibérations du conseil de guerre par ses cris!

Mais la femme du peuple, qui ne craint pas sa peine, et qui sait mettre, comme on dit, *la main à la pâte,* eut en Marie Hecquet un dernier mouvement d'énergie, trahi, hélas! par la vieillesse. Quand elle vit venir le Bleu à elle elle voulut prendre un tison allumé dans l'âtre, pour se défendre contre l'outrageante agression, mais avant qu'elle eût pu saisir l'arme qu'elle cherchait, il l'avait déjà terrassée, et il la contenait.

— Maintenant, citoyens, dit le sergent, délibérons.

Et ils délibérèrent. Dix genres de mort différente furent proposés ; dix affreuses variétés du martyre !

La plume se refuse à tracer ce chaos de pensées de bourreaux en délire, ce casse-tête de propositions effroyables qui se mêlèrent en s'entre-choquant. Le chef de ces bandits eut le dégoût de la hideuse verve et de l'anarchie de son conseil, où comme, dans tout conseil, chaque avis voulait prévaloir.

— Nous sommes des imbéciles ! cria-t-il en fermant la discussion par un coup de poing sur la table. Tout considéré, je n'ai jamais été d'avis de tuer ce Chouan qui, dans l'état où il est, serait trop heureux de mourir. Mais voici mes adieux à sa damnée carcasse. Regardez !

Il marcha au lit du Chouan, et saisissant avec ses ongles les ligatures de son visage, il les arracha d'une telle force qu'elles craquèrent, se rompirent, et durent ramener à leurs tronçons brisés des morceaux de chair vive, enlevés aux blessures qui commençaient à se fermer. On entendit tout cela plutôt qu'on ne le vit, car la nuit était tout à fait tombée, mais ce fut quelque chose de si affreux à entendre que Marie Hecquet s'évanouit.

Un rugissement rauque qui n'avait plus rien

de l'homme sortit, non plus de la poitrine du blessé, mais comme de la profondeur de ses flancs. C'était la puissance de la vie forcée par la douleur dans son dernier repaire et qui poussait un dernier cri.

— Et maintenant, dit l'exécrable sergent des Colonnes Infernales, salons le Chouan avec du feu !

Et tous les cinq prirent de la braise rouge dans l'âtre embrasé, et ils en saupoudrèrent ce visage, qui n'était plus un visage. Le feu s'éteignit dans le sang, la braise rouge disparut dans ces plaies comme si on l'eût jetée dans un crible.

— Qu'il vive maintenant, s'il peut vivre, dit le sergent, et que la vieille fasse sa lessive, si elle veut. Laissons-les comme les voilà, à tous les diables ! Voici la nuit ; on n'y voit pas son poing devant soi dans cette cahute, depuis que nous avons pris le feu pour cuire la grillade de ce Chouan. Il faut partir. Haut les fusils, camarades, et en avant !...

Et ils s'en allèrent. Qu'arriva-t-il après leur départ ? un tel détail n'importe guère à cette histoire. Qu'on sache seulement que le Chouan défiguré ne mourut pas. Le rayonnement des balles de l'espingole lui avait sauvé la vie. L'enflure du visage, qui cachait ses yeux quand les Bleus poudrèrent ses plaies avec du feu, le sauva de la cécité[1]. Après la guerre de la Chouannerie, et lorsqu'on rouvrit les églises, on le vit un jour se dresser dans une stalle, aux vêpres de Blanchelande, enveloppé dans un capuchon noir. C'était l'ancien moine de l'abbaye dévastée : le fameux abbé de la Croix-Jugan.

IV

Or, ce jour-là précisément, à ces vêpres qui, plus tard, lui devinrent fatales, une femme, jeune encore, assistait dans un des premiers bancs de l'église qui touchaient au chœur. Comme elle habitait un peu loin de là, elle était arrivée tard à l'office. N'oublions pas de

---

1. *Historique.* Les faits qu'on vient de retracer sont arrivés à un chef chouan, parent de celui qui écrit ces lignes ; et, d'ailleurs, ce n'est pas le seul épisode des guerres de la Chouannerie qui rappelle, par son atrocité, les effroyables excès des Écorcheurs, la guerre des Paysans en 1525, etc., etc. Malgré les impostures des civilisations, il y a dans le cœur de l'homme une barbarie éternelle. Les derniers événements (décembre 1851) nous ont appris qu'en fait d'horreurs passées, l'homme est toujours prêt à recommencer demain. Moins que jamais, il ne serait permis de voiler ces peintures ou d'en affaiblir l'énergie. Elles appartiennent à l'histoire, et c'est un enseignement sacré.

(*Note de l'auteur.*)

dire qu'on était en Avent, dans ces temps d'attente pour l'Église, macérée par la pénitence, et qui s'harmonisent si bien avec la tristesse de l'hiver. Il semble qu'ayant à son usage toutes les grandeurs de la poésie pour exprimer la grandeur de toutes les vérités, l'Église ait combiné, dans un esprit profond, l'effet de ses cérémonies avec l'effet de la nature et des saisons, inévitable aux imaginations humaines. A cette époque, elle éteint la pourpre dans le violet de ses ornements, emblème de la gravité de ses espérances. En raison de la saison et de l'heure avancée, l'église de Blanchelande commençait à se voiler de teintes grisâtres, foncées par ces vitraux coloriés dont le reflet est si mystérieux et si sombre quand le soleil ne les vivifie pas de ses rayons. Ces vitraux, mêlés à la vitre vulgaire noircie par le temps, étaient des débris sauvés de l'abbaye détruite. La femme dont j'ai parlé s'unissait à mi-voix à la psalmodie des prêtres. Son paroissien, de maroquin rouge, à tranche dorée, imprimé à Coutances avec approbation et privilége de Mgr..., le premier évêque de ce siége après la révolution, indiquait par son luxe (un peu barbare) qu'elle n'était pas tout à fait une paysanne, ou que du moins c'était une *richarde*, quoique son costume ressemblât beaucoup à celui de la plupart des femmes qui occupaient les autres bancs de la nef. Elle portait un mantelet ou pelisse, d'un tissu bleu-barbeau, à longs poils, dont la cape doublée de même couleur tombait sur ses épaules, et elle avait sur la tête la coiffure traditionnelle des filles de la conquête, la coiffure blanche, très-élevée et dessinant comme le cimier d'un casque, dont un gros chignon de cheveux châtains, hardiment retroussés, formait la crinière. Cette femme avait pour mari un des *gros* propriétaires de Blanchelande et de Lessay, qui avait acquis des biens nationaux, homme d'activité et d'industrie, un de ces hommes qui poussent dans les ruines faites par les révolutions, comme les giroflées (mais un peu moins purs) dans les crevasses d'un mur croulé ; un de ces compères qui pêchent du moins admirablement dans les eaux troubles, s'ils ne les troublent pas pour mieux y pêcher. Autrefois, quand elle était jeune fille, on appelait cette femme Jeanne-Madelaine de Feuardent, un nom noble et révéré dans la contrée ; mais depuis son mariage, c'est-à-dire depuis dix ans, elle n'était plus que Jeanne le Hardouey, ou, pour parler comme dans le pays, la femme à maître Thomas le Hardouey. Tous les dimanches que le bon Dieu faisait, on la voyait assister aux offices de la journée, assise contre la porte de son banc ouvrant dans l'allée de la nef, la place d'honneur, parce qu'elle permet mieux de voir la procession quand elle passe. Elle n'était point une dévote, mais elle avait été religieusement élevée, et ses habitudes étaient religieuses. Elle connaissait donc toutes les figures, plus ou moins vénérables, du clergé paroissial et des églises voisines qui envoyaient parfois à Blanchelande, politesse d'église à église, un de leurs prêtres pour y dire la messe ou pour y prêcher.

C'est là ce qui expliquera son étonnement quand, ce jour-là, en levant les yeux de son paroissien de maroquin rouge, elle aperçut un prêtre de haute taille, et dont elle n'eût pas, certes, oublié la tournure, si elle l'avait vu déjà, la figure à moitié cachée par son capuchon rabattu, monter à l'une des stalles du chœur placées en face d'elle, et s'y tenir dans une attitude d'orgueil sombre que la religion dont il était le ministre n'avait pu plier. On célébrait le deuxième dimanche de l'Avent, et au moment où, s'avançant des portes de la sacristie, en traînant sur les dalles le manteau de son capuchon, il monta lentement dans sa stalle, une voix chantait ces mots de l'antienne du jour... *et statim veniet dominator.* Jeanne le Hardouey avait la traduction de ces paroles dans son paroissien, imprimé sur deux colonnes, et elle ne put s'empêcher d'en faire l'application à ce prêtre inconnu, à l'air si étrangement dominateur !

Elle se retourna et demanda à Nônon Cocouan, la couturière, qui était agenouillée sur le banc placé derrière le sien, si elle connaissait ce prêtre, qu'elle lui désigna et qui était resté debout, adossé à la stalle fermée ; mais Nônon Cocouan, quoique fort au courant des choses et du personnel de l'église de Blanchelande, pour laquelle elle travaillait, eut beau regarder et s'informer en chuchotant à deux ou trois commères des bancs voisins, elle ne put ramasser que des négations ou des hochements de tête, et fut obligée d'avouer à Jeanne qu'elle ni personne dans l'église ne connaissait le prêtre en question.

Nônon était une de ces vieilles filles entre trente-cinq et quarante ans, plus près de quarante que de trente-cinq, qui ont été belles et un peu fières, qui ont inspiré l'amour sans le partager, ou qui, si elles l'ont éprouvé, l'ont caché soigneusement dans leur âme, car c'était pour quelqu'un de plus haut placé qu'elles, et qu'elles *ne pouvaient avoir,* comme dit l'expression populaire avec tant de mélancolie ; enfin une de ces belles pommes de passe-pomme, qui ont, hélas ! passé malgré le ferme et frais tissu de leur chair blanche et rose, mais qui, comme la nèfle, meurtrie par l'hiver, devait conserver une douce saveur jusque dans l'hiver de la vie !

Comme toutes ces dévotes à qui la joie et les tendresses maternelles ont manqué, et qui n'ont plus à se cacher de l'amour de Dieu comme elles se cachaient autrefois de l'amour d'un homme, Nônon Cocouan avait l'âme ardente et portait dans toutes les pratiques de sa vie la flamme longtemps contenue d'une jeunesse sans apaisement. Aussi les mauvais plaisants, les beaux parleurs impies de Blanchelande la nommaient-ils une *hanteuse de confessionnal*. Que pouvaient-ils comprendre à cette rose mystique sauvage, dont la brûlante profondeur devait leur rester à jamais cachée ?

Cependant, je suis bien forcé de l'avouer, malgré ma sympathie très-vive pour les vieilles filles dévotes, espèce de femmes envers lesquelles on a toujours été d'une injustice aussi superficielle que révoltante, Nônon Cocouan avait les petitesses, les enfantillages et les défauts de son type. Elle aimait les prêtres, non-seulement dans leur ministère, mais dans leurs personnes. Elle aimait à s'occuper d'eux et de leurs affaires. Elle en était idolâtre. Idolâtrie très-pure, du reste, mais qui avait bien ses ridicules et ses légers inconvénients. Jeanne le Hardouey s'était bien adressée, en l'interrogeant pour savoir le nom du prêtre imposant qui l'avait tant frappée. Nul dans tout Blanchelande ne devait savoir ce qu'il était, si Nônon Cocouan ne le savait pas.

Jeanne le Hardouey prit enfin son parti de cette ignorance. Sa curiosité excitée n'était pas de la même nature que celle de Nônon. Ces deux femmes différaient par trop de côtés pour éprouver, sur ce point-là, rien de semblable. La curiosité de Jeanne tenait à des choses qui venaient autant de sa destinée que de son caractère. Et d'ailleurs, pour le moment, cet intérêt et cette curiosité n'avaient pas une intensité si grande qu'elle ne pût très-bien attendre l'occasion favorable pour la satisfaire. Elle se remit donc à suivre et à chanter les vêpres; mais, involontairement, ses yeux se portaient de temps en temps sur les lignes altières de ce capuchon noir, immobile et debout dans sa stalle fermée, autour duquel l'ombre des voûtes, croissant à chaque minute, tombait un peu plus.

Cependant, à cause peut-être de la réouverture récente des églises, il y avait un salut, ce dimanche-là, à l'église de Blanchelande, et comme d'usage, quand les vêpres furent dites, on se mit en devoir de couronner ce touchant office du soir, dont la psalmodie berce les âmes religieuses sur un flot d'émotions divines, par l'éclat d'une bénédiction. Les cierges, éteints après le *Magnificat*, se rallumèrent. L'hymne s'élança de toutes les poitrines, l'encens roula en fumée sous les voûtes du chœur et la procession s'avança bientôt dans la nef pour se replier autour de l'église et de sa forêt de colonnes, comme une vivante spirale d'or et de feu. Rien n'est beau comme cet instant solennel des cérémonies catholiques, alors que les prêtres, vêtus de leurs blancs surplis ou de chappes étincelantes, marchent lentement, précédant le dais et suivant la croix d'argent qu'éclairent les cierges par-dessous, et qui coupe de son éclat l'ombre des voûtes dans laquelle elle semble nager, comme la croix, il y a dix-huit siècles, sillonna les ténèbres qui couvraient le monde.

Or, ce soir-là, le salut était d'autant plus beau à l'église de Blanchelande pour ces paysans prosternés, qu'un tel spectacle avait longtemps manqué à leur foi. A cette époque, sans aucun doute, il dut y avoir de véritables ivresses pour les âmes croyantes dans la contemplation ressuscitée de ces anciennes cérémonies revenant déployer leurs pompes vénérées dans ces temples fermés trop longtemps, quand ils n'avaient pas été profanés. De telles impressions dorment maintenant dans le cercueil de nos pères, mais on comprend bien qu'elles durent être puissantes et profondes. Jeanne le Hardouey éprouvait ces émotions comme les eût éprouvées une femme plus pieuse qu'elle, car il est des moments où la croyance s'élève dans les plus tièdes et les plus froids, comme un bouillonnement éblouissant, mais trop souvent pour retomber ! Elle était à genoux, comme toute l'église, quand la procession s'avança flamboyante à travers les ténèbres de la nef. Les prêtres défilaient un par un, chantant les hymnes traditionnels, un cierge dans une main et dans l'autre leur livre de plain-chant; et le dais pourpre, avec ses panaches blancs renversés, rayonnait dans la perspective. Jeanne regardait passer tous ces prêtres le long de son banc et attendait, avec une impatience dont elle n'avait pas le secret, l'étranger qui l'avait tant frappée. Probablement, en sa qualité d'étranger, on avait voulu lui faire honneur, car il marchait le dernier de tous, un peu avant les diacres en dalmatique qui précédaient immédiatement l'officiant chargé du Saint-Sacrement et abrité sous le dais. Seul de tous ces prêtres splendides, il n'avait pas changé de costume, les vêpres finies. Il avait gardé son manteau et son austère capuchon noir, et il s'en venait, silencieux parmi ceux qui chantaient, avec cette majesté presque profane, tant elle était hautaine ! qui se déployait dans son port impérieux. Il avait un livre dans sa main gauche, tombant négligemment vers la terre, le long des plis de son manteau, et de la droite il tenait un cierge, presque à bras tendu, comme s'il eût essayé d'écarter la lumière de son visage. Dieu du ciel! avait-il la conscience de son horreur? Seulement s'il l'avait, cette conscience, ce n'était pas pour lui, c'était pour les autres. Lui, sous ce masque de cicatrices, il gardait une âme dans laquelle, comme dans cette face labourée, on ne pouvait marquer une blessure de plus. Jeanne eut peur, elle l'a avoué depuis, en voyant la terrible tête encadrée dans ce capuchon noir, ou plutôt non, elle n'eut pas peur; elle eut un frisson, elle eut une espèce de vertige, un étonnement cruel qui lui fit mal comme la morsure de l'acier. Elle eut enfin une sensation sans nom, produite par ce visage qui était aussi une chose sans nom.

Du reste, ce qu'elle sentit plus que personne, dans cette église de Blanchelande, parce que son *âme n'était pas une âme comme les autres*, toute l'assistance l'éprouva à des degrés différents, et l'impression fut si profonde que, sans la présence du Saint-Sacrement qui jetait ses rayons comme un soleil sur ces fronts courbés et les accablait de sa gloire, elle fût allée jusqu'aux murmures. La procession mit longtemps à tourner ses splendeurs mobiles autour de l'église, laissant derrière elle un sillage d'ombre plus noire que celle qu'elle chassait devant ses flambeaux. Quand elle descendit dans la grande allée pour rentrer au chœur, Jeanne-Madelaine voulut se raidir et s'affermir contre la sensation que lui avait faite l'effroyable prêtre au capuchon, elle se détourna aux trois quarts pour le revoir passer... Il repassa avec le cortége, muet, impassible dans sa pose de marbre, et le second regard qu'elle lui jeta enfonça dans son âme l'impression d'épouvante qu'y avait laissée le premier. Malgré la solennité de la cérémonie, malgré les chants de fête et les gerbes de lumière qui jaillissaient du chœur, le recueillement ou l'émotion des pensées édifiantes ne put rentrer dans l'âme troublée de Jeanne le Hardouey. Au lieu de s'unir aux chants des fidèles ou de se réfugier dans une prière, elle cherchait par-dessus les épaules chaperonnées d'écarlate des confrères du Saint-Sacrement qui suivaient le dais et qui envahissaient le chœur, par-dessus les feux fumants de leurs cierges tors de cire jaune qui vibraient comme des feux de torches dans l'air ému par les voix, le prêtre inconnu, au capuchon noir, alors à genoux, près de l'officiant, sur les marches du maître-autel, toujours rigide comme la statue du Mépris de la vie taillée pour mettre sur un tombeau. Aux yeux d'une âme faite comme celle de Jeanne, ce prêtre inouï semblait se venger de l'horreur de ses blessures par une physionomie de fierté si sublime qu'on en restait anéanti comme s'il avait été beau ! Jeanne ne savait pas ce qu'elle avait, mais elle succombait à une fascination pleine d'angoisse. Quand l'officiant monta les degrés et, prenant le Saint-Sacrement de ses mains gantées, se tourna vers l'assistance pour la bénir, à cette minute suprême, Jeanne oublia de baisser la tête. Elle rêvait ! elle se demandait ce qu'il pouvait être arrivé à une créature humaine pour avoir sur sa face l'empreinte d'un pareil martyre, et ce qu'il avait dans son âme pour la porter avec un pareil orgueil. Elle resta si absorbée dans sa fixe rêverie, après la bénédiction, qu'elle ne s'aperçut pas que le salut était fini. Elle n'entendit pas les sabots de la foule qui s'écoulait, en diminuant, par les deux portes latérales, et ne vit point l'église vidée qui s'enfonçait peu à peu dans la fumée des cierges éteints et les cintres effacés des voûtes, comme dans une mer de silence et d'obscurité.

— Suis-je folle de rester là ! dit-elle, tirée tout à coup de son rêve par le bruit de la chaîne de la lampe du chœur, que le sacristain venait de descendre pour y renouveler l'huile de la semaine. Et elle prit une petite clé, ouvrit un tiroir placé sous son prie-Dieu, et y déposa son paroissien. Elle pensait qu'elle s'était attardée en voyant l'église si sombre, et elle se levait, quand le bruit clair d'un sabot lui fit tourner la tête, et elle aperçut Nônon Cocouan, qui était sortie avant tout le monde, mais qui rentrait et venait à elle.

— Je sais qui c'est, ma chère dame, dit Nônon Cocouan, avec cet air ineffable et particulier aux commères. Et, ceci n'est point une injure car les commères, après tout, sont des poétesses au petit pied qui aiment les récits, les secrets dévoilés, les exagérations mensongères, aliment éternel de toute poésie ; ce sont les matrones de l'invention humaine qui pétrissent, à leur manière, les réalités de l'histoire.

— Oui, je sais qui c'est, ma chère madame le Hardouey, dit la volubile Nônon, en remontant avec Jeanne la nef déserte et en lui donnant de l'eau bénite au bénitier. J'l'ai demandé à Barbe Causseron, la servante à M. le curé. Barbe dit que c'est un moine de l'Abbaye qui a chouanné dans le temps, et que c'est les scélérats de Bleus qui lui ont mis la figure dans l'état horrible où il l'a ! Jésus ! mon doux Sauveur ! c'n'est plus la face d'un homme, mais d'un martyr ! Il y aura, demain lundi, huit jours qu'il arriva chez m'sieur le curé, à la tombée, m'a conté la Barbe Causseron, et, sur la sainte croix, il n'avait pas trop l'air de ce qu'il était, car il portait de grosses bottes et des éperons comme un gendarme, et, *joint à cela*, une espèce de casaque qui ne ressemble pas beaucoup à la lévite de messieurs les prêtres. Quand il entra avec cette figure *chigaillée*, la malheureuse Barbe qui n'est pas trop *cœurue*, faillit avoir le sang tourné. Fort heureusement que M. le curé, qui lisait son bréviaire le long de l'espalier à pêchers de son jardin, arriva et lui fit bien des politesses comme à un homme de grande famille qu'il est, et qui aurait été abbé de Blanchelande et évêque de Coutances, sans la révolution ; enfin, un ami de monseigneur Talaru, l'ancien évêque émigré ! *Tant il y a donc* que depuis qu'il est au presbytère, m'sieur le curé ne mange plus dans sa cuisine, mais dans la p'tite salle à côté ; et Barbe, qui les sert à table, a entendu toutes leurs conversations. Il paraît que le nouveau gouvernement a proposé à cet abbé... attendez ! comment qu'il s'appelle ? l'abbé de la Croix-Gingan, ou Engan, c'est un nom quasiment comme ça... d'être évêque ; mais il ne veut rien être que sous le Roi (et ici Nônon baissa la voix, comme si elle eût craint de dire tout haut ce nom proscrit). Il a parlé de louer la petite maison du bonhomme Bouët, qui est tout contre le prieuré. Alors, ma chère madame le Hardouey, ce serait un desservant de plus que nous aurions à la paroisse ; mais, que Dieu me pardonne si je l'offense ! il me semble que je ne pourrais pas aller à confesse à lui, quéque méritant et exemplaire qu'il pût être. Je ne puis pas dire ce que ça me ferait de voir sa figure auprès de la mienne à travers le *viquet* du confessional. M'est avis que j'aurais toujours peur, en recevant l'absolution, de penser plus au diable qu'au bon Dieu !

— Pour une fille pieuse comme vous, Nônon, fit gravement Jeanne le Hardouey, vous avez là une mauvaise idée. Vous savez bien que ce n'est pas à l'homme dans le prêtre qu'on se confesse, mais à Dieu.

— J'sais bien qu'ils le disent au catéchisme et dans la chaire, répondit Nônon, mais le bon Dieu ne demande pas plus que force, et j'sens qu'il me serait impossible de me confesser également à tous les prêtres. La confiance ne se commande pas.

Elles étaient arrivées, en parlant ainsi, à l'extrémité du cimetière qui entourait l'église, et qui se fermait de ce côté par un échalier. Il n'était pas nuit, mais le jour se retirait peu à peu du ciel.

— Il faut que je me dépêche, ma pauvre Nônon, fit Jeanne, car j'ai un bon bout de chemin d'ici chez nous. J'ai laissé aller nos gens après les vêpres, et me suis attardée à l'église. Les chemins sont mauvais, et on ne va guère vite avec des sabots. Bonsoir donc,

Nônon ; si vous venez au Clos cette semaine, vous savez bien, ma fille, qu'il y a toujours une petite collation pour vous.

— Vous êtes bien honnête, madame le Hardouey, dit Nônon Cocouan. Et sans doute pour payer une politesse par une autre : — Voulez-vous que j'aille *quant et vous* jusqu'au vieux presbytère ? ajouta-t-elle.

— Merci, ma fille, merci, répondit Jeanne. Je ne suis pas peureuse, et j'irai si vite que je rattraperai peut-être nos gens.

Et lestement, et avec l'aisance des femmes de la campagne, elle franchit l'échalier avec ses sabots et ses jupes, se souciant peu de montrer à Nônon Cocouan et la couleur de ses jarretières et les plus belles jambes qui eussent jamais passé bravement à travers une haie et sauté, pieds joints, un fossé.

Nônon n'insista pas. Elle avait une déférence respectueuse pour Jeanne le Hardouey, qu'elle avait connue *mademoiselle de Feuardent*, il y avait des années. Elle lui eût bien volontiers rendu service, mais Nônon avait toutes les superstitions du pays où elle était née. Le vieux presbytère ou, pour parler comme on parlait dans le patois de la contrée, le vieux *probitère* était aussi redouté que la lande de Lessay elle-même. C'était la ruine abandonnée, il y avait longtemps déjà, de l'ancienne maison du curé, située dans un carrefour solitaire où six chemins aboutissaient et se coupaient à angle aigu. Un assez vaste corps de bâtiment qui subsistait encore appartenait alors à un cultivateur qui ne l'habitait pas, mais qui l'utilisait en y engrangeant ses orges et ses foins. On disait que c'était un lieu hanté par les mauvais esprits et qu'on y rencontrait parfois de gros chats, qui marchaient obstinément à côté de vous, dans la route, et qui tout à coup se mettaient à vous dire bonsoir avec des airs fort singuliers. La Cocouan ne tenait pas infiniment à aller jusque-là, aux approches de la nuit, pour s'en revenir seule et monter les *chasses* qui y conduisaient. Elle se retourna pour regarder Jeanne qui s'éloignait en sautant les mares, d'une pierre sur l'autre, dans ces chemins défoncés. Et quand elle eut vu tourner sa pelisse bleue au bout d'une haie :

— Elle est moins peureuse que moi, fit-elle, comme se parlant à elle-même, et plus jeune : elle a eu plus d'éducation que nous toutes. C'est la fille de *Louisine-à-la-hache*, et c'est une Feuardent par son père. J'ai ouï dire à défunt le mien que c'étaient là des gens qui n'ont jamais rencontré, sous la calotte des cieux, rien qui pût les épouvanter.

Et, rassurée sur le sort de Jeanne, elle revint sur ses pas, fit une révérence, et se signa devant la croix de pierre grise qui s'élevait au centre du cimetière, en fit encore une avec un autre signe de croix, en passant entre l'if au feuillage glauque et le portail de l'église, en face duquel, selon l'ancienne coutume, cet arbre des morts était planté, et elle regagna promptement le groupe de maisons qu'on appelait le bourg et qu'elle habitait. Quand elle repassa dans ce cimetière ceint de murs qui s'écroulaient et qu'on oubliait de relever, où de hautes herbes, qu'aucune faux jamais ne coupait, se courbaient au souffle du soir comme une moisson mortuaire; lorsqu'elle entendit quelques corbeaux croasser dans les ouvertures grillées du clocher, par ce déclin d'un jour d'hiver, gris et bas, l'âme ouverte à tous les sentiments d'une nature religieuse, ignorante et timide, Nônon se félicita, en se serrant dans son mantelet de ratine blanche, de n'être pas à cette heure au vieux presbytère et dans la chemise de Jeanne le Hardouey.

Celle-ci cependant marchait, le cœur ferme comme le pas, accoutumée à tous les chemins des environs qu'elle avait maintes fois parcourus, soit à cheval, soit à pied, depuis qu'elle était mariée, et même bien avant qu'elle le fût, et d'ailleurs trop préoccupée, ce jour-là, pour s'inquiéter soit des mauvaises rencontres, soit des endroits de la route d'une suspecte réputation.

V

Pour bien comprendre cette préoccupation nouvelle, si soudaine et si diabolique, dont elle devait être plus tard la victime, il faut dire ce qu'était alors Jeanne-Madelaine Feuardent, femme par mariage de maître Thomas le Hardouey.

C'était une femme dans la fleur mûrie de la jeunesse, active, courageuse, et de ce sens droit, perçant et supérieur, qu'on rencontre dans une grande quantité de femmes de Normandie, la terre classique de cette forte race de ménagères qui entendent si bien le gouvernement du logis. Il fallait qu'elle inspirât beaucoup d'estime dans la contrée, car, quoique riche, et d'une richesse mal acquise par Thomas le Hardouey, qui passait pour un homme violent et rusé, on ne la haïssait pas.

On savait la distinguer de son mari, quand on en parlait. A elle, on ne lui reprochait rien, si ce n'est un peu de hauteur quand on pensait à son mariage, mais qu'on lui pardonnait quand on pensait à sa naissance. Les Feuardent avaient été une famille puissante.

Des fautes, des malheurs, des passions, cette triple cause de tous les renversements de ce monde, avaient, depuis plusieurs siècles, poussé, de génération en génération, les Feuardent à une ruine complète. Avant que 1789 éclatât, cette ruine était consommée.

Jeanne-Madelaine de Feuardent, le dernier rejeton du vieux chêne normand déraciné, orpheline à la merci du sort, fut recueillie par la famille des Aveline, qui avait de grandes obligations aux Feuardent, et qui l'éleva avec ses autres enfants comme un enfant de plus. Sans cela, elle aurait pu aller rejoindre dans leur misère ces marquis de Pottigny, « que j'ai vus aux portes, monsieur ! » me disait maître Louis Tainnebouy avec une espèce d'horreur religieuse, mourant éclat de cette flamme divine du respect des races, éteinte maintenant dans tous les cœurs et qui brillait encore dans ce dernier peut-être des paysans d'autrefois !

Les Aveline (Aveline de la Saussaye, comme ils se faisaient appeler) étaient de ces bourgeois d'un honneur antique, qui, sous l'ancienne monarchie française, étaient les nobles du lendemain, car la noblesse finissait toujours par leur ouvrir son sein, en les investissant de certaines charges, grave initiation à la vie publique, qu'on ne définissait point comme aujourd'hui : le gouvernement de tous par tous, — ce qui est impossible et absurde, — mais le gouvernement de tous par quelques-uns, ce qui est possible, moral et intelligent. Jeanne-Madelaine de Feuardent prit sa part d'une éducation aussi cultivée qu'elle pouvait l'être à la campagne et à cette époque, mais qui l'était trop encore pour la vie qui devait lui échoir. Ce qui eût convenu à la fille des Feuardent ne devenait-il pas un danger pour une femme dont la destinée n'était pas au niveau du nom?... Quand elle atteignit l'âge nubile, la révolution était finie, et les enfants des Aveline, élevés avec elle, mariés et dispersés dans les environs, la laissèrent seule avec leurs vieux parents, qui, se voyant au bord de leurs tombes, songèrent aussi à l'établir. Maître le Hardouey se présenta, et, comme il n'avait pas encore taché sa réputation d'honnête homme en achetant du bien d'émigré, les Aveline appuyèrent sa recherche auprès de leur fille d'adoption. Cependant Jeanne-Madelaine n'aimait guère son prétendu. Le sang des Feuardent bouillonnait dans ce cœur vierge, à l'idée d'épouser un paysan, et un homme comme maître Thomas-le Hardouey, beaucoup plus âgé qu'elle, et d'une rudesse de mœurs et de caractère qui choquait ses instincts délicats de jeune fille. Elle ne l'agréa donc point tout d'abord. Il fallut même le cruel empire des circonstances pour la décider, non pas à donner sa main, mais à se laisser prendre par cet homme pour qui elle n'éprouvait que de l'éloignement. La prévoyance, cette sévère conseillère, la prévoyance, ce sentiment si profondément normand, lui montra l'avenir dans toute sa sombre et inquiétante réalité. Les Aveline pouvaient mourir d'un instant à l'autre, et alors que deviendrait-elle ? La Révolution avait détruit ces couvents, asiles naturels des filles nobles sans fortune, dont la fierté ne voulait pas souffrir la honte forcée d'une mésalliance.

Quelle ressource devait lui rester ? Serait-elle obligée d'aller comme ouvrière *à la journée*, ou, ce qui serait pire encore, d'entrer quelque part en condition ?... Une telle pensée navrait son courage. Elle se souvenait aussi de sa mère, qui était une plébéienne, et voilà comment, les dernières fiertés de son cœur vaincues, elle détourna la tête et se laissa épouser.

Car sa mère, cette *Louisine-à-la-hache*, comme l'avait appelée Nônon Cocouan, était la première mésalliance de ces Feuardent dont elle portait le nom et qui devaient à jamais s'éteindre en elle. Elle, Jeanne-Madelaine, serait la seconde, mais ce serait la dernière.

En effet, son père, le seigneur de Feuardent, avait couronné une vie d'excès et de folies par un mariage qui l'avait mis, comme on dit, au ban de toute la noblesse du pays.

Il avait épousé, dans l'âge où les passions des hommes qui furent longtemps passionnés contractent je ne sais quoi de plus impérieux et de plus désordonné que dans la superficielle jeunesse, la fille d'un simple garde-chasse d'un seigneur de ses amis, son voisin de terre, le seigneur de Sang-d'Aiglon, vicomte de Haut-Mesnil. Cet ami, ce Sang-d'Aiglon de Haut-Mesnil était un homme beaucoup plus taré et décrié que jamais ne l'avaient été les Feuardent. Il a laissé dans le pays des souvenirs tels que, si on les remue encore aujourd'hui dans l'esprit des générations qui entendirent parler de cet homme à leurs pères, il en sort ou le feu d'une imprécation ou la pâleur glacée de l'effroi.

Pendant vingt ans il avait été l'horreur et la désolation de la contrée. Dernier venu d'une race faite pour les grandes choses, mais qui, décrépite, et physiologiquement toujours puissante, finissait en lui par une immense perversité : il était duelliste, débauché, impie, contempteur de toutes les lois divines et humaines; il avait enfin tous les vices qui peuvent tenir en faisceau dans un lien de fer sans le fausser, car son âme en était un que la plus épouvantable corruption ne put amollir.

On disait que la fille de son garde, le vieux Dagoury, le fameux sonneur de trompe qui sonnait toujours dans une chasse et faussait les meilleurs instruments avec son souffle de fer rougi, si bien qu'on prétendait qu'il avait fait un pacte avec le diable pour pouvoir sonner de cette force-là ! oui, on disait que la fille de Dagoury était la sienne, et la dissolution des mœurs du maître expliquait bien la honte du valet. Cette fille était la belle Louisine. Ce qui autorisait encore de pareils bruits, c'est que Louisine n'était point traitée au château de Haut-Mesnil comme la fille d'un serviteur. Elle y jouissait d'une position étrange, exceptionnelle, osée, depuis le jour surtout où elle avait conquis, par une intrépidité étonnante dans une si jeune enfant, ce nom singulier de *Louisine-à-la-hache* qu'elle porta jusqu'à sa mort. Voici le fait en quelques mots :

Un jour, un dimanche, tous les gens du village étaient à la grand'messe, et depuis une semaine Ruffin Dagoury chassait le sanglier avec son maître dans les forêts des environs.

Il n'y avait que Louisine au château. C'était d'autant plus imprudent de *faire garder* par une fille de quinze ans, qu'à cette époque le pays était infesté par une troupe de brigands fort redoutables. Mais c'est aussi un trait caractéristique de la Normandie, que la téméraire sécurité de ce pays qui *tient tant à son fait*, comme il dit dans son langage antique et populaire, et qui ne songe à le défendre que quand on a littéralement *la main dessus*.

Ainsi, dans mon enfance, j'ai vu des fermiers isolés, n'ayant des voisins qu'à une lieue de là, coucher tranquillement, la porte ouverte. On s'y croyait toujours au temps de Rollon. La Louisine, avec ses quinze ans, n'était qu'une amorce de plus, une odeur de chair fraîche pour les misérables vagabonds qui couraient, pillaient et parfois incendiaient le pays.

Mais de son pays plus que personne, elle n'y songeait guère, ce jour-là. Elle allait et venait dans la cuisine. Et comme elle taillait un de ces énormes morceaux de pain bis que l'on appelle un *mousquetaire* et qu'elle l'appuyait contre son sein rond et calme, voilà qu'un mendiant poussa la porte et lui demanda la charité.

— Entrez, mon bonhomme, lui dit-elle, et asseyez-vous sur le banc. Je taille la soupe, elle sera bientôt trempée et je vous en donnerai plein votre écuelle.

Le pauvre s'assit en geignant, et Louisine continua de vaquer aux soins du ménage.

Mais, dans l'entre-deux de ces soins, comme elle était passée dans une pièce voisine, elle vit dans la *mirette*, devant laquelle elle ajusta son tour de gorge des dimanches, le mendiant qui rattachait sa fausse barbe grise ; et ce fut alors que l'idée des vols et des assassinats, dont on parlait tant dans le pays, lui revint. « On n'est pas encore au sacrement de la messe, pensa-t-elle, et, sans doute, ce mendiant n'est pas seul. » Comme elle sentait qu'elle devenait pâle, elle alla au feu et s'y pencha, pour que la chaleur fît remonter le sang à ses joues. Bientôt elle enleva la marmite à bras tendu et la porta fumante dans la pièce où elle était allée déjà, et en referma la porte. Après qu'elle eut versé la soupe dans un plat de terre où elle avait coupé le pain par tranches, elle regarda encore une fois bien furtivement par la serrure, comme elle avait fait dans la mirette, et elle vit le mendiant qui ouvrait un grand couteau par-dessous la table auprès de laquelle il s'était assis. Alors, avec ce sang-froid de la tête que ne troublent pas les plus impétueuses palpitations de nos cœurs, elle coucha une hache sur le pli de son bras nu, et prenant avec les deux mains le vase de terre dans lequel la soupe bouillait :

— Bonhomme! cria-t-elle à travers la porte, voici votre soupe; mais j'ai les deux mains chargées, ouvrez-moi!

Le brigand, son couteau à la main, vint lui ouvrir pour se jeter sur elle; mais, cruelle jusque dans sa vaillance, elle lui jeta dans les yeux cette soupe bouillante qui l'aveugla et le fit hurler de douleur. Puis, saisissant la hache au pli de son bras, elle l'en frappa dans le front, adroite comme le boucher qui frappe le bœuf entre les cornes et l'abat, le front fendu, d'un seul coup. Elle laissa la hache dans la blessure, et sauta par-dessus le corps du bandit, tombé dans une mare de sang, comme elle eût sauté une touffe d'églantiers au bout d'un buisson. Elle respirait toutes les qualités de son pays dans son action.

Prévoyante autant qu'inspirée, elle ferma la porte au verrou, poussa contre cette porte la grosse table de la cuisine, et, décrochant le fusil de son père au manteau de la cheminée, elle monta *en haut,* sans plus s'inquiéter de ce corps vautré dans son sang et qui râlait son agonie. Une fois montée, elle arma son fusil, ouvrit la fenêtre et attendit.

Deux brigands parurent. Ils allèrent d'abord à cette porte qu'ils trouvèrent fermée, à leur grand étonnement; puis, levant les yeux, ils l'aperçurent.

— Ouvre-nous la porte, fillette! lui crièrent-ils.

Mais la fillette les coucha en joue et les menaça de faire feu s'ils ne se retiraient pas. Eux se moquèrent de cette jeunesse, et comme ils essayaient de forcer la porte, l'un d'eux tomba frappé dans le cœur. L'autre crut venger son complice en envoyant une balle à cette jeune fille, qui rechargeait le fusil de son père. La balle emporta la coiffe de linon de Louisine, qui resta décoiffée, et que les gens du château, en revenant de la messe, trouvèrent à la fenêtre, son fusil armé, les joues aussi ardentes que le ruban de fil rouge qui retenait à sa tête son abondant chignon, blond comme une gerbe d'épis mûrs.

Le brigand s'était sauvé, et, s'il y en avait d'autres dans le voisinage, la fin de la messe s'avançant, ils n'avaient pas osé venir.

C'était depuis cette aventure mémorable que la Louisine avait été traitée au château comme une enfant gâtée, ou comme une sultane favorite. Cette mâle intrépidité dans une fillette, cette enfant à qui il ne fallait peut-être, pour être une héroïne, que l'occasion historique, cette Jeanne Hachette obscure, qui n'avait pas tous les yeux d'une ville sur elle pour lui décharger dans le cœur les chocs électriques du courage, fut l'objet de l'enthousiasme des amis du vicomte de Haut-Mesnil, de ces nobles qui, à travers leurs vices, n'avaient qu'une vertu restée fidèle, la vertu du sang, la bravoure. Remi de Sang-d'Aiglon crut sans doute reconnaître une inspiration de sa race dans le courage de cette enfant, et sentit sa paternité longtemps muette se réveiller par les tressaillements de l'orgueil.

Il fit asseoir Louisine à sa table, et lui donna, malgré sa jeunesse, la haute main et la surveillance du château. Souvent il l'emmena dans ses parties de chasse. Il aimait à la voir abattre un sanglier aussi bien que lui, et monter avec l'adresse hardie d'une Cotentinaise les chevaux les plus jeunes et les plus fringants. A coup sûr, si Louisine avait eu l'âme faible, c'eût été pour elle une mauvaise école que le château de Haut-Mesnil, que ces festins qu'elle présidait au retour des chasses, et dont les convives y amenaient des femmes sans vertu, et se gênaient d'autant moins qu'elle n'était pas une *demoiselle,* une fille de leur rang, et que tout le leur rappelait, même le costume de Louisine-à-la-hache ; car elle avait gardé son bavolet et cette fière coiffe de la conquête, abandonnée aux paysannes en Normandie, mais qui n'en est pas moins digne de la tête d'une fille de roi. Heureusement Louisine, qui n'avait plus de mère, était de cette famille d'êtres forts qui s'élèvent seuls, et dont Dieu a sculpté la lèvre de manière à trouver de quoi boire aux mamelles de bronze de la Nécessité.

Elle sut imposer un respect qu'ils ne connaissaient plus aux hommes sans frein dont elle était entourée. Elle inspira même à quelques-uns d'entre eux de ces passions d'âmes inassouvies qui se soulèvent avec les rages du vieux Tibère à Caprée, contre leur propre assouvissement.

On le conçoit. La jeune fille en elle voilait l'amazone de ses timidités rougissantes.

C'était un piquant mélange que cette combinaison d'intrépidité et de suave faiblesse dans cette jeune et innocente meurtrière de deux hommes, que ces quelques gouttes d'un sang fièrement versé, retrouvées sur ses bras, plus frais que la fleur des pêchers! C'était un goût nouveau qu'aurait ce breuvage dans leur verre, à ces blasés de gentilshommes, à ces satrapes usés de jouissances; et plus d'une fois ils voulurent l'y faire couler! Mais Louisine-à-la-hache, on l'a vu, savait se défendre, et elle se défendit si bien que Loup de Feuardent, qui n'avait plus guère qu'un débris de fortune et à qui nulle femme de hobereau bas-normand n'aurait voulu donner sa fille, ayant conçu pour elle une passion irrésistible, mit cette tache dans son blason et l'épousa.

Telle avait été la mère de Jeanne, cette célèbre Louisine-à-la-hache, à qui Jeanne ressemblait, disaient ceux qui l'avaient connue. Louisine était morte bien peu de temps après la naissance de sa fille. Le pied d'un cheval furieux brisa ce cœur qui battait dans une poitrine digne d'allaiter des héros, et broya ce beau sein dont jamais nulle passion mauvaise n'avait altéré le lait pur. Louisine avait transmis à sa fille la force d'âme qui respirait en elle comme un souffle de divinité ; mais, pour le malheur de Jeanne-Madelaine, il s'y mêlait le sang des Feuardent, d'une race vieillie, ardente autrefois comme son nom, et ce sang devait produire en elle quelque inextinguible incendie, pour peu qu'il fût agité par cette vieille sorcière de Destinée qui remue si souvent nos passions dans nos veines endormies, avec un tison enflammé ! Hélas ! quand Jeanne avait épousé Thomas le Hardouey, elle avait senti un soulèvement de ce sang qui arrosait dans son cœur les rêves que toute jeune fille y porte, et qui rendait les siens plus brûlants et plus impérieux.

Mais elle mit par-dessus cet orage la volonté courageuse qu'elle tenait de sa mère, et l'idée que ce sang, après tout, confondu avec celui d'une fille du peuple, n'avait pas tant le droit de gronder ! Plus tard, la vie active, cette laborieuse et saine existence des cultivateurs, qu'elle avait épousée avec son mari, le ménage, l'intérêt domestique, l'éloignement de la classe à laquelle elle appartenait par son père, pesèrent et agirent sur elle avec tant d'empire, qu'elle ne semblait plus que ce qu'elle devait être, c'est-à-dire une femme qui avait pris son parti avec le sort et qui portait au doigt son *alliance* de mariage, comme le premier anneau de cette chaîne, formée de devoirs, que, parmi nous autres chrétiens, on appelle la résignation.

Elle avait été belle comme le jour à dix-huit ans, moins belle cependant que sa mère ; mais cette beauté, qui passe plus vite dans les femmes de la campagne que dans les femmes du monde, parce qu'elles ne font rien pour la retenir, elle ne l'avait plus.

Je veux parler de cette chair lumineuse de roses fondues et devenues fruit sur des joues virginales, de cette perle de fraîcheur des filles normandes, près de laquelle la plus rare nacre des huîtres de leurs rochers semble manquer de transparence et d'humidité. A cette époque, les soins de la vie active, les soucis de la vie domptée, avaient dû éteindre au visage de Jeanne cette nuance des larmes de l'Aurore sous une teinte plus humaine, plus digne de la terre dont nous sommes sortis et où bientôt nous devons rentrer : la teinte mélancolique de l'orange, pâle et meurtrie. Grands et réguliers, les traits de *Maîtresse* le Hardouey avaient conservé la noblesse qu'elle avait perdue, elle, par son mariage. Seulement ils étaient un peu hâlés par le grand air, et parsemés de ces grains d'orge savoureux et âpres, qui vont bien du reste au visage d'une paysanne. La centenaire comtesse Jacqueline de

Montsurvent, qui l'avait connue, et dont le nom reviendra plus d'une fois dans ces Chroniques de l'Ouest, m'a raconté que c'était surtout aux yeux de Jeanne-Madelaine qu'on reconnaissait la Feuardent. Partout ailleurs, on pouvait confondre la femme de Thomas le Hardouey avec les paysannes des environs, avec toutes ces magnifiques mères de conscrits, qui avaient donné ses plus beaux régiments à l'Empire; mais aux yeux, non ! il n'était plus permis de s'y tromper. Jeanne avait les regards de faucon de sa race paternelle, ces larges prunelles d'un opulent bleu d'indigo foncé comme les quintefeuilles veloutées de la pensée, et qui étaient aussi caractéristiques des Feuardent que les émaux de leur blason. Il n'y a que des femmes ou des artistes pour tenir compte de ces détails. Naturellement, ils avaient échappé à maître Louis Tainnebouy, comme bien d'autres choses d'ailleurs, quand il m'avait raconté l'histoire que j'ai complétée depuis qu'il m'en eut touché la première note, dans cette lande de Lessay où nous nous étions rencontrés. Lui, mon rustique herbager, jugeait un peu les femmes comme il jugeait les génisses de ses troupeaux, comme les pasteurs romains durent juger les Sabines qu'ils enlevèrent dans leurs bras nerveux; il ne voyait guère en elle que les signes de la force et les aptitudes de la santé. Avec sa taille moyenne, mais bien prise, sa hanche et son sein proéminents, comme toutes ses compatriotes dont la destination est de devenir mères, si Jeanne n'était plus alors une femme belle, pour maître Tainnebouy, elle était encore une belle femme. Aussi, quand il m'en parla, et quoiqu'elle fût morte depuis des années, son enthousiasme de bouvier bas-normand s'exalta et atteignit des vibrations superbes, je dois en convenir. « Ah! monsieur, me disait-il en frappant de son pied de frêne les cailloux du chemin, c'était une fière et verte commère! Il fallait la voir revenant du marché de Créance, sur son cheval bai, un cheval entier, violent comme la poudre, toute seule, ma foi! comme un homme; son fouet de cuir noir orné de houppes de soie rouge à la main, avec son justaucorps de drap bleu et sa jupe de cheval ouverte sur le côté et fixée par une ligne de boutons d'argent! Elle brûlait le pavé et faisait feu des quatre pieds, monsieur! Et il n'y avait pas dans tout le Cotentin une femme de si grande mine et qu'on pût citer en comparaison! »

VI

Jeanne le Hardouey, après avoir quitté Nônon Cocouan, se dirigea vers le Clos par le chemin qu'elle suivait souvent. Ai-je besoin de dire maintenant que c'était une de ces femmes dont les impressions se succédaient avec la régulalarité que leur naturel imprime aux êtres forts ? Et cependant le prêtre qu'elle venait de voir, ce tragique Balafré en capuchon, et ce que lui en avait raconté cette *flânière* de Nônon Cocouan, s'enfonçait en elle avec puissance et l'empêchait de marcher aussi vite qu'elle l'aurait fait dans tout autre moment. Les chemins étaient déserts. Les gens des vêpres s'en étaient allés dans des directions différentes. Malgré ce qu'elle avait dit à Nônon, qu'elle irait vite une fois qu'elle serait seule, elle ne se hâtait pas, car nulle peur ne la dominait. Il ne faisait pas froid, du reste. Le temps était doux, quoique agité. C'était une de ces molles journées du commencement de l'hiver, où le vent souffle du sud, et où les nuées, grises comme le fer et basses à toucher presque avec la main, semblent peser sur nos têtes. Jeanne ne vit rien qui justifiât les appréhensions de la Cocouan.

Elle passa de jour encore au vieux Presbytère. Tout y était solitaire et silencieux. Seulement, sous une des grandes ouvertures de la cour, cintrée comme l'arche d'un pont et fermée autrefois par des portes colossales, maintenant arrachées de leurs énormes gonds, restés rouillés dans les murs, elle aperçut un de ces bergers rôdeurs, la terreur du pays, occupé à faire brouter à quelques maigres chèvres l'herbe rare qui poussait dans les cours vides de cette espèce de manoir.

Elle le reconnut. C'était un berger qui s'était, il y avait peu de temps, présenté chez maître Thomas le Hardouey pour de l'ouvrage, et que maître Thomas avait rudement repoussé, ne voulant pas, disait-il, employer des gens sans aveu. Le Hardouey partageait contre ces gens-là les préjugés de maître Tainnebouy, qui sont, du reste, les préjugés universels de la contrée. Mais, comme il était riche et puissant, il ne cachait pas ses antipathies, et il semblait provoquer les bergers à une lutte ouverte contre lui pour les accabler.

On lui avait plus d'une fois entendu dire, soit au moulin, chez Lendormi, soit à la forge, chez Dussaucey, le maréchal ferrant, qu'à la première mortalité de ses bêtes, au moindre malheur qui arriverait et qu'on pourrait imputer aux bergers, il en nettoierait le pays pour tout jamais. Certainement de telles paroles, que beaucoup de gens trouvaient imprudentes, n'étaient pas ignorées des hommes contre lesquelles elles avaient été proférées, et cela pouvait donner à Jeanne, isolée dans des chemins écartés, l'idée que l'homme chassé par son mari et qu'elle y rencontrait par hasard était fort capable de lui *faire un mauvais parti;* mais si cette idée lui vint à la tête, elle n'en montra rien, et elle fut la première, selon la coutume des campagnes quand on se rencontre, à adresser la parole au berger.

Il était assis sur une de ces grosses pierres comme on en trouve à côté de toutes les portes en Normandie. Il était enveloppé dans sa limousine aux grandes raies rousses et blanches, espèce de manteau qui ressemble à un cotillon de femme qu'on s'agraferait autour du cou. Son immobilité était telle que ses yeux mêmes ne remuaient pas et qu'on l'aurait volontiers pris pour une momie druidique, déterrée de quelque caverne gauloise.

Il était nécessaire que Jeanne, pour gagner dans la direction où elle marchait, passât devant lui, et il dut la voir venir à plus de vingt pas de distance; mais ses yeux verdâtres, qui, comme les yeux de certains poissons, semblaient avoir été faits pour traverser des milieux plus denses que l'élément qui nous entoure, ne témoignaient point par leur expression qu'ils l'eussent seulement aperçue.

— Dis donc, le pâtre! lui cria-t-elle, y a-t-il longtemps que les gens qui sortaient des vêpres sont passés, et crois-tu qu'en traversant la Prairie aux Ajoncs qui coupe le chemin d'ici au Clos, je pourrais encore les rattraper?

Mais il ne répondit pas. Il ne fit pas un geste. Ses yeux restèrent dans la direction qu'ils avaient quand elle s'était trouvée devant lui, et elle se crut obligée de répéter plus haut la question qu'elle lui avait faite, pensant qu'il ne l'avait pas entendue.

— Es-tu sourd, pâtureau? lui dit-elle, impatientée comme une femme qui a l'habitude d'être obéie et pour qui toute parole aux inférieurs était commandement.

— Sourd pour vous, vère! dit enfin le berger, toujours immobile; sourd comme un *mouron,* sourd comme un caillou, sourd comme votre mari et vous avez été sourds pour moi, maîtresse le Hardouey! Pourquoi m'demandez-vous quéque chose? Ne m'avez-vous pas tout refusé l'aut'e jour? Je n'ai rien à vous dire, pas plus que vous n'avez eu rien à me donner. T'nez, ajouta-t-il, en prenant un long fétu à la paille de ses sabots et le brisant, la paille est rompue! Craiyez-vous que les deux bouts que v'là et que je jette, le vent qui souffle puisse les réunir et les renouer ?

Il y avait un tremblement de colère dans la voix gutturale de ce pâtre, qui accomplissait, sans le savoir, à des siècles de distance, le vieux rite de guerre des anciens Normands.

— Allons ! allons, pas de rancune, berger ! répondit Jeanne, en voyant qu'elle était seule avec cet homme irrité qui tenait à la main un bâton de houx, coupé fraîchement dans les haies. Dis-moi ce que je te demande, et quand tu passeras par le Clos et que mon mari sera absent, je te mettrai du pain blanc et un bon morceau de lard dans ton bissac.

— Gardez votre pain et votre lard pour vos chiens ! reprit-il. Ce n'est pas avec de la viande ou du pain qu'on apaise la colère d'un homme. Non, non ! l'homme qui dépendrait de son ventre au point de manger l'oubli des injures avec le pain qu'on lui jetterait, n'aurait qu'un gésier à la place de cœur. J'compterons pus tard, maîtresse le Hardouey !

— Prends garde aux menaces, pâtureau ! fit-elle, plus menaçante que lui et entraînée par son caractère décidé.

— Ah ! je sais bien, dit le berger, avec un regard profond et une bouche amère, que vous êtes haute comme le temps, maîtresse le Hardouey ! Mais vous n'êtes pas ici sous les poutres de votre cuisine. Vous êtes au vieux Presbytère, dans un mauvais carrefour où âme qui vive ne passera plus maintenant que demain matin. Qu'est-ce donc qui m'empêcherait, si je voulais? ajouta-t-il lentement en grinçant un sourire féroce qui fit briller son œil vitreux, et montrant son bâton de houx... Mais je ne veux pas! Non, je ne veux pas! fit-il avec explosion. Les coups attirent les coups. Lâchez c'te pierre que vous avez prise et soyez tranquille. Je ne vous toucherai pas! Ils diraient que je vous ai assassinée, si je portais seulement la main à votre chignon, et je roulerais bientôt au fond de la prison de Coutances. Il y a de meilleures vengeances et plus sûres. La corne met du temps à venir au tauret et ses coups n'en sont que plus mortels. Allez! marchez! insista-t-il d'une voix sinistre. Vous vous souviendrez longtemps des vêpres d'où vous sortez, maîtresse le Hardouey!

Et il se leva de sa pierre conique, se prit à siffler un air bizarre qui attira un chien aux longs poils blancs, droits et pointus comme des arêtes, et de cette espèce particulière, dite *de berger*, le plus intelligent des chiens, mais aussi le plus mélancolique, et il alla rassembler ses chèvres éparses dans la cour.

Jeanne, trop fière pour ajouter un mot à ceux qu'elle avait déjà prononcés, passa et prit la

Prairie aux Ajoncs, moins inquiète de la déclaration de guerre du berger que frappée de ses dernières paroles. Qu'entendait-il, en effet, par ces vêpres dont il lui disait de se souvenir? Quel rapport pouvait-il y avoir entre une cérémonie religieuse et un de ces pâtres qui n'avaient peut-être pas reçu le baptême, païens ambulants qu'on ne voyait jamais aux églises et qu'on avait plus d'une fois rencontrés menant paître leurs brebis sur l'herbe sacrée des cimetières, au grand scandale des gens religieux? Ces vêpres, il est vrai, étaient déjà marquées pour elle d'un point de rappel singulier ; la vue de ce prêtre inconnu qui lui avait mis au cœur des sensations si peu familières à sa nature tranquille et forte! Le mot du berger, coïncidant avec la rencontre de ce martyr des Bleus, comme lui avait conté Nônon, les Bleus contre lesquels se serait battu Loup de Feuardent, s'il avait vécu lors des guerres de l'Ouest, ce mot, venant après l'impression qu'elle avait reçue pendant les vêpres, la redoublait et la faisait fermenter en elle. C'est quelquefois une si faible chose que le mystère d'organisation de la tête humaine, qu'une circonstance (la plus misérable des circonstances, une coïncidence, un hasard) la trouble d'abord et finit par l'asservir. Jeanne rentra au Clos toute pensive, ne pouvant s'empêcher d'associer dans ses émotions intérieures l'idée du sombre prêtre et les menaces du berger.

Mais son activité et ses occupations ordinaires la tirèrent *de devant elle*, comme on dit, et lui furent de salutaires distractions. Elle se débarrassa de sa pelisse bleue et de ses sabots aux *plettes* noires, et elle se mit à tourner dans sa maison, le front aussi serein que si rien d'insolite n'avait traversé son esprit.

Elle donna ses ordres accoutumés pour le souper des gens, leur parla à tous comme elle en avait l'habitude et fixa à chacun sa quote-part de travail pour la journée du lendemain. Domestiques et journaliers, les gens du Clos étaient nombreux et formaient une large attablée dans la cuisine de maître Thomas le Hardouey. Pendant que Jeanne surveillait toutes choses avec cet œil vigilant qui est l'attribut de la royauté domestique comme de l'autre royauté, elle entendit qu'on s'entretenait, autour de la table, du prêtre au noir capuchon, qui avait presque épouvanté à la procession tous les paroissiens de Blanchelande. C'était là l'événement du jour.

— Je ne sais pas son nom de chrétien, disait le grand valet, beau parleur aux cheveux frisés, qui mangeait une énorme galette de sarrazin beurrée de graisse d'oie, mais Dieu me punisse si on lui ferait tort en l'appelant l'abbé de la *goule fracassée !*

— J'ai bien vu des coups de fusil dans ma vie, reprenait à son tour le batteur en grange, qui avait servi sous le général Pichegru, mais je ne peux croire que ce soient là de véritables marques de coups de fusil, tirés par les hommes. Si le diable en a une fabrique dans l'arsenal de son enfer, ils doivent marquer comme cela ceux qu'ils atteignent et qu'ils ne couchent pas à tout jamais sur le carreau. Au demeurant, il a plus l'air d'un soldat que d'un prêtre, ce capuchon-là ! Je l'ai vu samedi, vers quatre heures de relevée, qui galopait dans le chemin qui est sous la Chesnaie-Centsous, un chemin de perdition où verse plus d'une paire de charrettes par hiver ; il montait une pouliche qui semblait avoir le feu sous le ventre. Par le *flét* du démon ! je vous *affie* et certifie qu'il n'y avait pas dans toute l'armée de Hollande, de l'époque où j'y étais, bien des douzaines de capitaines de dragons aussi crânement vissés que lui sur leur selle. — Ceci se rapportait assez exactement à ce qu'avait dit Nônon Cocouan à Jeanne de l'arrivée du prêtre étranger chez M. le curé de Blanchelande. Mais, hors ce détail, les domestiques du Clos en savaient beaucoup moins long que Nônon sur le compte de cet abbé, dont la présence inattendue et la grandiose laideur avaient remué pourtant cette population, si peu extérieure, occupée de travail et de gain, fidèle à l'esprit de ses pères, dont l'ancien cri de guerre était : *gainage !* lourde à soulever par conséquent, et qui n'a pas, comme les populations du Midi, de pente naturelle vers l'émotion et l'intérêt dramatique.

Or, il était dit que, ce soir-là, Jeanne ne pourrait se séparer de la pensée de l'être funeste qu'elle avait vu sous ces vêtements de prêtre, si peu faits pour lui. Elle la repoussait comme une obsession fatidique, et tout, autour d'elle, la lui rejetait. Il y a parfois dans la vie de ces entrelacements de circonstances qui semblent donner le droit de croire au destin ! Les domestiques sortis ou couchés, après leur repas du soir, Jeanne-Madelaine ordonna le souper de son mari et le sien.

Habituellement, maître Thomas le Hardouey, quand il n'était pas aux foires et aux marchés des cantons voisins, ne rentrait guère au Clos que vers sept heures, pour souper tête à tête avec sa femme ou un ami en tiers, quelque fermier des environs, invité à venir jaser, à la veillée. La maison du Clos qu'ils habitaient était un ancien manoir un peu délabré vers les ailes, séparé de la ferme, placé au fond d'une seconde cour, et quoique ce manoir fût divisé en plusieurs appartements, qu'il y eût une salle à manger et un *salon de compagnie* où Jeanne avait rangé, avec un orgueil douloureux, toute la richesse mobilière qu'elle avait de son père, c'est-à-dire quelques vieux portraits de famille des Feuardent, cependant elle et son mari mangeaient sur une table à part, dans leur cuisine, ne croyant pas déroger à leur dignité de maîtres ni compromettre leur autorité, en restant sous les yeux de leurs gens.

C'est une idée du temps présent, où le pouvoir domestique a été dégradé comme tous les autres pouvoirs, de croire qu'en se retirant de la vie commune, on sauvegarde un respect qui n'existe plus. Il ne faut pas s'abuser : quand on s'abrite avec tant de soin contre le contact de ses inférieurs, on ne préserve guère que ses propres délicatesses, et qui dit délicatesse, dit toujours un peu de faiblesse par quelque côté. Certainement si les mœurs étaient fortes comme elles l'étaient autrefois, l'homme ne croirait pas que s'isoler de ses serviteurs fût un moyen de se faire respecter ou redouter davantage. Le respect est bien plus personnel qu'on ne pense. Nous sommes tous plus ou moins soldats ou chefs dans la vie; eh bien! avons-nous jamais vu que les soldats en campagne fussent moins soumis à leurs chefs, parce qu'ils vivent plus étroitement avec eux ? Jeanne le Hardouey et son mari avaient donc conservé l'antique coutume féodale de vivre au milieu de leurs serviteurs, coutume qui n'est plus gardée aujourd'hui (si elle l'est encore) que par quelques fermiers représentant les anciennes mœurs du pays. Jeanne-Madelaine de Feuardent, élevée à la campagne, la fille de Louisine-à-la-hache, n'avait aucune des fausses fiertés ou des pusillanimes répugnances qui caractérisent les femmes des villes. Pendant que la vieille Gotton préparait le souper, elle dressa elle-même le couvert. Elle dépliait une de ces belles nappes ouvrées, éblouissantes de blancheur et qui sentent le thym sur lequel on les a étendues, quand maître le Hardouey entra, suivi du curé de Blanchelande, qu'il avait rencontré, dit-il, au bas de l'avenue qui menait au Clos.

— Jeanne, fit-il, v'là monsieur le curé que j'ai rencontré dans ma tournée d'après les vêpres, et que j'ai engagé, comme c'est dimanche, à venir souper avec nous.

Jeanne accueillit le curé comme elle avait accoutumé de le faire. Elle le voyait souvent, et souvent elle lui avait donné de l'argent ou du blé pour les pauvres de la paroisse; car, religieuse d'éducation et royale de cœur, Jeanne était aumônière, comme disaient les mendiants du pays, qui ôtaient leur bonnet de laine grise, quand ils parlaient d'elle.

Cette libéralité, qui s'exerçait parfois à l'insu de maître le Hardouey, était une raison pour que le curé vînt fréquemment au Clos. Il n'y était guère attiré par le maître du logis, qui avait acheté des biens d'Église, et dont la réputation était, pour cette raison, loin d'être bonne.

Le Temps, qui jette sur toutes choses, grain à grain, une impalpable poussière, laquelle, sans l'histoire, finirait par couvrir les événements les plus hauts, le Temps a déjà répandu son sable niveleur sur bien des circonstances d'une époque si peu éloignée, et nous n'avons plus la note juste que donnaient les sentiments d'alors. Un acquéreur des biens d'Église inspirait à peu près l'horreur qu'inspire le voleur sacrilége, et il n'y a guère que la raison immortelle de l'homme d'État qui comprenne bien aujourd'hui ce qu'avait de grand et de sacré une opinion qui paraît excessive aux esprits lâches et perdus de la génération actuelle. Au sortir de ces guerres civiles, le curé de Blanchelande avait besoin de se rappeler son ministère de paix et de miséricorde, pour ne pas regarder Thomas le Hardouey comme un ennemi. Aussi n'était-ce qu'en considération de Jeanne qu'il acceptait les politesses du riche propriétaire, son paroissien. Ce dernier les faisait, du reste, un peu par déférence pour sa femme, et aussi par cet esprit de faste grossier et d'hospitalité bruyante, l'attribut de tous les parvenus. Le curé, d'un autre côté, avait en lui tout ce qui fait pardonner d'être prêtre aux esprits irréligieux, bornés et sensuels, comme était le Hardouey et comme il en est tant sorti du giron du dix-huitième siècle. L'abbé Caillemer était ce qu'on appelle un homme à pleine main, de joviale humeur, rond d'esprit comme de ventre, ayant de la foi et des mœurs, malgré son amour pour le cidre en bouteille, le *gloria* et le pousse-café, trois petits écueils contre lesquels, hélas ! vient échouer quelquefois la mâle sévérité d'un clergé né pauvre, et dont la jeunesse n'a pas connu les premières jouissances de la vie. L'abbé Caillemer ajoutait à toutes ces qualités vulgaires de n'avoir point, dans son être extérieur, ce caractère de dignité sacerdotale que la basse classe des esprits ne peut souffrir, parce qu'il lui impose, et qu'elle est obligée de le respecter.

— Quand j'ai rencontré monsieur le curé, fit le fermier en s'asseyant à sa table, étincelante de pots d'étain, et en s'adressant à sa femme, il n'était pas seul, il avait avec lui un confrère. Et si ce n'était pas un confrère, et que je ne craignisse pas de manquer de respect à monsieur le curé, je dirais qu'il a plutôt l'air d'un diable que d'un prêtre. Je l'ai invité aussi à notre repas, quoique, par ma foi, Jeannine, vous eussiez bien pu, toute hardie que vous êtes, en avoir peur.

Jeanne sourit, mais la pommette de sa joue brûlait.

— Je sais, dit-elle; je l'ai vu aux vêpres et au salut.

— C'est l'abbé de la Croix-Jugan, ma chère madame, fit le curé, en nouant sa serviette sous son menton pour ne pas gâter, en mangeant, sa belle soutane des dimanches, et vous avez tort de prendre pour de la fierté, je vous l'ai déjà dit, maître le Hardouey, le refus qu'il a fait de souper avec nous ce soir, car je sais, de source certaine, qu'il est invité, depuis huit jours, chez Mme la comtesse de Montsurvent.

— Humph! fit le Hardouey d'un ton défiant et incrédule, ne dites pas que celui-là n'est pas fier, monsieur le curé. Je ne suis pas déniché d'hier matin, et me connais encore à l'air des hommes... Mais Dieu de Dieu! où donc a-t-il pris ses effroyables blessures qui lui ont retourné le visage comme un soc de la charrue retourne un champ?

— Ah! sainte mère de Dieu! fit le curé, qui avalait *ore profundo* une large cuillerée de soupe aux choux, c'est une assez tragique histoire !

Et, commère comme il était, il entama l'histoire de l'abbé de la Croix-Jugan.

— C'était, apprit-il à ses hôtes, le quatrième fils du marquis de la Croix-Jugan, l'un des plus anciens noms du Cotentin avec les Toustain, les Hautemer et les Hauteville. Selon la coutume de la noblesse de France, l'aîné de la Croix-Jugan avait succédé aux biens considérables de son père, et, plus tard, avait émigré. Le cadet, entré dans la Maison du Roi, était, au commencement de la Révolution, lieutenant aux gardes du Corps, et avait été, au 10 août, massacré en défendant la porte de Marie-Antoinette. Le troisième, sur le berceau duquel on avait mis le ruban de l'ordre de Malte, était allé, vers quinze ans, rejoindre son oncle le commandeur, et commencer ce qu'on appelait les caravanes. Enfin, le dernier de tous, celui dont il était question, obligé d'être prêtre pour obéir à la loi des familles nobles de ce temps, et destiné à devenir, bien jeune encore, évêque de Coutances et abbé de l'abbaye de Blanchelande, n'était encore que simple moine quand la Révolution éclata.

— Et une bonne abbaye que Blanchelande ! fit maître le Hardouey, et qui valait gros à l'abbé ! C'était là une maison de bénédiction pour ceux qui l'habitaient. On n'y riait pas que du bout des dents, comme saint Médard, et on n'y chantait pas que du plain-chant, comme dans votre église, monsieur le curé. On y passait le temps joyeusement à l'époque où le Talaru menait le diocèse comme un ivrogne mène sa jument, et jarnigoi ! ce n'est pas menterie, monsieur le curé, car j'ai vu, moi, cet évêque d'ancien régime et tous les moines de l'abbaye !..

— Allons, allons, maître Thomas, dit le curé en interrompant amicalement les souvenirs peu respectueux de son paroissien, je ne veux pas savoir ce que vous prétendez avoir vu, et, d'ailleurs, vous êtes un petit brin mauvaise langue et peut-être mauvaise vue et mauvaise mémoire par-dessus le marché. Je sais qu'il y a eu bien des abus et bien du péché, même dans l'Église, et que notre seigneur de Talaru, qui avait été officier de cavalerie, n'avait pas assez oublié l'esprit de son premier état. Mais à tout péché miséricorde, d'autant qu'il est mort comme un saint dans les tristesses de l'émigration ! Dieu lui a fait la grâce d'expier, par sa mort, le scandale qu'il avait causé pendant sa vie.

— Je ne dis pas que non... mais enfin... suffit ! dit le Hardouey, qui voyait l'œil de Jeanne devenir d'un bleu plus sombre en le regardant. Toujours est-il que ce n'est pas en chantant matines ou vêpres qu'il s'est ainsi marqué le visage, votre abbé de la Croix-Jugan!

— Je crois bien! repartit le curé en joignant les mains sur son rabat avec componction. Ah! mes chers amis, que nous sommes de fragiles créatures! poursuivit-il avec la dolente onction qu'il avait quand il faisait son prône; mais aussi cette Révolution, fille de Satan, avait renversé toutes les têtes, et elle doit porter le poids de bien des iniquités. L'abbé de la Croix-Jugan qui s'appelait, à Blanchelande, le frère Ranulphe, aurait-il jamais quitté son monastère sans la persécution de l'Église? Au lieu d'émigrer, comme nous autres, qui disions la messe à Jersey ou à Guernesey, il oublia que l'Église avait horreur du sang, et il s'alla battre avec les seigneurs et les gentilshommes dans la Vendée et dans le Maine, et, plus tard, dans ce côté du bas pays.

— Oh! oh! il aurait donc chouanné, monsieur l'abbé? dit maître Thomas le Hardouey avec une expression d'ironie qui montrait combien il était dominé par les passions du temps, à moitié apaisées, mais toujours brûlantes; car c'était un compagnon assez madré pour ne point se risquer aux imprudences et pour tourner sept fois sa langue dans sa bouche avant de lâcher le moindre mot compromettant.

— Oui, il a chouanné, reprit gravement le curé de Caillemer, ce qui ne convenait guère à un homme de son état, à un lévite, à un prêtre. C'est la vérité. Mais, sainte Vierge! c'est la vérité aussi que le bon Dieu l'en a puni et lui a écrit, en lettres assez profondes, un terrible châtiment sur le visage.

Du reste, les circonstances ont tellement dépassé les limites de la prudence humaine, et la cause pour laquelle l'abbé de la Croix-Jugan se battait était si sacrée, puisque c'était celle de notre sainte religion, qu'on n'aurait encore rien à dire s'il n'avait que chouanné, mais...

— Eh! mais?... fit le Hardouey, l'œil pétillant d'une curiosité haineuse, en tenant son verre à la hauteur de sa bouche, mais ne buvant pas.

— Mais... reprit le curé en baissant la voix, comme s'il avait un douloureux aveu à faire.

Jeanne eut une espèce de frisson qui courut dans les racines de ses cheveux, relevés droit sous la dentelle de sa coiffe, et qui découvraient les sept pointes de son front impérieux.

— Il y a pis, continua le curé, que de répandre le sang des ennemis du Seigneur et de son Église, quoique ce ne soit pas à un prêtre à le faire et que les Saints Canons le défendent. Et, si je dis ceci, mes chers paroissiens, ce n'est pas que j'oublie le précepte de la charité, mais c'est bon, parfois, pour l'exemple, de proclamer la vérité. D'ailleurs, si l'abbé de la Croix-Jugan a été un grand coupable, il est maintenant un grand pénitent. Entraîné sans doute par les passions de cette vie de soldat qu'il a menée, il s'est, un instant, perdu dans les voies humaines. Après le combat de la Fosse, il crut la cause de son parti désespérée, et, oubliant tout à fait qu'il était un chrétien et un prêtre, il osa, de ses mains consacrées, accomplir sur sa personne l'exécrable crime du suicide, qui termina la vie de l'infâme Judas.

— Comment! c'est lui qui s'est ainsi labouré la face?... dit le Hardouey.

— C'est lui, répondit le curé, mais ce n'est pas lui tout seul.

Et il raconta la scène qui avait eu lieu chez Marie Hecquet, comment cette brave femme avait sauvé le suicidé et l'avait arraché à la mort. Jeanne écoutait ce récit avec une horreur passionnée, visible seulement à l'entr'ouvrement de sa belle bouche et à la contraction de ses sourcils. Elle ne jeta point de ces interjections par lesquelles les âmes faibles se soulagent. Elle demeura silencieuse, et la rêverie qui l'avait saisie à vêpres recommença.

VII

Le repas fut long, comme tout repas normand. Le curé Caillemer parla encore quelque temps de l'abbé de la Croix-Jugan. Il venait, disait-il, habiter Blanchelande, à côté des ruines de son abbaye, et racheter, par une vie exemplaire, le crime de son suicide et de sa vie de partisan. Il avait choisi Blanchelande par la raison qu'il faut que le mal soit expié là où il a causé le plus de scandale. A ces raisons chrétiennes, il s'en mêlait peut-être une autre moins élevée, que le bon curé ne savait pas. L'abbé, homme de parti d'une grande importance, chef de Chouans, devait, à cette époque, où la guerre venait de finir, mais où la pacification n'était pas encore à l'épreuve du premier espoir qui pouvait renaître, se trouver placé sous la surveillance d'une administration inquiète. A Blanchelande, à Lessay, pays perdu, il était moins exposé à cette vigilance, nécessairement tracassière, que tous les gouvernements menacés exercent, sans qu'on puisse justement la leur reprocher. Bientôt on laissa là l'ancien moine, dont le nom et les aventures avaient rendu tout à coup la conversation si sérieuse. Le curé et maître le Hardouey passèrent à d'autres sujets de causerie et s'égayèrent vers la fin du repas. Une bûche énorme brûlait dans la vaste cheminée, sous le manteau de laquelle la table était placée, et cette bûche, qui se dissolvait peu à peu en charbons flambants, entourait nos trois convives d'une chaude atmosphère et joignait son influence à cette excitation qui vient de tout repas fait en commun, surtout quand il est arrosé d'un cidre en bouteille ambré, pétillant et mousseux, que le curé appelait en riant « un aimable casse-tête du bon Dieu. »

— Pas vrai, monsieur le curé, qu'il n'est pas mauvais? disait maître Thomas avec le double sentiment de l'homme qui possède et de l'homme qui a créé; c'est un caramel pour la couleur et pour le goût. J'ai moi-même goûté à chaque pomme dont il a été fait.

— Sainte Vierge! répondait le curé, les mains jointes sur son rabat, sa pose favorite, et avec une humide jubilation sur les lèvres et dans le regard, ce devait être du pareil cidre que buvait le fameux prieur de Regneville avec M. de Matignon quand le tonnerre tomba sur le prieuré et leur mit le ciel du lit sur la tête, comme un dais dont ils eussent été les bâtons, sans qu'ils en sentissent la moindre chose et prissent seulement la peine de se déranger.

C'était une anecdote du pays. Le prieur de Regneville était un de ces prêtres grands viveurs, une de ces granges à dîme, comme on dit encore en Normandie, dont le physique colossal justifiait bien un pareil nom.

Il avait été fort célèbre dans le Cotentin, pays de grands mangeurs et de buveurs intrépides, et il était devenu, sur la fin de sa vie, d'un embonpoint si considérable, qu'il avait été obligé de faire une entaille circulaire à sa table pour y loger la rotonde capacité de son ventre. Le curé de Blanchelande l'avait connu, pendant l'émigration, à Jersey, où il étonnait et émerveillait les Anglais par les prodiges de son estomac, toujours prêt à tout, et le bon abbé Caillemer en avait conservé une telle mémoire, qu'il n'achevait jamais un repas plantureux et gai sans parler du prieur de Regneville. On pouvait même apprécier le degré d'excitation cérébrale du curé par le nombre d'anecdotes qu'il racontait sur le prieur.

Mais la gaieté des deux convives n'atteignait pas Jeanne. Elle vivait à part de ce qu'ils disaient. Elle en était restée à l'abbé de la Croix-Jugan. Ce prêtre-soldat, ce chef de Chouans, ce suicidé échappé de la mort volontaire et à la fureur des Bleus, la frappait maintenant par le côté moral de la physionomie, comme, à l'église, il l'avait frappée par le côté extérieur.

C'était un genre de sentiment qu'elle éprouvait, analogue à sa première sensation. L'horreur y était toujours, mais, chez cette femme d'action et de race, qui ne s'était jamais consolée d'avoir humilié la sienne dans une mésalliance, l'admiration pour ce moine décloîtré par la guerre civile, qui ne s'était souvenu que d'une chose, au prix du salut de son âme, c'est qu'il était gentilhomme, oui, l'admiration l'emportait alors sur l'horreur et la changeait en une enthousiaste et noble pitié. Pendant que son mari et le curé buvaient, elle se tenait, grave et sans boire, soutenant son coude droit dans sa main gauche, et jouant pensivement avec sa *jeannette,* la croix surmontée d'un gros cœur d'or qu'elle portait attachée à son cou par un ruban de velours noir. Placée en face de l'âtre embrasé, entre les deux soupeurs, le feu du foyer incendiait sa joue pâle d'ordinaire, et aussi le feu de sa pensée! Son œil distrait ne quittait pas le canon d'un fusil de chasse qui luisait doucement au-dessus du manteau de la cheminée, là où, d'ordinaire, les paysans mettent leurs armes.

Le lendemain de ce souper, qui se prolongea un peu dans la nuit, Jeanne le Hardouey se leva de bonne heure et s'occupa des détails de sa maison avec une activité supérieure à celle qu'elle déployait d'ordinaire. Son ton de commandement fut plus bref, presque dur, et ses mouvements plus rapides. Chez les êtres très-actifs, la fébrilité de certaines pensées se révèle par une intensité de la vie habituelle, par une espèce de transport muet de la voix, du regard et du geste, qui sera peut-être du délire bien caractérisé le lendemain. La nuit, en passant sur la joue de Jeanne, n'y avait point éteint la flamme que les troubles de son âme avaient allumée presque sous ses yeux. On aurait pu même remarquer que plus la journée s'avança, plus se fonça cette trace enflammée. Après le repas de midi, et quand Thomas le Hardouey fut aux champs, Jeanne jeta sur ses épaules sa pelisse bleue et quitta le Clos. Cependant elle ne se cachait point de son mari. Elle ne profitait pas, comme bien des femmes, du moment où il avait le dos tourné pour faire une démarche sur laquelle il aurait pu lui adresser une question. Maître le Hardouey avait un grand respect pour sa femme. Jamais il ne lui demanda compte de ses actions. Dix ans de raison et de ménage consacraient, pour Jeanne, une indépendance que les femmes ne connaissent pas à un pareil degré dans les villes, où chaque pas qu'elles font est un danger et quelquefois une perfidie.

Elle s'en alla visiter une de ses anciennes connaissances, la Clotte, comme on disait dans le pays. C'est une abréviation populaire du nom de Clotilde. Connue surtout sous cette dénomination à Blanchelande, Clotilde Mauduit était une vieille fille paralytique, qui ne sortait plus de sa maison depuis plusieurs années, et dont la jeunesse avait, comme celle de plusieurs de ses contemporaines, belles et passionnées, jeté un scandaleux éclat. Orgueilleuse de sa beauté, elle avait été une fille sage jusqu'à vingt-sept ans. Sa froideur naturelle l'avait préservée. Mais, à vingt-sept ans, cet orgueil fou, courroucé d'attendre, la rage d'une curiosité qui perdit Ève, le regret, plus affreux qu'un remords, qui commençait pour elle, d'avoir perdu sa jeunesse, la firent succomber. Ses passions violentes, mais toutes de tête, ne descendirent jamais plus bas que ses yeux. Tout le pays l'avait courtisée sans succès, quand elle tomba volontairement sur la dernière flatterie d'un monceau d'hommages, entassés vainement à ses pieds superbes depuis dix ans. C'était le temps où Sang-d'Aiglon de Haut-Mesnil faisait de son château le repaire d'une noblesse qui se corrompait dans le sang des femmes, quand elle ne se ravivait pas dans le sang des ennemis. Clotilde Mauduit, après sa chute, fut une des reines villageoises des fêtes criminelles qu'on y célébrait. Seulement, ce n'était pas aux reins que cette bacchante portait sa peau de tigre, c'était autour du cœur. La nature avait jeté cette fille du peuple dans le moule vaste et glacé des grandes coquettes, non de celles-là qui prennent à la pipée des imaginations imbéciles avec les singeries de l'amour, mais de celles qui ont le calme meurtrier des sphinx et qui exaspèrent les coupables passions qu'elles font naître avec les cruautés du sang-froid. Au château du Haut-Mesnil, les débauchés qui l'y attirèrent avec tant d'autres belles filles des environs l'appelaient Hérodiade. C'est là qu'elle avait connu Louisine-à-la-hache, bien différente d'elle et de toutes les autres femmes qui s'enfonçaient sous les voûtes de ce dévorant château, sous la cambrure rougie de ce four dévorant de la débauche, d'où la beauté, la pudeur, la vertu, la jeunesse, ne ressortaient jamais qu'en cendres !

Louisine, qui avait vécu pure là où les autres s'étaient perdues, n'y resta pas longtemps après son mariage avec Loup de Feuardent. Cette connaissance de sa mère, cette amitié de jeunesse, était la principale raison qui avait attiré à la Clotte l'intérêt de Jeanne. Tout ce qui lui parlait de sa mère lui était sacré ! Une autre raison encore de cet intérêt qu'elle montrait courageusement à la Mauduit, car, dans l'opinion du pays, Clotilde s'était déshonorée, et le poids de son déshonneur devait, sans qu'on l'allégeât, rester sur elle, c'est que, fière de ses souvenirs comme elle l'avait été de sa beauté, la Clotte, ainsi qu'on l'appelait alors, aimait à tenir tête au mépris public en rappelant hardiment à quel monde elle s'était mêlée autrefois. Elle avait un respect exalté pour les anciennes familles éteintes, comme l'était celle des Feuardent. Vassale orgueilleuse de ceux qui l'avaient entraînée, elle gardait une espèce de fierté féodale même de son déshonneur. Vieille, pauvre, frappée de paralysie depuis la ceinture jusqu'aux pieds, elle avait toujours montré à chacun, dans ce pays, une hauteur silencieuse que sa honte n'avait pu courber. Les compagnes de ses désordres étaient mortes autour d'elle; le château de Haut-Mesnil s'était écroulé, et la révolution en avait dispersé les ruines; les infirmités étaient venues; elle s'était trouvée isolée au milieu d'une génération qui avait grandi et à qui, dès l'enfance, on l'avait montrée du doigt comme un objet de réprobation. Eh bien, malgré tout cela, Clotilde Mauduit, ou plutôt la Clotte, était restée tout ce qu'on l'avait connue dans sa coupable prospérité. Elle habitait une pauvre cabane à quelques pas du bourg de Blanchelande, la seule chose qu'elle eût au monde avec un petit *courtil*, dont elle faisait vendre les légumes et les fruits, et elle vivait là dans une méprisante et sourcilleuse solitude. Une voisine, qui calculait que, pour prix de ses attentions, la Clotte, en mourant, lui léguerait la petite maison ou le courtil, lui envoyait, chaque jour, sa fille, âgée de quatorze ans, pour la soigner. Elle ne hantait personne, et personne ne la hantait... excepté Jeanne, à qui elle avait toujours montré un bon visage, à cause de ce nom de Feuardent, qui lui rappelait sa jeunesse. Jeanne, cette mésalliée, qui gardait dans son âme la blessure immortelle de la fierté, trouvait une jouissance vengeresse de tout ce que son mariage lui avait fait souffrir dans ses rapports avec la Clotte, qui avait maudit autant qu'elle l'inexorable nécessité de ce mariage, et aux yeux de qui elle n'était jamais que la fille de Loup de Feuardent. Après cela, qui ne comprendrait la force du lien qui existait entre ces deux femmes ?... Jeanne-Madelaine, obligée de vivre avec des hommes du niveau de son mari ; attachée aux intérêts d'un ménage de cultivateur ; n'ayant jamais connu les mœurs d'une société plus élevée, qui, sans les événements, aurait été la sienne ; ignorante mais instinctive, ne sentait vivement, ne vivait réellement qu'avec la Clotte. Son âme patricienne comprimée se dilatait avec cette vieille, qui lui parlait sans cesse des seigneurs qu'elle avait connus, et dont le langage enflammé par la solitude, par l'orgueil, par le caractère, avait parfois une extraordinaire éloquence. Pour Jeanne, qui ne connaissait que son missel, la Clotte et ses récits étaient la poésie. Cette fille perdue, et qui ne s'était pas repentie, cette vieille endurcie dans son péché, à qui personne ne tendait la main, parlait à l'imagination de maîtresse le Hardouey comme elle consolait son orgueil. Comment ne l'eût-elle pas souvent visitée ?... Les gens du bourg s'en étonnaient. « Que diable, disaient-ils, cette sorcière de la Clotte a-t-elle fait à maîtresse le Hardouey pour qu'elle aille si souvent la visiter dans son taudis, et pourquoi ne laisse-t-elle pas se débattre avec le démon, sur son grabat, ce reste d'impudicité qui a fait honte à tout Blanchelande pendant dix ans ? »

Ce jour-là, Jeanne allait chez la Clotte, poussée par un ensemble de circonstances qui, depuis les vêpres de la veille, cernaient pour ainsi dire son âme et lui donnaient sans qu'elle pût les comprendre les plus singulières agitations. Il était trois heures de relevée quand elle arriva chez la Clotte. La porte de la chaumière était grande ouverte, comme c'est la coutume dans les campagnes de Normandie, quand le temps est doux. Selon son éternel usage, la Clotte se tenait assise sur une espèce de fauteuil grossier contre l'unique croisée qui éclairait du côté du courtil l'intérieur enfumé et brun de son misérable logis. Les vitres de cette croisée, en forme de losanges, étaient bordées de petit plomb et tellement jaunies par la fumée, que le soleil le plus puissant des beaux jours de l'année, qui se couchait en face, — car la chaumière de la Clotte était sise au couchant, — n'aurait pas pu les traverser.

Or, comme ce jour-là, qui était un jour d'hiver, il n'y avait pas de soleil, à peine si quelques gouttes de lumière passaient à travers ce verre jauni, qui semblait avoir l'opacité de la corne, pour tomber sur le front soucieux de Clotilde Mauduit. Elle était seule, comme presque toujours lorsque la petite de la mère Ingou se trouvait à l'école ou en commission à Blanchelande. Son rouet, qui d'ordinaire faisait entendre ce bruit monotone et sereinement rêveur qui passe le seuil dans la campagne silencieuse et avertit le voyageur au bord de la route que le travail et l'activité habitent au fond de ces masures que l'on dirait abandonnées, son rouet était muet et immobile devant elle. Elle l'avait un peu repoussé dans l'embrasure de la croisée, et elle tricotait des bas de laine bleue, d'un bleu foncé, presque noir, comme j'en ai vu porter à toutes les paysannes dans ma jeunesse. Quoique l'âge et les passions eussent étendu sur elle leurs mains ravageuses, on voyait bien qu'elle avait été une femme « dont la beauté, me dit Tainnebouy quand il m'en parla, avait brillé comme un feu de joie dans le pays. » Elle était grande et droite, d'un buste puissant comme toute sa personne, dont les larges lignes s'attestaient encore, mais dont les formes avaient disparu. Sa coiffe plate aux *papillons tuyautés*, qui tombaient presque sur ses épaules, laissait échapper autour de ses tempes deux fortes mèches de cheveux gris qui semblaient être la couronne de fer de sa fière et sombre vieillesse. Son visage, sillonné de rides, creusé comme un bronze florentin qu'aurait fouillé Michel-Ange, avait cette expression que les âmes fortes donnent à leurs visages quand elles résistent pendant des années au mépris. Sans les propos de la contrée, on n'aurait jamais reconnu sous ce visage de médaille antique, aux yeux de vert-de-gris, la splendide maîtresse de Remy de Sang-d'Aiglon, une créature sculptée dans la chair purpurine des filles normandes. Les lèvres de cette femme avaient-elles été dévorées par les vampires du château de Haut-Mesnil? On ne les voyait plus. La bouche n'était qu'une ligne recourbée, orgueilleuse. La Clotte portait un corset couleur de rouille en droguet, un cotillon plissé à larges bandes noires sur un fond gris, et un devantey bleu en siamoise. A côté de son fauteuil on voyait son bâton d'épine durcie au four sur lequel elle appuyait ses deux mains, quand, avec des mouvements de serpent à moitié coupé qui tire son tronçon en saignant, elle se traînait jusqu'au feu de tourbe de sa cheminée afin d'y surveiller soit le pot qui chauffait dans l'âtre, soit quelques pommes de reinette ou quelques châtaignes qui cuisaient pour la petite Ingou.

— Je vous ai reconnue au pas, *mademoiselle de Feuardent*, dit-elle, quand Jeanne parut au seuil garni de paille de sa demeure, j'ai reconnu le bruit de vos sabots.

Jamais, depuis son mariage, la Clotte n'avait appelé Jeanne le Hardouey du nom de son mari. Pour elle, Jeanne-Madelaine était toujours mademoiselle de Feuardent, malgré la loi, et, disait cet esprit fort de village, malgré les simagrées des hommes. Quand elle n'était pas en train de maudire ce mariage, elle l'oubliait.

Jeanne souhaita le bonsoir à la Clotte et vint s'asseoir sur un escabeau à côté de la paralytique.

— Ah! dit-elle, je suis fatiguée; et elle fit un mouvement d'épaules, comme si sa pelisse avait été de plomb. Je suis venue trop vite, ajouta-t-elle pour répondre au regard de la Clotte, qui avait laissé tomber son tricot sur ses genoux et planté une de ses aiguilles dans les cheveux de ses tempes, en la regardant.

— Vère! fit la Clotte, vous serez venue trop vite. Les sabots pèsent la mort par la boue qu'il fait, et le chemin doit être bien mauvais au Carrefour des Raines. Vous, qui n'êtes pas rouge d'ordinaire, vous avez les joues comme du feu.

— J'ai presque couru, reprit Jeanne. On va si vite, quand on a l'ennui derrière soi! Il est des jours, ma pauvre Clotte, où les ouvrages, les marchés, la maison, toute cette vie d'occupations que je me suis faite, n'empêchent pas d'avoir le cœur, on ne sait pourquoi, entre deux pierres, et vous savez bien que c'est toujours dans ces moments-là que je viens vous voir.

— Je le sais, dit gravement la Clotte, et je voyais bien qu'il n'y avait pas que la fatigue de la marche dans l'état de vos couleurs, ma fille. C'est donc aujourd'hui, reprit-elle après un silence, comme une femme qui parle une langue déjà bien parlée entre elles deux, un de nos mauvais jours?

Jeanne fit le geste d'un aveu silencieux. Elle courba la tête.

— Ah! dit la Clotte déjà exaltée, ils ne sont pas finis, ces jours-là, mon enfant. Vous êtes si jeune et si forte! Le sang des Feuardent, qui vous brûle les joues, se révoltera encore longtemps, avant de se calmer tout à fait.

— Peut-être, ajouta-t-elle en fronçant les rides de son front, que des enfants, si vous en aviez, vous feraient plus de bien que tout le reste ; mais des enfants qui ne seraient pas des Feuardent !...

Et elle s'arrêta, comme si elle se fût repentie d'en avoir trop dit.

— Tenez, la Clotte, dit Jeanne-Madelaine en mettant sa main sur une des mains desséchées de la vieille femme, je crois que j'ai la fièvre depuis hier au soir.

Et alors, elle raconta sa rencontre avec le berger sous le porche du vieux Presbytère, et la menace qu'il lui avait jetée et qu'elle n'avait pu oublier.

La Clotte l'écouta en jetant sur elle un regard profond.

— Il y a d'autres anguilles sous roche, dit-elle en hochant la tête. La fille de Louisine-à-la-hache n'a pas peur des sornettes que débitent les bergers pour effrayer les fileuses. Je ne dis pas qu'ils n'aient pas de méchants secrets pour faire mourir les bêtes et se venger des maîtres qui les ont chassés ; mais qu'est-ce qu'un de ces misérables pourrait faire contre mademoiselle de Feuardent ? Vous avez autre chose que ça sur l'esprit, mon enfant...

Mais Jeanne le Hardouey resta muette, et la Clotte, qui semblait chercher la pensée de Jeanne dans sa vieille tête, à elle, fouillait les cheveux gris de sa tempe creusée, avec le bout de son aiguille à bas, comme on cherche une chose perdue dans les cendres d'un foyer éteint, et continuait à la dévisager de ses redoutables yeux pers.

— Vous qui avez connu tant de monde, la Clotte, dit, après quelques minutes de silence, Jeanne le Hardouey, qui succombait enfin à sa pensée secrète, avez-vous connu, dans les temps, un abbé de la Croix-Jugan ?

— L'abbé de la Croix-Jugan ! Jéhoël de la Croix-Jugan ! qu'on appelait le frère Ranulphe de Blanchelande ! s'écria tout à coup la Clotte, redevenue Clotilde Mauduit, avec le frémissement d'un souvenir qui galvanisait sa vieillesse, si je l'ai connu ! Oui, ma fille ; mais pourquoi me demander cela ? Qui vous a parlé de l'abbé de la Croix-Jugan ? Je ne l'ai que trop connu, ce Jéhoël. C'était avant la révolution. Il était moine à l'abbaye. Sa famille l'y avait mis presque au sortir de son enfance ; et ma jeunesse, à moi, quand je l'ai connu, commençait déjà à se passer. On disait que, comme tant d'autres prêtres de grande famille, il n'avait pas de vocation, mais que, toujours, chez les la Croix-Jugan, le dernier des enfants était moine depuis des siècles. Si je l'ai connu ! oh ! ma fille, comme je vous connais ! Il sortait bien souvent de son monastère, et il s'en venait chez le seigneur de Haut-Mesnil les jours qu'ils appelaient leur jour de sabbat, et il voyait là de terribles spectacles pour un homme qui devait un jour porter la mitre et la croix d'abbé. Jéhoël de la Croix-Jugan ! comme l'appelaient Remy Sang-d'Aiglon de Haut-Mesnil et ses amis, car ils ne lui donnaient jamais son nom religieux de frère Ranulphe, alors qu'il était avec eux, quoiqu'il portât la soutane blanche et son manteau de chanoine de Saint-Norbert par dessus, quand il venait au château, entre l'office et matines. J'ai ouï dire qu'ils voulaient, en lui donnant son nom de gentilhomme, lui enfoncer dans le cœur un dégoût encore plus profond que celui qu'il avait pour son état de prêtre, et je n'ai pas de peine à croire que cela ait été l'idée de pareils réprouvés, mon enfant !

— Comment était-il quand vous l'avez connu? fit avidement Jeanne-Madelaine.

— Je vous l'ai dit, ma fille, il était bien jeune alors, dit la Clotte, oui, jeune d'âge ; mais qui le voyait ou l'entendait ne l'aurait pas dit, car il était sombre comme un vieux. Jamais son visage ne s'éclaircissait. On disait qu'il n'était pas heureux d'être moine, mais ce n'était pas, malgré sa grande jeunesse, un homme à se plaindre et à porter la tonsure qui lui brûlait le crâne moins fièrement qu'il n'eût fait un casque d'acier. Il était haut comme le ciel, et je crois que l'orgueil était son plus grand vice. Car je vous l'ai déjà dit, mon enfant, nous étions là, au château de Haut-Mesnil, une troupe d'affolées, et jamais, au grand jamais, je n'ai entendu dire que l'abbé de la Croix-Jugan ait oublié sa robe de prêtre avec aucune de nous.

— Pourquoi donc, s'il était ce que vous dites, repartit Jeanne, allait-il au château de Haut-Mesnil ?

— Pourquoi ? qui sait pourquoi, ma fille ? dit la Clotte. Il trouvait là des seigneurs comme lui, des gens de sa sorte, et des occupations qui lui plaisaient plus que les offices de son abbaye. Il n'était pas né pour faire ce qu'il faisait... Il chassait souvent, tout moine qu'il fût, avec les seigneurs de Haut-Mesnil, de la Haye et de Varanguebec, et c'était toujours lui qui tuait le plus de loups ou de sangliers. Que de fois je l'ai vu, à la soupée, couper la hure saignante et les pattes boueuses de la bête tuée le matin et les plonger dans le baquet d'eau-de-vie, à laquelle on mettait le feu, et dont on nous barbouillait les lèvres. Oh ! ma fille, je ne vous dirai pas les blasphèmes et les abominations qu'il entendait alors. « Tiens, lui disait

Richard de Varanguebec en lui versant cette eau-de-vie à feu, leur régal de démons, tu aimes mieux ça que le sang du Christ, buveur de calice ! » Mais il continuait de boire en silence, sombre comme le bois de Limore, et froid comme un rocher de la mer, devant les excès dont il était témoin... Non, ce n'était pas un homme comme un autre que Jéhoël de la Croix-Jugan ! Quand la révolution est venue, il a été un des premiers qui aient disparu de son cloître. On raconte qu'il a passé dans le Bocage, et qu'il a tué autant de Bleus qu'il avait jadis tué de loups... Mais pourquoi me parlez-vous de l'abbé de la Croix-Jugan, ma fille ?... interrompit la Clotte, en laissant là ses souvenirs, vers lesquels elle s'était précipitée, pour revenir à la question de Jeanne le Hardouey.

— C'est qu'il est revenu à Blanchelande et qu'hier il était aux vêpres, mère Clotte, répondit Jeanne-Madelaine.

— Il est revenu ! fit avec éclat la vieille femme. Vous êtes sûre qu'il est revenu, Jeanne de Feuardent ? Ah ! si vous ne vous trompez pas, je me traînerai sur mon bâton jusqu'à l'église pour le revoir. Il a été mêlé à une mauvaise et coupable jeunesse, mais dont le souvenir me poursuit toujours. Quelquefois je crois, reprit-elle en fermant ses yeux ardents et rigides comme si elle regardait en elle-même, oui, je crois que les vices qu'on a eus vous ensorcellent, car pourquoi, moi que voilà sur le bord de ma fosse, désiré-je revoir ce Jéhoël de la Croix-Jugan ?

— D'autant que vous ne le reconnaîtriez pas, mère Clotte ! dit Jeanne. Quand vous le reverrez, on peut vous défier de dire que c'est lui. On raconte que, dans un moment de désespoir, quand il a vu les Chouans perdus, il s'est tiré d'une arme à feu dans le visage. Dieu n'a pas permis qu'il en soit mort, mais il lui a laissé sur la face l'empreinte de son crime inaccompli pour en épouvanter les autres, et peut-être pour lui en faire horreur à lui-même. Nous en avons tous tremblé hier, à l'église de Blanchelande, quand il y a paru.

— Quoi ! reprit la Clotte avec un sentiment d'étonnement, Jéhoël de la Croix-Jugan n'a plus son beau visage de saint Michel qui tue le dragon ! Il l'a perdu sous le fer du suicide, comme nous, qui l'avons trouvé si beau, nous, les mauvaises filles de Haut-Mesnil, nous avons perdu notre beauté aussi sous les chagrins, l'abandon, les malheurs du temps, la vieillesse ! Il est jeune encore, lui, mais un coup de feu et de désespoir l'a mis d'égal à égal avec nous ! Ah ! Jéhoël, Jéhoël ! ajouta-t-elle avec cette abstraction des vieillards, qui les fait parler, quand ils sont seuls, aux spectres invisibles de leur jeunesse, tu as donc porté les mains sur toi et détruit cette beauté sinistre et funeste qui promettait ce que tu as tenu! Que dirait Dlaïde [1] Malgy, si elle vivait et qu'elle te revît ?

— Qu'était-ce que Dlaïde Malgy, mère Clotte? dit Jeanne le Hardouey toute troublée, et dont l'intérêt s'accroissait à mesure que parlait la vieille femme.

— C'était une de nous et la meilleure peut-être, fit la Mauduit ; c'était l'amie de votre mère, Jeanne de Feuardent. Mais, hélas! Louisine, qui était sage, ne put sauver Dlaïde Malgy par ses conseils. La pauvre enfant se perdit, comme toutes les hanteuses du château de Haut-Mesnil, comme Marie Otto, Julie Travers, Odette Franchomme, et Clotilde Mauduit avec elles, toutes filles orgueilleuses, qui aimèrent mieux être des maîtresses de seigneurs que d'épouser des paysans, comme leurs mères. Vous ne savez pas, Jeanne de Feuardent, vous ne saurez jamais, vous qui avez été forcée d'épouser un vassal de votre père, ce que c'est que l'amour de ces hommes

---

1. *Dlaïde*, abréviation normande du nom d'*Adélaïde*. Nous l'écrivons comme on le prononce dans le pays.

(Note de l'Auteur.)

qui, autrefois, étaient les maîtres des autres, et qui se vantaient que la couleur du sang de leurs veines n'était pas la même que celle de notre sang. Allez! il était impossible d'y résister. Dlaïde Malgy l'apprit par sa propre expérience. Elle fut une des plus folles de ces folles qui livrèrent leur vertu à Sang-d'Aiglon de Haut-Mesnil et à ses abominables compagnons. Mais aussi qu'elle en fut punie! Ah! nous avons toutes été châtiées! Mais elle fut la première qui sentit la main de Dieu s'étendre comme un feu sur elle. Au sein de toutes ces perditions dans lesquelles se consumaient nos jeunesses, elle aima Jéhoël de la Croix-Jugan, le beau et blanc moine de Blanchelande, comme elle n'avait aimé personne, comme elle ne croyait pas, elle qui avait été si rieuse et si légère de cœur, qu'on pût aimer un homme, un être fait avec de la terre et qui doit mourir! Elle ne s'en cacha point. Belle, amoureuse, devenue effrontée, elle croyait facile de se faire aimer... Mais elle s'abusa. Elle fut méprisée pour sa peine. Nous n'étions pas dans les passions de ce Jéhoël, s'il en avait. Roger de la Haye, Richard de Varanguebec, Jacques de Néhou, Lucas de Lablaierie, Guillaume de Hautemer, se moquèrent de l'amour méprisé de Dlaïde. « Fais ta belle et ta fière, maintenant! disaient-ils. Tu n'as pas même su mettre le feu à la robe d'amadou d'un moine. Tu as trouvé ton maître, ton maître qui ne veut pas de toi. » Elle, exaspérée par leurs railleries, jura qu'il l'aimerait. Mais ce serment fut un parjure... Jéhoël avait des pensées qu'on ne savait pas. L'acier de son fusil de chasse était moins dur que son cœur orgueilleux, et le sang des bêtes massacrées qu'il rapportait sur ses mains du fond des forêts, il ne l'essuya jamais à nos tabliers! Nous ne lui étions rien! Un soir, Dlaïde, devant nous toutes, dans un de ces repas qui duraient des nuits, lui avoua son amour insensé... Mais, au lieu de l'écouter, il prit au mur un cor de cuivre, et, y collant ses lèvres pâles, il couvrit la voix de la malheureuse des sons impitoyables du cor, et lui sonna longtemps un air outrageant et terrible, comme s'il eût été un des Archanges qui sonneront un jour le dernier jugement! Je vivrais cent ans, Jeanne-Madelaine, que je n'oublierais pas ce mouvement formidable, et l'action cruelle de ce prêtre, et l'air qu'il avait en l'accomplissant! Pour Dlaïde, elle en tomba folle tout à fait. La pauvre tête perdue s'abandonna aux faiseuses de breuvages, qui lui donnèrent des poudres pour se faire aimer. Elle les jetait subtilement, par derrière, dans le verre du moine, à la soupée; mais les poudres étaient des menteries. Rien ne pouvait empoisonner l'âme de Jéhoël.

Tout indigne qu'il fût, Dieu gardait-il son prêtre ? ou l'Esprit des ténèbres se servait-il de l'oint du Seigneur pour mieux maîtriser le cœur de Dlaïde ?... Exemple effroyable pour nous toutes, mais qui ne nous profita pas ! Dlaïde Malgy passa bientôt pour une possédée et une coureuse de guilledou, dans tout le pays. Les femmes se signaient quand elles la rencontraient le long des chemins, ou assise contre les haies, presque à l'état d'idiote, tant elle avait le cœur navré ! D'aucuns disaient qu'elle n'était pas toujours si tranquille... et que, la nuit, on l'avait vue souvent se rouler, avec des cris, sur les *têtes de chat* de la chaussée de Broquebœuf, hurlant de douleur, au clair de lune, comme une louve qui a faim. C'était peut-être une invention que cette *dirie* de la chaussée de Broquebœuf... mais ce qui est certain, c'est que, dans le temps, quand nous allions nous baigner dans la rivière, je comptai bien des meurtrissures, bien des places bleues sur son pauvre corps, et quand je lui demandais : « Qu'est-ce donc que ça ? où t'es-tu mise ?... » elle me disait, dans son égarement : « C'est une gangrène qui me vient du cœur et qui me doit manger partout. » Ah ! sa beauté et sa santé furent bientôt mangées. La toux la prit. C'était la plus faible d'entre nous. Mais la maladie et son corps, qui se fondait comme un suif au feu, ne l'empêchèrent point de mener la vie que nous menions à Haut-Mesnil. Ce n'étaient pas des délicats que les débauchés qui y vivaient ! L'amour de la Malgy pour Jéhoël, sa maladie, sa maigreur, sa langueur, qu'elle enflammait en buvant du genièvre, comme on boit de l'eau quand on a soif, ce qui fit bientôt trembler les mains, bleuir les lèvres, perdre la voix, rien n'arrêta les forcenés dont elle était entourée. Ils aimaient, disaient-ils, à monter dans le clocher quand il brûle ! et ils se passaient de main en main cette mourante, dont chacun prenait sa bouchée, cette fille consumée, qui flambait encore par dedans, mais pas pour eux ! Ils l'ont tuée ainsi, l'infortunée ! Ça ne fut pas long... Mais pourquoi pâlissez-vous, Jeanne de Feuardent ? s'écria, en s'interrompant, Clotilde Mauduit, épouvantée du visage de Jeanne. Ah ! ma fille, Jéhoël a-t-il encore le don d'émouvoir les femmes, maintenant qu'il n'est plus le beau Jéhoël d'autrefois ? A-t-il encore cette puissance diabolique qu'on crut longtemps accordée par l'enfer à ce prêtre glacé, puisque, malgré le changement de son visage, vous pâlissez, ma fille, rien qu'à m'en entendre parler ?...

La femme des passions avait vu l'éclair souterrain qu'elles jettent parfois du fond d'une âme.

— Ai-je donc pâli ? fit Jeanne effrayée à son tour.

— Oui, ma fille, dit la Clotte, pensive devant cette pâleur, comme le médecin pénétrant devant le premier symptôme du mal caché, et, Dieu me punisse, je crois même que vous pâlissez encore !

Jeanne-Madelaine baissa les yeux et ne répondit pas, car elle sentait que la Clotte disait vrai, et que quelque chose de terrifiant et d'indicible lui étreignait le cœur et le lui tordait encore plus fort que la veille aux vêpres, à la même heure. Clouée sur l'escabeau où elle s'était assise, elle ne put pas même, elle, Jeanne la forte, relever ses paupières, lourdes comme d'un plomb mortel, vers la Clotte, qui ne parlait plus.

Maître Louis Tainnebouy, qui n'était pas un moraliste et qui regardait plus au poil de ses bœufs qu'à l'âme humaine, m'avait peint d'un mot rude et terrible, dans son patois de mots et d'idées, ce que je cherche à exprimer avec des nuances.

— Les femmes se perdent avec des histoires ! me dit-il. La vieille sorcière de la Clotte avait *écopi* sur maîtresse le Hardouey le venin de ses radoteries. A dater de ce moment, elle s'hébéta comme la Malgy, ajouta-t-il ; elle avait le sang tourné.

VIII

Ce dut être un moment solennel que le silence qui saisit tout à coup ces deux femmes, après le récit de la Clotte. La Clotte se ridant d'attention inquiète, devant la pâleur de morte qui avait enveloppé Jeanne et qui semblait s'incruster jusqu'au fond de sa chair, regardait ce visage passant au bloc de marbre, et ces pesantes paupières qui couvraient rigidement de leurs voiles opaques les yeux disparus. L'absorption en elle-même de Jeanne-Madelaine était si complète que, si elle ne se fût pas tenue droite, comme une figure de bas-relief, sur son siége sans dossier, on eût pu la croire évanouie.

La Clotte mit une de ses mains aux doigts ténus comme la serre d'un oiseau de proie, sur la paroi de glace de ce front sans sueur, sans frémissement d'épiderme, n'ayant plus rien d'humain, un vrai front de cataleptique.

— Ah ! tu es donc ici, ô Jéhoël de la Croix-Jugan ! cria-t-elle.

Cette femme exaltée avait-elle conscience de ce qu'elle disait ?... Parlait-elle de la vision intérieure qu'il y avait sous la coupole de ce front fermé, dans cette tête vivante, sous son écorce momentanée de cadavre, et qu'elle palpait curieusement de ses doigts, comme le fossoyeur d'Hamlet touchait et retournait son crâne vide!... Ou parlait-elle seulement du retour du moine de Blanchelande dans la contrée?... Quoi qu'il en pût être, cette espèce d'évocation sembla réussir, car une grande ombre se dressa dans le cadre clair de la porte ouverte, et une voix sonore répondit du seuil :

— Qui donc parle de la Croix-Jugan et peut dire, s'il l'a connu, quel est celui-là qu'on appelait autrefois Jéhoël ?

Et l'ombre épaissie devint un homme qui entra, enveloppé dans une carapousse portée de manière à lui cacher le bas du visage, comme la visière à moitié levée d'un ancien casque.

— Laquelle de vous a parlé, femmes? fit-il en les voyant là toutes les deux. Mais son regard, errant de l'une à l'autre, s'arrêta bientôt sur la Clotte.

— Clotilde Mauduit! cria-t-il, c'est donc toi? Je te cherchais et je te trouve! Je te reconnais. Les malheurs du temps n'ont donc pas aboli ta mémoire, puisque tu te rappelles l'ancien moine de Blanchelande, le Jéhoël de la Croix-Jugan...

— J'apprenais, quand vous êtes entré, que vous étiez revenu à Blanchelande, frère Ranulphe, dit la vieille femme avec un respect troublé, dû à la religion de ses souvenirs et aussi à l'ascendant surnaturel de cet homme.

— Il n'y a plus de frère Ranulphe, Clotilde ! dit le prêtre d'une voix âpre, en jetant ces paroles comme la dernière pelletée de terre sur un cercueil. Le frère Ranulphe est mort avec son ordre. Les puissants chanoines de Saint-Norbert sont finis. En venant ici, il n'y a qu'une heure, j'ai vu la statue mutilée de notre saint fondateur servir de contre-fort à la porte d'un cabaret, et les ruines de l'abbaye que je devais gouverner sont en poussière. Il y a devant toi un prêtre obscur, isolé, désarmé, vaincu, qui a répandu le sang des hommes et le sien comme l'eau, et qui n'a rien sauvé, au prix de son sang, et peut-être de son âme, de tout ce qu'il voulait sauver. Vanités folles du vouloir humain ! Il n'y a plus rien du passé, Clotilde ! Te voilà vieille, infirme, m'a-t-on dit, paralysée. Le château des Sang-d'Aiglon de Haut-Mesnil a été rasé, jusque dans le sol, par les Colonnes Infernales. Tiens, vois ! ceci est noir ! continua-t-il en frappant sa manche de sa main ; le blanc habit des Prémontrés ne brillera plus dans nos églises appauvries et esclaves. Et ceci... regarde encore ! fit-il avec un geste d'une majesté tragique, en détachant la mentonnière de velours noir qui lui cachait la moitié du visage, de quelle couleur et de quelle forme c'est-il devenu ?

L'espèce de chaperon qu'il portait tomba, et sa tête gorgonienne apparut avec ses larges tempes, que d'inexprimables douleurs avaient trépanées, et cette face où les balles rayonnantes de l'espingole avaient intaillé comme un soleil de balafres. Ses yeux, deux réchauds de pensées allumés et asphyxiants de lumière, éclairaient tout cela, comme la foudre éclaire un piton qu'elle a fracassé. Le sang faufilait, comme un ruban de flamme, ses paupières brûlées, semblables aux paupières à vif d'un lion qui a traversé l'incendie. C'était magnifique et c'était affreux !

La Clotte demeura stupéfaite.

— Eh bien ! dit-il, orgueilleux, peut-être, de l'effet que produisait toujours le coup de tonnerre de sa sublime laideur, reconnais-tu, Clotilde Mauduit, dans ce restant de torture, Ranulphe de Blanchelande et Jéhoël de la Croix-Jugan ?

Quant à Jeanne, elle n'était plus pâle. Sur sa pâleur sortaient de partout des taches rouges, un semis de plaques ardentes, comme si la vie, un instant refoulée au cœur, revenait frapper contre sa cloison de chair avec furie.

A chaque mot, à chaque geste de l'abbé, apparaissaient ces taches effrayantes. Il y en avait sur le front, aux joues. Plusieurs se montraient déjà sur le cou et sur la poitrine, et c'était à croire, à tous ces désordres de teint, que maître Tainnebouy avait raison, avec sa grossière physiologie, et qu'elle avait *le sang tourné !*

— Si, dit la Clotte, je vous reconnais, malgré tout. Vous êtes toujours le même Jéhoël, qui nous imposait, à nous toutes, dans nos folles jeunesses ! Ah ! vous autres seigneurs, qu'est-ce qui peut effacer en vous la marque de votre race ? Et qui ne reconnaîtrait pas ce que vous étiez, aux seuls os de vos corps, quand ils seraient couchés dans la tombe ?

Cette vassale idolâtre de ses maîtres, cette fille d'une société finie, disait alors la pensée de Jeanne la mésalliée, qui, depuis l'histoire du curé Caillemer, ne voyait plus dans les cicatrices de l'ancien moine que la parure faite par la guerre et le désespoir au front martial d'un gentilhomme. Ce chêne humain, dévasté par les balles à la cime, avait toujours la forte beauté de son tronc. Jéhoël n'avait perdu que les lignes muettes d'un visage superbe autrefois ; mais il s'était étendu sur ces lignes brisées une surhumaine physionomie, et, partout ailleurs qu'à la face, dans tout le reste de sa personne, l'imposant abbé se distinguait par les formes et les attitudes des anciens Rois de la Mer, de ces immenses races normandes, qui ont tout gardé de ce qu'elles ont conquis, et qui faisaient pousser, à la fin du IX⁰ siècle, ce grand cri dont l'histoire tressaille : *A furore Normanorum libera nos, Domine !*

— Oui, bon sang ne saurait mentir ; regardez à votre tour, abbé, dit la Clotte. La femme que voilà, et qui n'a pas honte d'être assise sur l'escabeau de Clotilde Mauduit, ne la reconnaissez-vous pas aux traits de son père? C'est la fille de Loup de Feuardent.

— Loup de Feuardent ! l'époux de la belle *Louisine-à-la-hache !* mort avant nos guerres civiles ! reprit l'abbé, regardant attentivement Jeanne, dont le visage n'était plus qu'écarlate du tour de gorge jusqu'aux cheveux.

L'idée de son mariage, de sa chute volontaire dans les bras d'un paysan, lui fondait le front dans le feu de la honte. Elle avait bien souffert déjà de sa mésalliance, mais pas comme aujourd'hui, devant ce prêtre gentilhomme qui avait connu son père. Heureusement pour elle, la nuit, qui venait et envahissait, en s'y glissant, la chaumière enfumée de la Clotte, la sauva du regard de l'abbé, quand la Clotte parla de son mariage avec le Hardouey et le déplora comme une nécessité cruelle et un éternel chagrin. Si le sentiment de la famille était plus fort dans Jéhoël de la Croix-Jugan que l'esprit de son sacerdoce, Jeanne n'en sut rien, du moins ce jour-là. Le prêtre laissa tomber d'austères paroles sur les malheurs de la Noblesse, mais la nuit empêcha de voir le dédain ou la condamnation de l'homme de race, au blason pur, se mouler dans ces traits tatoués par le plomb, le feu et la cendre, et ajouter les froides horreurs du mépris à leurs autres épouvantements. Dans la disposition de son âme, elle n'eût pas supporté une telle vue. Ferai-je bien comprendre ce caractère ? Si on ne le comprenait pas, ce récit serait incroyable. On serait alors obligé d'en revenir aux idées de maître Tainnebouy, et ces idées ne sont plus dans la donnée de notre temps. Pour l'observateur qui s'abîme dans le mystère de la passion humaine et de ses sources, elles n'étaient pas plus absurdes qu'autre chose, mais le scepticisme d'un siècle comme le nôtre les repousserait.

Cependant l'abbé de la Croix-Jugan s'était assis chez Clotilde Mauduit avec la simplicité des hommes grandement nés, qui se sentent assez haut placés dans la vie pour ne pouvoir jamais descendre. D'ailleurs la Clotte n'était pas pour lui une vieille bonne femme ordinaire. S'il était aigle, elle était faucon. Elle représentait, à ses yeux, des souvenirs de jeunesse, ces premières heures de la vie, si chères aux caractères qui n'oublient pas, qu'elles aient été heureuses, insignifiantes ou coupables ! Puis, on était à une époque où l'infortune sociale avait mêlé tous les rangs et où la pensée politique était le seul milieu réel. La France, rouge de sang, s'essuyait. La Clotte, *aristocrate,* comme on disait alors de tous ceux qui respectaient la noblesse, aurait, sans sa paralysie, été jetée dans la maison d'arrêt de Coutances, pour, de là, être charriée à l'échafaud. L'abbé, Jeanne le Hardouey et elle parlèrent donc des temps qui venaient de s'écouler, et leurs âmes passionnées vibrèrent toutes trois à l'unisson. La Clotte avait des rancunes plus grandes peut-être que celles du terrible défiguré qui était là devant elle, et dont le visage avait été si atrocement déchiré par les Bleus.

— Ils vous ont bien fait du mal, lui dit-elle ; mais moi, qui les bravais, eux et leur guillotine, et qui n'ai jamais voulu porter leur livrée tricolore, faites état qu'ils ne m'ont pas épargnée ! Ils m'ont prise à quatre, un jour de décade, et ils m'ont *tousée* sur la place du marché, à Blanchelande, avec les ciseaux d'un garçon d'écurie qui venait de couper le poil à ses juments.

Et cet outrage rappelé creusa la voix de la vieille, et donna à ses yeux pers l'expression d'une indéfinissable cruauté.

— Oui, reprit-elle, ils se mirent à quatre pour faire ce coup de lâches! et, quoique je n'eusse déjà plus l'usage de mes jambes, ils furent obligés de me lier, avec la corde d'un licou, au poteau où l'on attache les chevaux pour les ferrer. J'avais bien aimé et choyé mon corps, mais la maladie et l'âge l'avaient brisé. Qu'étaient, pour moi, quelques poignées de cheveux gris de plus ou de moins? Je les vis tomber, l'œil sec et sans mot dire; mais je n'ai jamais oublié le son clair et le froid des ciseaux contre mes oreilles, et cela, que j'entends et je sens toujours, m'empêcherait, même à l'article de la mort, de pardonner.

— Ne te plains pas, Clotilde Mauduit, ils t'ont traitée comme les rois et les reines! dit ce singulier prêtre, qui avait le secret de consoler par l'orgueil les âmes ulcérées, comme s'il avait été un ministre de Lucifer, au lieu d'être l'humble prêtre de Jésus-Christ.

— Et je ne me plains pas non plus, fit-elle fièrement, j'ai été vengée! Tous les quatre sont morts de male mort, hors de leur lit, violemment et sans confession. Mes cheveux ont repoussé plus gris et ont couvert l'injure faite au front de celle qu'à Haut-Mesnil vous appeliez l'Hérodiade. Mais le cœur outragé est resté plus *tonsé* que ma tête. Rien n'y a repoussé, rien n'y a effacé la trace de l'injure ressentie, et j'ai compris que rien n'arrache du cœur la rage de l'offense, pas même la mort de l'offenseur.

— Et tu as raison, dit sombrement le prêtre, qui aurait dû, à ce qu'il semblait, faire couler l'huile d'une parole miséricordieuse sur cet opiniâtre ressentiment, et qui ne le faisait pas ; ce qui, par parenthèse, démentait bien un peu l'idée de cette grande pénitence et de cet édifiant repentir dont avait parlé le curé Caillemer la veille, au repas du soir, chez maître Thomas le Hardouey.

. . . .

Ce soir-là on attendit Jeanne-Madelaine au Clos. Elle était régulière dans ses habitudes et ordinairement toujours rentrée avant son mari. Ce soir-là, par exception, ce fut le mari qui rentra le premier à la maison. On ne vit point maîtresse le Hardouey assister au repas de ses gens, et on entendit maître Thomas demander plusieurs fois où donc sa femme était allée. Plus étonné qu'inquiet, cependant, il se mit à table, après un quart d'heure d'attente prolongée. C'est à ce moment qu'elle rentra.

— Vous êtes bien désheurée, Jeanne, fit le Hardouey, en l'apercevant et pendant qu'elle ôtait ses sabots dans l'angle de la porte.

— Oui, dit-elle, la nuit nous a surpris chez

la Clotte, et elle est si noire, que nous avons perdu deux fois notre route en venant.

— Qui, vous? répondit le Hardouey très-naturellement.

Elle hésita; mais, surmontant une répugnance que nous connaissons tous, quand il s'agit de prononcer tout haut le nom que nous lisons éternellement dans notre pensée, et dont les syllabes nous effrayent, comme si elles allaient trahir notre secret, elle ajouta :

— Moi et cet abbé de la Croix-Jugan, dont nous parlait hier monsieur le curé, et qui est venu chez la Clotte, pendant que je m'y trouvais.

Elle avait posé sa pelisse sur une chaise, et elle s'assit en face de son mari, qui devint soucieux. Elle n'avait pas perdu les couleurs foncées que la vue de Jéhoël avait étendues sur son visage.

— Il m'a quittée au bout de l'avenue, ajouta-t-elle ; je l'ai prié d'entrer chez nous, mais il m'a refusée...

— Comme moi, hier, dit le Hardouey avec amertume. Sans doute, il s'en allait encore chez la comtesse de Montsurvent.

L'ironie haineuse de l'homme du peuple qui se croit dédaigné grinçait dans ce peu de paroles. Elles trouvèrent un triste écho dans le cœur de Jeanne, car elle aussi pensait au dédain du prêtre, et elle en souffrait d'autant plus qu'il lui paraissait légitime.

La haine se pressent comme l'amour. Elle est soumise aux mêmes lois mystérieuses. L'ancien jacobin de village, l'acquéreur des biens d'Église, maître le Hardouey, avait senti, à la première vue, que le moine dépouillé, le chef de Chouans vaincu, cet abbé de la Croix-Jugan que les événements ramenaient à Blanchelande, devait être toujours son ennemi, son ennemi implacable, et que les pacifications politiques en avaient menti dans le cœur des hommes.

Il ne disait rien, mais il coupa au chanteau un morceau de pain, qu'il tendit à sa femme avec un mouvement dont la brusquerie agitée et farouche aurait épouvanté un être plus faible et d'une imagination plus nerveuse que Jeanne de Feuardent.

Maître Thomas le Hardouey n'aimait pas de voir sa femme aller chez la Clotte, sur laquelle il partageait toutes les opinions du pays. Il fallait le caractère de Jeanne et l'empire de ce caractère sur un homme grossièrement passionné comme le Hardouey pour qu'il supportât les visites que sa femme faisait à cette vieille, qui n'était bonne, pensait-il, qu'à monter la tête à une femme sage, et il n'en parlait jamais qu'avec une rancune concentrée.

— Ah! la vieille Clotte, c'est une Chouanne,

dit-il, et c'est trop juste qu'un ancien chef de Chouans aille la visiter, dès son débotté dans le pays ! Elle en a caché plus d'un dans ses couvertures, la vieille gouge ! et les chouettes ne s'abattent que sur l'arbre où d'autres chouettes ont déjà perché. — Mais comme Jeanne prenait cet air sévère qui lui imposait toujours : — Vous aussi, Jeannine, ajouta-t-il en riant d'un air faux, vous êtes un petit brin aristocrate ; c'est de souche chez vous, et vous ne vous plaisez que trop avec des gens comme cette vision de Bréha de la Clotte et ce nouveau venu d'abbé.

— Ils ont connu mon père, fit gravement Jeanne. Ce mot produisit l'effet qu'il produisait toujours entre eux, un silence. Le nom de son père était comme un bouclier sacré que Jeanne-Madelaine dressait entre elle et son mari, et qui la couvrait tout entière ; car, si ennemi des nobles qu'il fût, comme tous les hommes d'extraction populaire qui ne haïssent la noblesse que par vanité ou par jalousie, Thomas le Hardouey était très-flatté, au fond, d'avoir épousé une fille de naissance ; et le respect qu'elle avait pour la mémoire de son père, malgré lui, il le partageait.

Du reste, ce jour-là et les jours suivants, il ne fut question au Clos, ni de l'abbé de la Croix-Jugan ni de la Clotte. On n'en parla plus. Jeanne-Madelaine enferma ses pensées dans son tour de gorge, dit Tainnebouy, et continua de s'occuper de son ménage et de son *faire-valoir* comme par le passé. Les mois s'écoulèrent : les temps des foires vinrent et elle y alla. Elle se montra enfin la même qu'elle avait été jusqu'alors et qu'on l'avait toujours connue. Elle était si forte ! Seulement le *sang qu'elle avait tourné*, croyait maître Tainnebouy, parla pour elle ! Il lui était monté du cœur à la tête le jour où elle avait rencontré l'abbé de la Croix-Jugan chez la Clotte, et jamais il n'en redescendit. Comme une torche humaine, que les yeux de ce prêtre extraordinaire auraient allumée, une couleur violente, couperose ardente de son sang soulevé, s'établit à poste fixe sur le beau visage de Jeanne-Madelaine. « Il semblait, monsieur, me disait l'herbager Tainnebouy, qu'on l'eût plongée, la tête la première, dans un chaudron de sang de bœuf. » Elle était belle encore, mais elle était effrayante tant elle paraissait souffrir ! Et la comtesse Jacqueline de Montsurvent ajoutait qu'il y avait des moments où, sur la pourpre de ce visage incendié, il passait comme des nuées, d'un pourpre plus foncé, presque violettes, ou presque noires ; et ces nuées, révélations d'affreux troubles dans ce malheureux cœur volcanisé, étaient plus terribles que toutes les pâleurs! Hors cela, qui touchait à la maladie, et qui finit par inquiéter maître Thomas le Hardouey et lui faire consulter le médecin de Coutances, on ne sut rien, pendant bien longtemps, du changement de vie de Jeanne-Madelaine ; et, cependant, cette vie était devenue un enfer caché, dont cette cruelle couleur rouge qu'elle portait au visage était la lueur.

IX

En 1611, un prêtre de Provence, nommé Louis Gaufridi, fut accusé d'avoir ensorcelé une jeune fille. Cette fille était noble et s'appelait Madelaine de la Palud. La procédure du procès existe. On y trouve détaillés des faits de possession aussi nombreux qu'extraordinaires. La science moderne, qui a pris connaissance de ces faits, et qui les explique ou croit les expliquer, ne trouvera jamais le secret de l'influence d'un être humain sur un autre être humain dans des proportions aussi colossales. En vain prononce-t-on le mot d'amour. On veut éclairer un abîme par un second abîme qu'on creuse dans le fond du premier. Qu'est-ce que l'amour? Et comment, et pourquoi naît-il dans les âmes?

Madelaine de la Palud, qui appartenait à la société éclairée de son époque, déposa que Gaufridi l'avait ensorcelée, seulement en lui soufflant sur le front. Gaufridi était jeune encore, il était beau, il était surtout éloquent. Shakespeare a écrit quelque part : « Je mépriserais l'homme qui, avec une langue, ne persuaderait pas à une femme ce qu'il voudrait. » Et, d'ailleurs, que les motifs de l'abbé Gaufridi fussent d'un fanatique, d'un insensé ou d'un homme qui faisait habilement servir le diable à ses passions ; qu'ils fussent purs ou impurs, qu'importe ! il avait *voulu* exercer une action énergique sur Madelaine de la Palud, et on sait la magie invincible, le coup de baguette de la volonté ! Mais l'abbé de la Croix-Jugan était, comme il le disait lui-même, un restant de torture ; il effrayait et tourmentait le regard. Il ne *voulait* pas, il n'a jamais *voulu* inspirer à Jeanne de la haine ou de l'amour. La comtesse de Montsurvent m'a juré ses grands dieux que, malgré les bruits qui coururent, et dont maître Louis Tainnebouy avait été pour moi l'écho, elle le croyait parfaitement innocent du malheur de Jeanne. Seulement, ce que la vieille comtesse croyait savoir, parce qu'elle avait connu l'ancien moine, les gens de Blanchelande l'ignoraient, et c'est surtout ce qu'on ne comprend pas qu'on explique. L'esprit humain se venge de ses ignorances par ses erreurs.

D'un autre côté, la vie de l'abbé de la Croix-Jugan prêtait merveilleusement aux imaginations étrangères. Il avait, ainsi que l'avait dit Barbe Causseron, la servante du curé, fieffé la maison du bonhomme Bouët, auprès des ruines de l'Abbaye, et il y vivait solitaire comme le plus sauvage hibou qui ait jamais habité un tronc d'arbre creux. Le jour, on ne l'apercevait guère qu'à l'église de Blanchelande, enroulé, comme le premier jour qu'on l'y vit, dans le capuchon de son manteau noir qu'il portait par-dessus son rochet, et dont les plis profonds, comme des cannelures, lui donnaient quelque chose de sculpté et de monumental. Toujours sous le coup d'une punition épiscopale pour avoir manqué aux Saints Canons et à l'esprit de son état en guerroyant avec un fanatisme qu'on accusait d'avoir été sanguinaire, il ne lui était permis ni de dire la messe ni de confesser. L'Église, qui a le génie de la pénitence, lui avait infligé la plus sévère, en lui interdisant les grandes fonctions militantes du prêtre. Il était tenu seulement d'assister à tous les offices, sans étole, et il n'y manquait jamais. Hors les jours fériés, où il venait à l'église de Blanchelande, on ne le rencontrait guère dans les environs que de nuit ou au crépuscule. Ancienne habitude de Chouan, disaient les uns ; noire mélancolie, disaient les autres ; chose singulière et suspecte, disaient à peu près tous. Quelques esprits, à qui les circonstances politiques d'alors donnaient une défiance raisonneuse, prétendaient que cet abbé-soldat, toujours dangereux, cachait des projets de conspiration et de reprise de guerre civile dans sa solitude, et que cet isolement calculé servait à voiler des absences, des voyages et des entrevues avec des hommes de son parti. *Qui a bu boira,* disaient les sages. Par exception à leur immémorial usage, peut-être que les sages ne se trompaient pas. D'un dimanche à l'autre, on voyait la petite maison de l'abbé de la Croix-Jugan, fenêtres et porte strictement fermées. Nul bruit ne se faisait entendre de l'écurie, où son cheval entier hennissait, se secouait et frappait si fort la dalle de ses pieds ferrés, quand il y était, qu'on l'entendait à trente pas de là, sur la route.

Les malins qui passaient le long de cette maison, morne et muette, se disaient tout bas avec une brusquerie cynique : « Il fait plus de pèlerinages que de prières, cet enragé moine-là ! » Mais, le dimanche suivant, les malins retrouvaient le noir capuchon dans la stalle de chêne, avec la ponctualité rigide et scrupuleuse du prêtre et du pénitent.

Or il y avait un peu plus d'un an que le mystérieux abbé menait cette vie impénétrable, quand, un soir de Vendredi Saint, après Ténèbres, deux femmes qui sortaient de l'église, et qui se dirent bonsoir à la grille du cimetière, prirent, en causant; le chemin du bourg.

L'une d'elles était Nônon Cocouan, la couturière en journée; l'autre, Barbe Causseron, la servante de l'honnête curé Caillemer. C'étaient toutes les deux ce qu'on appelle de ces langues bien pendues qui lapent avidement toutes les nouvelles et tous les propos d'une contrée et les rejettent tellement mêlés à leurs inventions de bavardes, que le diable, avec toute sa chimie, ne saurait comment s'y prendre pour les filtrer. Barbe était plus âgée que Nônon. Elle n'avait jamais eu la beauté de la couturière. Aussi, servante de curé dès sa jeunesse, à cause du peu de tentations qu'elle aurait offertes aux imaginations les moins vertueuses, elle avait le sentiment de son importance personnelle, et plus qu'avec personne, ce sentiment s'exaltait-il avec une dévote, comme l'était Nônon! « Elle approchait de MM. les prêtres, » disait Nônon avec une envie respectueuse. Ce mot-là éclairait bien leurs relations. Que n'eût-elle pas donné, Nônon Cocouan, pour être à la place de Barbe Causseron, eût-elle dû en prendre, par-dessus le marché, le bec pincé, les reins de manche à balai et le teint jaune, sec et fripé comme une *guezette*[1] de l'année dernière ! La Barbe Causseron, cette insupportable précieuse de cuisine, avait des manières si endoctrinantes de dire : « Ma fille, » à Nônon Cocouan, que celle-ci ne les eût probablement point souffertes sans cette grande position qui lui consacrait Barbe, « d'approcher MM. les prêtres, » et qui était, pour elle, la chimère, caressée dans son cœur, des derniers jours de sa vieillesse, car Nônon voulait mourir servante de curé.

— Barbe, dit Nônon avec cet air de mystère qui précède tout commérage chez les dévotes, vous qui êtes d'Église, ma très-chère fille, est-ce que notre vénérable seigneur de Coutances, a relevé de son interdiction M. l'abbé de la Croix-Jugan?

— D'abord, ma fille, il n'est pas interdit, il n'est que *suspens,* répondit la Causseron, avec un air de renseignement et de savoir qui faisait de sa coiffe plate le plus bouffon des bonnets de docteur. Mais nenni ! point que je sache, ma fille. La *suspense* est toujours *maintinte*.

---

1. Dans la langue du pays, la branche de laurier bénit qu'on rapporte chez soi le jour des Rameaux et qu'on attache à la ruelle des alcôves.   (*Note de l'Auteur.*)

Nous n'avons rien reçu de l'évêché. Il y a plus de quinze jours que le piéton n'a rien apporté au presbytère, et m'est avis que les pouvoirs, s'ils étaient remis à M. l'abbé de la Croix-Jugan, passeraient par les mains de M. le curé de Blanchelande. *Il n'y a pas là-dessus la seule difficulté!*

Et Barbe se rengorgea sur ce mot, pris au vicaire de la paroisse, qui le bredouillait et en fermait toutes ses démonstrations en chaire, quand la difficulté qu'il niait commençait de lui apparaître.

— C'est drôle alors! fit Nônon, marchant de conserve avec Barbe et comme se parlant à elle-même.

— Qui? drôle? repartit Barbe curieuse, avec un filet de vinaigre rosat dans la voix.

— C'est que, dit Nônon en se rapprochant comme si les haies des deux bords du chemin avaient eu des oreilles, c'est que j'ai vu, il n'y a qu'un moment, maîtresse le Hardouey, qui n'était point dans son banc pendant qu'on a chanté Ténèbres, se glisser dans la sacristie, et je suis *sûre et certaine* qu'il n'y avait dans la sacristie que M. l'abbé de la Croix-Jugan.

— Vous vous serez trompée, ma fille, répondit Barbe compendieusement et les yeux baissés avec discrétion.

— Nenni, fit Nônon, je l'ai parfaitement vue

et comme je vous vois, Barbe. J'étais toute seule dans la nef, et ce qui est resté de monde après Ténèbres priait au sépulcre. Les deux confessionnaux de la chapelle de la Vierge et du bas de l'église étaient pleins. Vous savez qu'il y en a un autre tout vermoulu auprès des fonts, qui servait dans le temps à feu le curé de Neufménil, quand il venait confesser ses *pratiques* à Blanchelande. Le *custô*[1] y renferme à présent des bouts de cierges brûlés et les chandeliers de cuivre qui ont été remplacés par les chandeliers d'argent. Eh bien! sur mon salut éternel, croyez-le si vous voulez maintenant, maîtresse le Hardouey est sortie de là, bien enveloppée dans sa pelisse, et a gagné tout doucement, à petits pas et en chaussons, par la contre-allée, le chœur de l'église, où M. l'abbé de la Croix-Jugan faisait sa méditation dans sa stalle, et, *pour lors,* il s'est levé et ils s'en sont allés dans la sacristie tous les deux.

— Si vous êtes bien sûre de l'avoir vue, reprit Barbe, qui ne voulait pas nier une minute de plus ce qu'elle grillait d'envie de croire vrai, je dis comme vous, Nônon, que

1. Le *custô* (patois). C'est le nom que dans les villages du fond de la Manche on donne au sacristain, et nous l'avons écrit comme on le prononce. *(Note de l'auteur.)*

c'est un peu étonnant, ça ! Car quelle affaire peut avoir maîtresse le Hardouey avec l'abbé de la Croix-Jugan, qui ne confesse pas et qui ne parle pas à trois personnes, en exceptant M. le curé ?

— Vère ! dit Nônon. C'est la pure vérité ce que vous dites. Mais voulez-vous que de trois personnes *à qui il parle,* je vous en nomme deux auxquelles il *cause* p'us souvent p'-têtre que vous ne pensez ?

Barbe s'arrêta dans le chemin, et regardant Nônon comme une vieille chatte qui regarde une jatte de crème :

— Vous êtes donc instruite ? fit-elle avec une papelardise ineffable.

— Ah ! ma chère dame Barbe, s'écria Nônon, je suis couturière à la journée. Je n'ai pas, comme vous, le bonheur, et l'honneur, ajouta-t-elle en parenthèse ravisée, de rester dans un presbytère, toute la semaine des sept jours du bon Dieu, à soigner le dîner de MM. les prêtres et à raccommoder les effets de M. le curé. Il faut que je me lève matin et que je revienne tard à Blanchelande. Je suis obligée de trotter partout, dans les environs, pour de l'ouvrage, et voilà pourquoi je sais et j'apprends bien des choses que vous, avec tous vos mérites, ma chère et respectable fille, vous ne pouvez réellement pas savoir.

— Est-ce que vous avez appris quelque chose, dit Barbe que la curiosité démangeait et commençait de cuire, ayant rapport à maîtresse le Hardouey et à l'abbé de la Croix-Jugan ?

— Oh! rien du tout! répondit Nônon, qui aimait, au fond, Jeanne-Madelaine, mais qui cédait au besoin de commérer ancré au cœur de toutes les femmes; seulement l'abbé de la Croix-Jugan et maîtresse le Hardouey se connaissent plus qu'ils ne paraissent; c'est moi qui vous le dis! L'abbé, qui est un ancien Chouan et un seigneur, ne met pas, bien entendu, le bout de son pied chez un acquéreur de biens d'Église, comme ce le Hardouey ; mais il voit Jeanne-Madelaine, qui est une Feuardent, une fille de condition, chez la vieille Clotte. Et c'est bien souvent qu'il y va et qu'il l'y rencontre, m'a conté la petite Ingou, qu'on envoie à l'école, dès qu'ils arrivent, ou à jouer aux *callouets* toute seule au fond du courtil.

— Chez la vieille Clotte! fit Barbe Causseron, atroce comme une fille qui, pendant toute sa vie, n'a jamais senti le cruel bonheur d'avoir un cœur aimé du sien, et à qui la faute et la douleur n'ont point appris la miséricorde. Chez cette *Marie-je-t'en-prie,* malade de ses vices! joli lieu de rendez-vous pour un prêtre et une femme mariée! Pas possible, ma chère : ce serait une chose trop affreuse, par exemple! Je ne la croirai, celle-là, que quand je l'aurai vue. *Il n'y a pas sur ça la seule difficulté.*

— Mon Dieu, Barbe, repartit Nônon, qui était bonne, elle, comme un reste de belle fille indulgente ; le mal n'est pas si grand, après tout ! On ne peut pas avoir de mauvaises pensées sur cet abbé, qui ferait plus peur qu'autre chose à une femme, avec son visage dévoré.. Jamais, au grand jamais, on n'a rien dit de Jeanne. Sa réputation est nette comme l'or. Et pourtant, il y a eu bien des jeunes gens amoureux d'elle, soit ici, à Blanchelande, soit à Lessay ! Si donc ils se voient chez la Clotte c'est qu'il y a peut-être là-dessous quelque manigance de chouannerie. La Clotte a été suspectée d'être une Chouanne dans le temps, et vous vous rappelez qu'ils l'ont *tousée,* comme on disait alors, sur la place du Marché. Ils croient pouvoir se fier à elle pour quelque chose qui tient à c'te chouannerie, mais il n'y a pas d'autre mal que ça à penser, bien sûr !

— C'est égal, dit la Causseron, restée défiante, quoiqu'elle ne trouvât pas de réponse au raisonnement très-sensé de Nônon, je dois avertir M. le curé, tout de même. Si c'est ce que vous dites, la sacristie de l'église de Blanchelande ne doit pas être un nid à Chouans qui se cachent. Et d'ailleurs, pourquoi toute cette chouannerie qui n'a que trop duré, maintenant que les églises sont rouvertes et que nous r'avons nos curés ? Ce prêtre m'a toujours *épeurée,* fit-elle ; on dit de lui bien des choses terribles. Il ferait mettre à sac tout Blanchelande avec ses comploteries contre le gouvernement. S'il était vraiment pénitent, depuis le temps, monseigneur l'Évêque lui aurait remis ses pouvoirs de confesser et de dire la messe. Il faut qu'il soit bien enragé, au contraire, puisqu'il entraîne une femme comme maîtresse le Hardouey dans son péché. Mon doux Jésus ! qu'est-ce qu'ils peuvent bien avoir fait, tous deux, dans la sacristie ? Et peut-être en ce moment qu'ils y sont encore ! Ah ! certainement j'en parlerai à M. le curé, et dès ce soir, en lui servant sa collation de jeûne. Ne m'en détournez pas. Adieu, ma fille. Je suis tenue en conscience, et sous peine de péché mortel, d'avertir M. le curé de ce qui se passe. *Il n'y pas là-dessus la seule difficulté.* — Et après avoir lâché ce flux saccadé de paroles, elle se mit à trottiner sous le vent qui la poussait, — un vent sec et froid de Semaine Sainte, — qui n'avait cessé de souffler aux jupes et au mantelet de nos deux flânières et qui emporta leurs propos par-dessus les haies. En effet, c'est à partir de cette journée qu'à Lessay et à Blanchelande, on commença de joindre ensemble les noms de Jeanne le Hardouey et de l'abbé de la Croix-Jugan.

Nônon Cocouan ne s'était pas trompée. Elle avait très-bien vu Jeanne le Hardouey entrer dans la sacristie de l'église de Blanchelande et elle avait très-bien deviné, avec son bon sens dépourvu de malice, « que quelque chouannerie couvait là-dessous. » C'était de cela qu'il retournait, en effet. L'abbé de la Croix-Jugan faisait depuis plus de six mois servir Jeanne le Hardouey à ses desseins. Il la voyait fréquemment chez la Clotte. Il avait jugé sans doute, avec ce regard suraigu des hommes appelés à gouverner les autres hommes, — car, d'après toutes les observations de la comtesse de Montsurvent, il était de cette race-là, — le profit qu'il pouvait tirer de Jeanne-Madelaine. Mariée comme elle l'était à un cultivateur-herbager, elle pouvait, sous prétexte d'aller au marché de Coutances et aux foires du pays, porter des lettres, des informations, des signaux convenus aux chefs du parti royaliste cachés ou dispersés dans les environs. Qui aurait suspecté une femme dans la position de Jeanne, laquelle continuait de faire, et sans plus, ce qu'elle avait fait toute sa vie? D'un autre côté, par la nature ferme de son âme, par le souvenir ardent et fier de sa naissance, par l'humiliation de son mariage, par les sentiments nouveaux et extraordinaires qu'il voyait en elle et qui entr'ouvraient, de temps en temps, ce masque rouge de sang extravasé, que les révoltes d'un cœur trop concentré avaient moulé sur son visage, Jeanne offrait à l'abbé de la Croix-Jugan un instrument que rien ne fausserait, et il l'avait saisi comme tel. Ce Jéhoël qui, à dix-huit ans, était resté muet et indifférent à l'amour sauve et sans frein d'Adélaïde Malgy, le moine blanc et pâle, qui semblait l'archange impassible de l'orgie, tombé du ciel, mais relevé au milieu de ceux qui chancelaient autour de lui, devait être un de ces hommes mauvais à rencontrer dans la vie pour les cœurs tendres qui savent aimer. C'était une de ces âmes tout en esprit et en volonté, composées avec un éther implacable, dont la pureté tue, et qui n'étreignent, dans leurs ardeurs de feu blanc comme le feu mystique, que des choses invisibles, une cause, une idée, un pouvoir, une patrie ! Les femmes, leurs affections, leur destinée, ne pèsent rien dans les vastes mains de ces hommes, vides ou pleines des mondes qui les doivent remplir. Or, par cela même qu'il était tout cela, Jéhoël ne pouvait-il donc pas, dans l'intérêt de la cause à laquelle il s'était dévoué, et quoique prêtre, et quoiqu'il n'eût pas voulu inspirer à Jeanne une passion coupable, souffler de ses lèvres de marbre dans la forge allumée de ce cœur qui se fondait pour lui, malgré sa force, comme le fer finit par devenir fusible dans la flamme ?

Car, il faut bien le dire, il faut bien lâcher le grand mot que j'ai retardé si longtemps : Jeanne-Madelaine aimait d'amour l'abbé Jéhoël de la Croix-Jugan. Que si, au lieu d'être une histoire, ceci avait le malheur d'être un roman, je serais forcé de sacrifier un peu de la vérité à la vraisemblance, et de montrer au moins, pour que cet amour ne fût pas traité d'impossible, comment et par quelles attractions une femme bien organisée, saine d'esprit, d'une âme forte et pure, avait pu s'éprendre du monstrueux défiguré de la Fosse. Je me trouverais obligé d'insister beaucoup sur la nature virile de Jeanne, de cette brave et simple femme d'action, pour qui le mot familièrement héroïque : « Un homme est toujours assez beau quand il ne fait pas peur à son cheval, » semblait avoir été inventé. Dieu merci, toute cette psychologie est inutile. Je ne suis qu'un simple conteur. L'amour de Jeanne, que je n'ai point à justifier, qu'il fût venu à travers l'horreur, à travers la pitié, à travers l'admiration, à travers vingt sentiments, impulsions ou obstacles, possédait le cœur de cette femme avec la furie d'une passion qui, comme la mer, a dévoré tout ce qui barrait son passage, et cet amour, auquel avait résisté longtemps Jeanne-Madelaine, commençait enfin d'apparaître aux yeux les moins clairvoyants. Extraordinaire même pour ceux à qui la réflexion enseigne quelle aliénation de toutes les facultés humaines est l'amour, que ne dut-il pas être pour les esprits qui entouraient Jeanne, pour tous ces paysans cotentinais parmi lesquels elle vivait ! A ses propres yeux même, Jeanne-Madelaine dut pendant longtemps — ainsi qu'on l'a cru et qu'on le croyait encore du temps de maître Tainnebouy — être ensorcelée. La prédiction menaçante du berger s'était peu à peu enfoncée dans son âme. D'abord elle en avait bravé et insulté l'influence, mais la force de ce qu'elle éprouvait l'y fit croire. Autrement elle n'aurait rien compris à tout ce qui se passait en elle. Quand elle pensait à l'objet de son amour : « Suis-je dépravée ? » se disait-elle ; et ce doute rendait son amour plus profond... plus marqué du caractère de la bête dont il est parlé dans l'Apocalypse, et qui, pour les âmes, est le sceau de la damnation éternelle. L'histoire de la Malgy ne lui sortait point de la pensée ; elle se croyait réservée à une fin pareille ; mais, d'une autre trempe que cette fille violente et faible, elle s'était *imposé le devoir* de cacher la passion qui la minait et de ne révéler à personne l'énigme cruelle de sa vie. Illusion commune aux âmes fortes ! On croit pouvoir cacher la folie de son cœur, et, de fait, on la dissimule pendant un laps de temps qui use la vie ; mais tout à coup voilà que la honteuse folie a paru ; voilà que tout le monde en parle et que chacun s'en récrie, sans qu'on sache même comment pareille chose a pu arriver !

Et pour Jeanne, ce moment-là était venu. A dater de cette première révélation faite à la servante du curé Caillemer par Nônon Cocouan, des bruits vagues, un mot dit par-ci et par-là, des souffles plutôt que des mots, mais des souffles qui vont tout à l'heure devenir un orage, commencèrent à circuler sur la pauvre Jeanne. D'abord on parla, comme Nônon, de chouannerie... Mais, comme le pays resta tranquille, comme l'abbé de la Croix-Jugan ne fit aucune démonstration extérieure qui prouvât que le chef de Chouans, toujours soupçonné en lui, malgré son attitude de pénitent, vivait et agissait, on perdit peu à peu l'idée qu'on avait eue d'abord pour expliquer les espèces de relations qui existaient entre lui et maîtresse le Hardouey. La cause royaliste était, en effet, désespérée, et les efforts de cette âme à la Witikind qui respirait sous le capuchon ténébreux de l'ancien moine n'aboutirent jamais à réveiller autour de lui les âmes lassées des gentilshommes, ses compagnons d'armes. Les jours tombant les uns sur les autres sans amener d'événement, et les entrevues chez la Clotte entre l'abbé de la Croix-Jugan et Jeanne restant aussi fréquentes que par le passé, on vit des étonnements qui avaient l'air sournois des soupçons. « Ma foi, disaient beaucoup de bonnes têtes, maîtresse le Hardouey a beau être une fille de condition, une demoiselle de Feuardent, et l'abbé de la Croix-Jugan, une face criblée et couturée, pire que si toutes les petites véroles de la terre y avaient passé... le diable est bien malin, et si j'étais maître Thomas, je ne me soucierais guère des accointances de ma femme avec ce prêtre qui, malgré ses airs d'aujourd'hui, n'a jamais beaucoup tenu à sa robe, puisqu'il s'est défroqué si vite pour aller aux Chouans. » Ces sortes de réflexions, faites en passant, finirent par acquérir une consistance qu'involontairement la malheureuse Jeanne augmenta. Elle souffrait alors des peines cruelles. Elle était arrivée à cette crise de l'amour où les épreuves du dévouement ne suffisent plus à l'apaisement du sentiment qu'on éprouve. D'ailleurs, ces preuves elles-mêmes devenaient impossibles à donner. Elle avait multiplié pendant longtemps les courses les plus périlleuses, pour le compte de cet abbé, qui ne pensait qu'à relever sa cause abattue, portant des dépêches à la faire fusiller, toute femme qu'elle fût, si elle eût été arrêtée. Quand, à Blanchelande, on la croyait à Coutances pour quelque affaire de son mari, elle était sur la côte qui n'est éloignée de

Lessay que d'une faible distance, et elle remettait elle-même aux hommes intrépides qui, comme Quintal ou le fameux Des Touches lui-même, portaient la correspondance du parti royaliste en Angleterre, les lettres de l'abbé de la Croix-Jugan. Cette vie aventureuse et qui la soutenait n'était plus possible. L'abbé avait perdu sa dernière espérance... et il avait serré autour de lui, et avec la rage qui autrefois avait armé son espingole, ce camail brûlant dans lequel il faudrait désormais mourir ! Jeanne sentait bien que même l'œil de cet homme ne la regardait plus depuis qu'il avait été obligé d'abandonner ses desseins. Avec l'élévation de son caractère, et religieuse comme elle l'était, elle dut terriblement souffrir des mouvements désordonnés qui l'entraînaient vers ce prêtre, dont l'âme était inaccessible. Elle se vit, au fond de son cœur, déshonorée ; de tels supplices ne se gardent pas éternellement enfermés sous un *tour de gorge,* comme l'avait dit maître Tainnebouy, et on ne put s'empêcher de les voir, malgré les efforts de Jeanne-Madelaine pour les cacher. Une fois aperçus, une fois cette grande question posée dans Blanchelande : « Qu'a donc cette pauvre maîtresse le Hardouey ? » Dieu sait tout ce qu'on put ajouter. Sa pure renommée était flétrie. — C'est précisément dans ce temps-là que maître Louis avait connu Jeanne.

« Monsieur, me racontait-il avec des accents que je ne puis oublier ; je vous l'ai déjà dit, depuis bien longtemps avant cette époque, l'entendement n'y était plus, et elle avait bien l'air de ce qu'elle était. J'ai vu souvent qu'on lui parlait, et elle ne vous répondait pas ; mais elle vous regardait d'un grand œil mort, comme celui d'une génisse abattue, elle qui avait eu des yeux à casser toutes les vitres d'une cathédrale ! Toute sa faisance-valoir, qui était la plus considérable du pays, ne lui était *de rien*. Elle aimait encore à monter sa pouliche et aller au marché ; mais à la maison, plus de femme, monsieur, plus de ménagère, plus de maîtresse le Hardouey, mais une arbalète rompue, une anatomie dans un coin ! Quand le Hardouey, qui n'était pas, c'est vrai, une grande sorte d'homme, mais qui l'aimait à sa manière, après tout, comme la suite ne l'a que trop prouvé, lui demandait ce qu'elle avait et pourquoi elle était comme ça, elle disait qu'elle ne savait pas ce qui lui bouillait dans la tête ; et par le bœuf de la sainte crèche ! elle était bien *fondée* à parler ainsi, car son visage avait l'air d'une fournaise, vère ! d'un four à chaux qui flambe dans la nuit ! Je suis bien souvent resté devant à songer qu'elle était perdue. Maître le Hardouey la conduisit lui-même, et à plusieurs fois, aux médecins de Coutances ;

mais les médecins ne pouvaient rien à ce qui
n'était pas une maladie d'homme ou de femme,
monsieur ! Et *à preuve* que le malin esprit était
fourré là-dedans, et qu'elle savait la griffe qui
l'avait blessée et qui la tenait, c'est que le curé
Caillemer lui conseilla de faire une neuvaine à
la bonne Vierge de la Délivrande, et que, religieuse comme elle l'avait toujours été, elle
ne voulut pas ! C'était là le dernier degré
de sortilége et de misère, monsieur : elle
ne voulait pas guérir ! Elle aimait le sort qu'on
lui avait jeté. Les uns parlaient du berger du
vieux *probytère*, les autres de l'abbé de la Croix-
Jugan, et, croyez-moi, monsieur... c'étaient de
terribles et ordes remarques qu'on faisait alors
sur maîtresse le Hardouey, à Blanchelande, au
bourg de Lessay et plus loin, — et je n'ai
jamais su bien tirer au clair ce qu'on racontait ;
mais, vrai comme nous v'là dans c'te lande,
pour qui, comme moi, nombre de fois les
vit à l'église, lui, cet abbé noir comme la
nuée dans sa stalle, et elle, rouge comme
le feu de la honte dans son banc, ne lisant
plus dans son livre de messe, debout quand
il fallait être assise, assise quand il fallait
être à genoux, il n'y a pas moyen de penser
que le maître de cette misérable ensorcelée
ait été un autre que ce prêtre, qui semblait
le démon en habit de prêtre, et qui s'en

venait braver Dieu jusque dans le chœur de son église, — sous la perche de son crucifix ! »

X

C'est à l'époque dont maître Louis Tainnebouy, le brave fermier du Mont-de-Rauville, me parlait en ces termes, qu'un soir la vieille Clotte, qui avait filé à sa porte une bonne partie de la relevée, arrêta, fatiguée, le mouvement de son rouet. Elle regarda autour d'elle et appela la petite Ingou.

— Petiote ! fit-elle.

Mais Petiote ne répondit pas. La maison de la Clotte, détruite maintenant, s'élevait à peu de pieds de terre, sur la route qui conduisait de Blanchelande au bourg de Lessay, et elle n'avait pour voisinage, à deux ou trois portées de fusil, sur le bord opposé du chemin, que la chaumière de la mère Ingou, dont la petite fille venait, chaque jour, aider la Clotte dans son pauvre ménage. Ce jour-là, cette petite, qui avait de bonne heure rangé le *fait* de la vieille Clotte, tentée par la beauté de la soirée et ces derniers rayons du soir qui conseillent le vagabondage, avait pris ses sabots sans bride à chaque main, et s'était mise à dévaler le bout de la route en pente qui conduisait chez sa mère, élevant sous ses pieds nus de ces tourbillons de poussière chers aux enfants de tous les pays. C'était pour se procurer cette joie d'enfant que la petite Ingou avait oublié de dire « qu'elle s'en allait » à la Clotte, et n'avait pas pensé à rentrer son rouet dans la maison. Or la Clotte, infirme et qui avait besoin de ses deux mains pour s'appuyer sur son bâton et gagner péniblement le fond de sa demeure, était tout à fait incapable de rentrer le rouet dont elle s'était servie une partie du jour, à son seuil... « Comment ferai-je ? » se disait-elle, quand elle aperçut, se dirigeant vers elle, maîtresse le Hardouey.

Elle venait lentement, la pauvre Jeanne. Elle ne marchait plus comme autrefois de ce pas ferme et rapide qui avait été le sien. Il y avait dans sa démarche quelque chose d'appesanti et de frappé, dont rien ne peut donner l'idée. Sa grande coiffe blanche, ce cimier de batiste qui allait si bien à sa physionomie décidée, elle ne la portait plus haut et d'un front léger. Et sans les velours noirs qui la rattachaient sous le menton, peut-être serait-elle tombée, tant la tête que cette coiffe couvrait s'inclinait maintenant sous la pensée fixe qu'elle emportait à son front, comme le taureau emporte la hache qui l'a frappé ! En voyant de loin venir cette femme dont elle avait connu naguère la beauté et surtout la force, les yeux secs de la fière Clotilde Mauduit qui avait pleuré, disait-elle, *toutes les larmes de son corps sur les ruines de sa jeunesse*, ressentirent la moiteur d'une dernière larme, la dernière goutte de la pitié. Elle savait toute l'histoire de Jeanne. Dès le premier jour, si on se le rappelle, elle avait soupçonné tout ce que ce fatal indifférent de Jéhoël, qui avait tué Dlaïde Malgy de désespoir, apporterait de malheur à la fille de Loup de Feuardent, et elle l'en avait avertie.

— Fuyez cet homme, lui avait-elle dit pendant quelque temps, avec l'espèce d'égarement qu'elle avait parfois et que Jeanne-Madelaine croyait le résultat de son caractère ardemment ulcéré et de la solitude épouvantable de sa vie ; une voix m'avertit, la nuit, quand je ne dors pas, une voix qui est la voix de Dlaïde, que si vous ne fuyez pas cet homme, il sera un jour votre destin. Ne dites pas non ! Jeanne de Feuardent ! Est-ce que la fille des gentilshommes, ces nobles époux de la guerre, aurait peur de quelques blessures sur un front qui sait les porter ? Vous n'êtes pas un de ces faibles cœurs de femme, éternellement tremblants devant des cicatrices et toujours prêts à s'évanouir dans une vaine horreur. Non, vous êtes une Feuardent ; vous descendez d'une de ces races irlandaises, m'a dit votre père, dans lesquelles on faisait baiser la pointe d'une épée à l'enfant qui venait au monde, avant même qu'il eût goûté au lait maternel. Non, ce ne sont pas les coutures de l'acier sur un visage ouvert par les balles qui pourraient vous empêcher, vous, d'aimer Jéhoël!

Jeanne ne la crut pas, ou la crut peut-être. Mais elle n'évita pas cet homme, à qui elle attachait un intérêt grandiose, idéal et passionné. Entre elle et lui il y avait, pour embellir cette face criblée, la tragédie de sa laideur même, le passé des ancêtres, le sang patricien qui se reconnaissait et s'élançait pour se rejoindre, des sentiments et un langage qu'elle ne connaissait pas dans la modeste sphère où elle vivait, mais qu'elle avait toujours rêvés. Elle vint plus souvent chez la Clotte. Il y vint aussi, et, comme je l'ai dit, il la dévoua à ses périlleux desseins. Ce fut alors que l'amour de Jeanne pour ce chef de guerre civile, grand à sa manière, comme ce Georges Cadoudal (dont on parlait beaucoup à cette époque) l'était à la sienne, se creusa et s'envenima de douleur, de honte et de désespoir ; car si le chef chouan avait un instant caché le prêtre, le prêtre reparut bien vite, sévère, glacé, imperturbable, le Jéhoël enfin dont on pouvait dire ce que sainte Thérèse disait du démon : « Le malheureux ! il n'aime pas ! » Les souffrances de Jeanne furent intolérables. Elle ne pouvait les confier qu'à la Clotte, qui lui avait prédit son malheur et raconté l'histoire de Dlaïde. C'était avec cette Paria des mépris de toute une contrée qu'elle se dédommageait des impostures courageuses de sa fierté. La Clotte, en effet, l'enthousiaste impénitente, la *Garce de Haut-Mesnil*, comme disaient les paysans de ces parages, comprenait seule cet amour, inacceptable aux âmes religieuses et tranquilles qui devraient faire l'opinion dans tous les pays.

Quant à l'abbé de la Croix-Jugan, lorsque les projets qu'il avait si opiniâtrément préparés eurent été trahis une fois de plus par la fortune de sa cause, devenu plus farouche et plus noir que jamais, il cessa de venir chez la Clotte. Il n'avait plus rien à y faire. Tout, pour lui, n'était-il pas perdu ?... Jeanne-Madelaine ne vit donc qu'à l'église l'effrayant génie de sa destinée. La religion s'était-elle ressaisie de ce prêtre, dont le sort des armes ne voulait plus ? Après avoir abdiqué l'espoir de vaincre, comme Charles-Quint l'ennui de régner, l'ancien moine de Blanchelande se faisait-il, dans son propre cœur, un cloître plus vaste et plus solitaire que celui qu'il avait quitté dans sa jeunesse, et prenait-il, dans sa froide stalle de chêne, la mesure du cercueil au fond duquel il se couchait tout vivant, en récitant sur lui-même les prières des morts ?... Qui sut jamais exactement ce qui s'agita dans cette âme ? Ce qui est incontestable, c'est que le caractère funèbre et terrible de toute la personne de l'abbé augmenta aux yeux des populations, qui l'avaient toujours regardé comme un être à part et redoutable, à mesure que la physionomie de Jeanne marqua mieux les bouleversements et les dévorements intérieurs auxquels elle était en proie, comme si plus la victime était tourmentée, plus sinistre devenait le bourreau !

Or, l'isolement dans lequel retomba volontairement le noir abbé, après la ruine de ses dernières espérances, fut la fin du courage de Jeanne. Mais la fin du courage chez la fille de Louisine-à-la-hache était encore une chose puissante. Elle était de ces natures à la Marius, qui prennent de leur sang dans leur main et le jettent en mourant contre leur ennemi, fût-ce le ciel ! Rien de lâche ou d'élégiaque n'entrait dans la composition de cette femme. Lorsque les derniers rayons du soir teignaient d'un rose mélancolique sa coiffe blanche, sur la route de Lessay, à cette heure où le jour se met en harmonie avec les cœurs déchirés, elle ne sentait rien de faible, rien de languissant, rien d'énervé en elle. La pléthore de son cœur ressemblait à la pléthore brûlante de son visage. Seulement, elle se disait, en appuyant sa main ferme sur ce cœur qui lui battait jusque dans la gorge, que le dernier bouillonnement allait en jaillir ; qu'après cela le volcan serait vide et ne fumerait peut-être plus ; et cette pensée, plus que tout le reste, troublait et appesantissait sa démarche, car elle venait de prendre la résolution définitive qui est l'acte suprême de la volonté désespérée, et qui produit sur l'âme énergique l'effet de la mise en chapelle sur le condamné espagnol.

— Ah ! vous êtes là, mère Clotte ! fit-elle d'une voix rauque et dure, la voix des grandes résolutions, en atteignant la vieille filandière, assise devant son rouet à son seuil.

— Mon Dieu ! qu'y a-t-il de nouveau, mademoiselle de Feuardent ? s'écria tout à coup la Clotte, frappée de l'air et de la voix de Jeanne. Vous n'êtes pas comme tous les jours, ce soir, quoique tous les jours soient tristes pour vous, ma noble fille. On dirait que vous allez faire un malheur. Vous ressemblez comme deux gouttes d'eau à l'image de la Judith qui tua Holopherne, que j'ai à la tête de mon lit.

— Ah ! fit Jeanne avec une exaltation farouche et ironique ; attendez, mère Clotte, je n'ai pas encore du sang sur les mains, pour me comparer à une tueuse ; je n'en ai encore qu'à la figure et c'est le mien, qui me brûle, mais qui ne coule pas... S'il eût coulé depuis qu'on l'y voit, je serais plus heureuse : je serais morte et à présent tranquille, comme Dlaïde Malgy, qui dort si bien dans sa tombe, là-bas ! ajouta-t-elle en tendant son bras qui tremblait vers la haie, par-dessus laquelle on voyait le toit bleu du clocher de Blanchelande, rongé par les violettes vapeurs du soir. Non, ne me comparez pas à Judith, mère Clotte ! Ne disent-ils pas que l'esprit de Dieu était en elle ? C'est l'esprit du mal qui est en moi ! et il y est si fort ce soir, cet esprit du mal, connu de vous aussi, Clotilde Mauduit, dans votre jeunesse, que j'en veux finir avec la vie, avec la réserve, avec la fierté, avec la vertu, avec tout !

— Rentrons, ma fille, on pourrait nous entendre à cette porte, et on en dit assez sur vous à Blanchelande, dit la Clotte, presque maternelle.

Et la paralytique prit son bâton à côté d'elle, et, les deux mains dessus, elle passa le seuil de sa porte avec l'effort, douloureux à voir, d'une vieille couleuvre à moitié écrasée par une roue de charrette, qui traverse péniblement une ornière, et va regagner, en face, son buisson.

Jeanne-Madelaine prit le rouet et suivit la Clotte.

— Quenouille finie, dit-elle en regardant l'ouvrage qu'avait fait la vieille femme, dont la journée avait été laborieuse, fierté finie et vie finie. Tout finit donc, excepté de souffrir ? Qui sait, continua-t-elle dans une rêverie sombre et en déposant le rouet à sa place ordinaire, si le fil roulé sur ce fuseau ne servira pas à tisser bientôt le drap mortuaire de Jeanne de Feuardent ?...

— Oh ! ma pauvre enfant, dit la Clotte, qu'est-ce donc que vous avez, ce soir?

— Je m'en vais vous le dire, reprit Jeanne avec un air de mystère qui tenait du délire et du crime.

Elle s'assit sur son escabeau, auprès de la Clotte, mit son coude sur son genou et sa joue de feu dans sa main, et, comme si elle allait commencer quelque récit extraordinaire :

— Écoutez, dit-elle avec un regard fou. J'aime un prêtre ; j'aime l'abbé Jéhoël de la Croix-Jugan !

La Clotte joignit les deux mains avec angoisse.

— Hélas ! je le sais bien, fit-elle ; c'est de là que vient tout votre malheur.

— Oh ! je l'aime et je suis damnée, reprit la malheureuse, car c'est un crime sans pardon que d'aimer un prêtre ! Dieu ne peut pas pardonner un tel sacrilége ! Je suis damnée ! mais je veux qu'il le soit aussi. Je veux qu'il tombe au fond de l'enfer avec moi. L'enfer sera bon alors ! il me vaudra mieux que la vie... Lui qui ne sent rien de ce que j'éprouve, peut-être se doutera-t-il de ce que je souffre, quand les brasiers de l'enfer chaufferont enfin son terrible cœur ! Ah ! tu n'es pas un saint, Jéhoël : je t'entraînerai dans ma perdition éternelle ! Ah ! Clotilde Mauduit, vous avez vu bien des choses affreuses dans votre jeunesse, mais jamais vous n'en avez vu comme celles qui se passeront près d'ici, ce soir. Vous n'avez qu'à écouter, si vous ne dormez pas cette nuit : vous entendrez l'âme de Dlaïde Malgy crier plus fort que toutes les orfraies de la chaussée de Broquebœuf.

— Taisez-vous, Jeanne de Feuardent, ma fille ! interrompit la Clotte avec le geste et l'accent d'une toute-puissante tendresse ; et elle prit la tête de Jeanne-Madelaine et la serra contre son sein desséché, avec le mouvement de la mère qui s'empare d'un enfant qui saigne et veut l'empêcher de crier.

— Ah ! je vous fais l'effet d'une folle ! dit plus doucement Jeanne, que cette mâle caresse d'un cœur dévoué apaisa, et je le suis bien dans un sens, mais, dans l'autre, je ne le suis pas... J'ai essayé de tout pour être aimée de ce prêtre. Il n'a pas même pris garde à ce que je souffrais. Il m'a méprisée comme Dlaïde Malgy, comme vous toutes, les filles de Haut-Mesnil, qu'il a dédaignées. Eh bien ! je vous vengerai toutes. Il m'en coûtera ma part de paradis, mais je vous vengerai. Oh ! j'ai été plus folle que je ne le suis aujourd'hui, mère Clotte. Il y a six mois, je ne vous l'ai pas dit alors... je suis allée en cachette aux bergers. Je m'en étais longtemps moquée, d'eux et de leurs sortiléges, mais j'y suis allée, le front bas, le cœur bas... J'ai reconnu celui que j'avais vu sous la porte du vieux presbytère, qui m'avait fait cette menace que je n'ai jamais pu oublier. Je l'ai prié, ce mendiant, ce vagabond, ce pâtre, comme on ne doit prier que Dieu, d'avoir pitié de moi et de m'ôter le sort qu'il m'avait jeté. J'ai usé mes genoux devant lui, dans la poussière de la lande ! J'en aurais mangé, s'il l'avait voulu, de cette poussière ! Je lui ai donné mes pendants d'oreilles, ma jeannette d'or, mon *esclavage*, mon épinglette, et de l'argent, et de tout, et je lui aurais donné de mon sang pour qu'il me découvrît un moyen de me faire aimer de Jéhoël, s'il y en avait. Le misérable va-nu-pieds, après bien des refus, aiguisés par la haine et par la vengeance, a fini par me dire qu'il fallait porter une chemise sur ma poitrine, l'imbiber de ma sueur et la faire porter à Jéhoël. Le croirez-vous, mère Clotte ?... Jeanne de Feuardent n'a pas pris cela pour une injure ! Elle a cru que c'était un conseil... L'amour nous abêtit-il assez, nous autres femmes ! J'ai taillé et cousu de mes mains éperdues cette chemise et je l'ai portée sur ce corps que la seule pensée de Jéhoël baignait de feu ! je l'en ai imbibée, traversée... Je l'aurais imbibée de mon sang si le berger avait dit que c'était du sang qu'il fallait à la place de sueur. Puis, un soir que la porte de la maison de Jéhoël était entr'ouverte et que je l'avais entendu qui parlait dans son écurie avec ses chevaux, les seules créatures vivantes qu'il ait l'air d'aimer, je m'y glissai comme une voleuse et je jetai la chemise sur son lit, espérant qu'il la mettrait (la trouvant sous sa main) sans y penser. La mit-il ? je ne sais. Mais, s'il l'a mise, il n'a pas mis l'amour avec !

Hélas ! il ne m'aima pas davantage. « Il fallait qu'elle n'eût pas séché, » fit le berger en ricanant et en me retournant ce couteau dans le cœur. C'était me demander l'impossible. Le pâtureau se vengeait. Mais la taie que j'avais sur les yeux tomba. Je n'allai plus au berger. Et pourtant la crédulité me tenait toujours ! Dans toutes les foires et les marchés je consultais les tireuses de cartes. Elles ne disaient jamais qu'une seule chose, c'est que j'aimais un homme brun qui avait un *pouvoir supérieur au leur* et que cet homme brun me tuerait. Ah! j'étais déjà tuée! Est-ce que je suis cette Jeanne de Feuardent, connue jadis à Blanchelande et à Lessay? Est-ce que ce malheureux visage, affreux comme une apoplexie, dit que je suis une femme vivante?... Oui, je suis tuée. Jéhoël m'a tuée. Mais moi, je lui tuerai son âme! Je ne finirai pas comme ce misérable pigeon sans fiel de Dlaïde Malgy, qui n'a su que se rouler à des pieds d'homme et puis mourir!

Un étrange sourire passa sur les lèvres de l'ancienne odalisque des sultans de Haut-Mesnil, en entendant ce cri de la femme qui sait la force de la tentation que son péché a mise en elle.

— Insensée! fit-elle, insensée, tu ne connais donc pas encore ce la Croix-Jugan?

Et avec une force de regard et d'affirmation qui troubla Jeanne, malgré le désordre de tout son être, elle ajouta :

— Quand tu te mettrais encore plus bas que la Malgy aux pieds de cet homme, tu ne pourras jamais ce que tu veux!

— Ce n'est donc pas un homme? dit Jeanne avec un front de bronze, tant les sentiments purs de la femme, le chaste honneur de toute sa vie, avaient disparu dans les flammes d'une passion plus forte, hélas ! que quinze ans de sagesse et enflammée par dix-huit mois d'atroces combats !

— C'est un prêtre, répondit la Clotte.

— Les anges sont bien tombés ! dit Jeanne.

— Par orgueil, répondit la vieille ; aucun n'est tombé par amour.

Il y eut un moment de silence entre ces deux femmes. La nuit, chargée de ses mauvaises pensées, commença de pénétrer dans la chaumière de la Clotte.

— Il aime la vengeance, fit profondément Jeanne Madelaine, et je suis la femme d'un Bleu.

— Ce qu'il aime, qui le sait, ma fille ? répondit la Clotte, plus profonde encore. Il n'a jamais peut-être aimé que sa cause, et sa cause n'est point dans tes bras ! Ah ! s'il pouvait écraser tout ce qu'il y a de Bleus sous ton matelas, peut-être s'y coucherait-il avec toi. Oui ! même au sortir de la messe, la bouche teinte du sang de son Dieu qui le condamnerait ! Mais, à toi seule, tu n'as à lui offrir qu'un cœur qu'il dédaigne dans sa pensée de prêtre, comme une proie destinée aux vers du cercueil.

— Et si tu te trompais, la Clotte ? fit Jeanne en se levant impétueusement de son escabeau.

— Non, Jeanne de Feuardent, fit la vieille Clotte avec un geste d'Hécube, non, je ne me trompe point. Je le connais. Ne vous avilissez point pour cet homme. Gardez votre grand cœur. N'allez pas à la honte, ma fille, pour n'en rapporter que les rebuts du mépris. Et elle saisit Jeanne par le bas de son tablier de cotonnade rouge pour l'empêcher de sortir.

— Ah! la vieillesse t'a donc rendue lâche, Clotilde Mauduit! fit Jeanne exaspérée et en qui le dernier éclair de la raison s'éteignait. Quand tu avais mon âge et que tu étais amoureuse, aurais-tu tremblé devant la honte, et t'aurait-on arrêtée en te parlant de mépris?

Et elle tira brusquement son tablier qui se déchira et dont le lambeau resta dans les mains crispées de la Clotte.

Elle s'était précipitée hors de la chaumière, comme une folle qui s'échapperait de l'hôpital.

XI

Le même soir, presque à la même heure où la Clotte, assise à sa porte, avait aperçu Jeanne-Madelaine qui s'en venait vers elle, maître Thomas le Hardouey, monté sur sa forte jument d'allure, traversait la lande de Lessay. Il revenait de Coutances, où il avait passé plusieurs jours à s'entendre avec ces acquéreurs collectifs de propriétés dont l'association a porté plus tard le nom expressif de *Bande noire*. Quoiqu'il eût fait avec ses associés ce qu'on appelle de bonnes affaires, et qu'il eût lieu de se féliciter, maître Thomas le Hardouey n'avait pas cependant, ce jour-là, dans son air et sur son visage, le je ne sais quoi d'inexprimable qui fait dire en toute sûreté de conscience et de coup d'œil : « Voilà un heureux coquin qui passe ! » Il est vrai qu'il n'avait jamais eu, ainsi que maître Louis Tainnebouy, une de ces physionomies gaies et franches qui sont comme la grande porte ouverte d'une âme où chacun peut entrer.

Jamais, au contraire, plus que ce soir-là, sa figure hargneuse et froncée n'avait mieux ressemblé aux fagots d'orties et d'épines avec lesquels on bouche les trous d'une haie contre les bestiaux. Ses traits durs, hâves et *gravés*, n'étaient point adoucis par les tons de la lumière dorée et chaude d'un soleil qui disparaissait à l'horizon de la lande, comme un étincelant coureur qui l'avait traversée tout le jour. Depuis quelque temps, malgré l'état florissant d'une fortune qui s'arrondissait, maître le Hardouey nourrissait une bilieuse humeur, causée par la

santé et par la situation d'esprit de sa femme.
Il l'avait plusieurs fois menée au médecin de
Coutances, qui n'avait pas compris grand'chose
à la souffrance de Jeanne, à cet état sans nom
qui, comme toutes les maladies dont la racine
est dans nos âmes, trompe l'œil borné de l'observation
matérielle. « Qu'avait sa femme,
cette *perle des femmes ?* » comme on disait dans
le pays. Telle était l'idée fixe de maître Thomas
le Hardouey. Un jour, dans cette lande
où il cheminait, il l'avait surprise, assise par
terre, son visage, ce visage presque altier ! tout
en larmes, et pleurant comme Agar au désert.
Et, quand il l'avait interrogée, elle avait eu
un *courroux* dans lequel il la tint pour morte.
C'est alors qu'il prit le parti de ne plus lui adresser
la moindre question. Seulement, ce qu'il n'accepta
pas avec cette souterraine manière d'enrager,
qui était toute la résignation de son caractère,
ce fut de voir bientôt cette ménagère incomparable,
si vigilante et si active, se déprendre
peu à peu de tout ce qui avait rempli et dominé
sa vie, et laisser aller *tout à trac* au Clos.
Jeanne, dévorée par une passion muette, était
tombée dans une stupeur qui ressemblait presque
à un commencement de paralysie. Ajoutez
à tout cela ses visites à la Clotte, ses rencontres
chez la vieille *tousée,* comme disait le
Hardouey dans son ancien langage de jaco-

bin, avec ce Chouan dont on glosait tant dans la contrée, et enfin les propos de chacun, ramassés en miettes, à droite et à gauche, et vous aurez le secret des ennuis qui s'épaississaient sur les sourcils barrés de maître Thomas.

Il tenait assez bien le milieu de la lande et son cheval marchait d'un bon pas. Il ne voulait pas que la nuit le prît dans ces parages, alors au plus fort de leur mauvaise renommée, et dont l'aspect trouble encore aujourd'hui les cœurs les plus intrépides. Fort avancé du côté de Blanchelande, il calculait, en éperonnant sa monture, ce qui lui restait de jour pour sortir de cette étendue, après que le soleil, qui n'était plus qu'un point d'or tremblant à cette place de l'horizon où la terre et le ciel, a dit un grand paysagiste, *s'entrebaisent quand le temps est clair,* aurait entièrement disparu. La journée, qui avait été magnifique et torride, finissait sur l'océan grisâtre, sans transparence et sans mobilité, de cette lande déserte, avec la langoureuse majesté de mélancolie qu'a la fin du jour sur la pleine mer. Aucun être vivant, homme ou bête, n'animait ce plan morne, semblable à l'épaisse superficie d'une cuve, qui aurait jeté les écumes d'une liqueur vermeille par-dessus ses bords, aux horizons. Un silence profond régnait sur ces espaces que le pas de la jument d'allure et le bourdonnement monotone de quelque taon, qui la mordait à la crinière, troublaient seuls. Maître Thomas trottait, pensif, la tête plongée au creux de son estomac et le dos arrondi comme un sac de blé, lorsqu'une haleine du vent qui lui venait à la face lui apporta les sons brisés d'une voix humaine et lui fit relever des yeux méfiants. Il les tourna autour de lui, mais, de près ni de loin, il ne vit que la lande, fuyante à l'œil, qui poudroyait. Tout esprit fort que fût maître le Hardouey, ces sons humains sans personne, dans ces landages ouverts aux chimères et aux monstres de l'imagination populaire, produisirent sur ses sens un effet singulier et nouveau, et le disposèrent sans nul doute à la scène inouïe qui allait suivre. Plus il s'avançait, plus la voix s'élevait du sentier que suivait son cheval aux oreilles frissonnantes, qui titillaient et dansaient en vis-à-vis des nerfs tendus du cavalier.

La pourpre éclatante du couchant devenait d'un rouge plus âpre, et plus cette rouge lumière brunissait, plus la voix montait et devenait distincte, comme si de tels sons sortissent de terre, de même que les feux follets sortent des marais vers le soir. Ces sons, du reste, étaient plus tristes qu'effrayants. Le Hardouey les avait maintes fois entendus traîner aux lèvres des fileuses. C'était une complainte de vagabond, dont il distingua les couplets suivants :

Nous étions plus de cinq cents gueux,
Tous les cinq cents d'une bande,
C'est moi qui suis le plus heureux,
Car c'est moi qui les commande !
Mon trône est sous un buisson,
J'ai pour sceptre mon bâton,
Toure loure la,
La, la, la, la, la, la, la, la !

Je rôde par tout chemin
Et de village en village.
L'un m'donne un morcet de pain,
L'autre un morcet de fromage...
Et quelquefois, par hasard,
Un petit morcet de lard...
Toure loure la,
La, la, la, la, la, la, la, la !

Je ne crains pé, pour ma part,
De tumber dans la ruelle,
Ou que la chaleur de mes draps
Ne m'engendre la gravelle...
Je couche sur le pavé,
Ma besace à mon côté.
Toure loure la,
La, la, la, la, la, la, la, la !

Au dernier *la* de ce couplet, le Hardouey atteignait un de ces replis de terrain que j'avais, si on se le rappelle, remarqués dans ma traversée avec Louis Tainnebouy, et il avisa, très-bien cachés par ce mouvement du sol, comme une barque est cachée par une houle, trois mauvaises mines d'hommes couchés ventre à terre, comme des reptiles. Malgré la chanson de pauvre que chantait l'un d'eux et le costume qu'ils portaient, et qui est le costume séculaire des mendiants dans le pays, ce n'étaient pas des mendiants, mais des bergers. Ils avaient la vareuse de toile écrue de la couleur du chanvre, les sabots sans bride garnis de foin, le grand chapeau jauni par les pluies, le bissac et les longs bâtons fourchus et ferrés. Des liens d'une paille dorée et luisante, solidement tressée, avec lesquels ils attachaient le porc indocile par le pied ou le bœuf têtu par les cornes, pour les conduire, se tordaient autour de leur avant-bras, comme de grossiers bracelets, et ils avaient aussi de ces liens qu'ils tressaient eux-mêmes en bandoulière par-dessus leurs bissacs, et autour de leurs reins, par-dessus leur ceinture. A l'immobilité de leur attitude, à leurs cheveux blonds comme l'écorce de l'osier, à la somnolence de leurs regards vagues et lourds, il était aisé de reconnaître les pâtres errants, les lazzarones des landes normandes, les hommes du rien-faire éternel.

Quand ils entendirent derrière eux, et près d'eux, les pas du cheval de le Hardouey, qui, sans les voir, arrivait au trot sur leur groupe, le plus rapproché se leva à demi en s'aidant de son bâton, qu'il dressa, et, par ce geste, effraya la jument, qui fit un écart.

— Orvers [1] ! lui cria Thomas le Hardouey, en reconnaissant la tribu errante qu'il avait bannie du Clos, est-ce pour faire broncher la monture des honnêtes gens que vous vous couchez comme des chiens ivres sur leur passage ? Engeance maudite ! le pays ne sera donc jamais purgé de vous ?...

Mais celui qui s'était soulevé en s'appuyant sur son bâton, piqué en terre, retomba et s'accroupit sur les talons ferrés de ses sabots, en jetant sur le Hardouey un regard ouvert et fixe comme le regard d'un crapaud. C'était le pâtre rencontré par Jeanne sous la porte du vieux presbytère. Il portait une appellation mystérieuse comme lui et toute sa race. On l'appelait : « le Pâtre ». Personne, dans la contrée, ne lui connaissait d'autre nom, et peut-être n'en avait-il pas.

— Por qué que j'ne coucherions pas ichin ? répondit-il. La terre appartient à tout le monde ! ajouta-t-il avec une espèce de fierté barbare, comme s'il eût, du fond de sa poussière, pro-

---

1. Pour Orvets, patois normand.

(Note de l'Auteur.)

clamé d'avance l'axiome menaçant du Communisme moderne. Accroupi, comme il l'était, sur le talon de ses sabots, le bâton fiché dans la terre comme une lance, la lance du partage, au pied de laquelle on doit faire, un jour, l'expropriation du genre humain, cet homme aurait frappé, sans doute, l'œil d'un observateur ou d'un artiste. Ses deux compagnons, étalés sur le ventre, comme des animaux vautrés dans leur bauge ou les bêtes rampantes d'un blason, ne bougeaient pas plus que des sphinx au désert et guignaient le fermier à cheval, de leurs quatre yeux effacés sous leurs sourcils blanchâtres. Maître le Hardouey ne voyait dans tout cela, lui, que la réunion de trois pâtres indolents, insolents, sournois, une vraie lèpre humaine qu'il méprisait fort du haut de son cheval et de sa propre vigueur; car il n'avait pas froid aux yeux, maître le Hardouey, et il savait enlever un boisseau de froment sur les reins d'un cheval, aussi lestement qu'il en eût descendu sa femme dans ses cottes bouffantes ! Et c'est pourquoi ces trois fainéants, au teint d'albinos, qui, de leurs longs corps de mollusques, barraient le sentier à cet endroit de la lande, ne l'effrayaient guère... et pourtant... oui, pourtant... Était-ce l'heure ? Était-ce la réputation du lieu où il se trouvait ? Étaient-ce les superstitions qui enveloppaient ces pâtres contemplatifs, dont l'origine était aussi inconnue que celle du vent ou que la demeure des vieilles lunes ?... mais il était certain que le Hardouey ne se sentait pas, sur sa selle à pommeau cuivré, aussi à l'aise que sous la grande cheminée du Clos, et devant un pot de son fameux cidre en bouteille. Et vraiment, pour lui comme pour un autre, ce groupe blafard, à ras de terre, éclairé obliquement par un couchant d'un rouge glauque, avait, dans sa tranquillité saisissante et ses reflets de brique pilée, quelque chose de fascinateur.

— Allons ! dit-il, ne voulant que les effrayer et réagissant contre l'impression glaçante qu'ils lui causaient, allons, debout, Quatre-sous ! En route, race de vipères engourdies ! Débarrassez-moi le passage, ou...

Il n'acheva pas. Mais il fit claquer la longe de cuir qu'il avait à la poignée de son pied de frêne, et, de l'extrémité, il toucha même l'épaule du berger placé devant lui.

— Pas de jouerie de mains ! fit le pâtre, dans les yeux de qui passa une lueur de phosphore, il y a du quemin à côté, maître le Hardouey. Ne burguez pas votre quevâ sû nous ou i'vous arrivera du malheu !

Et comme le Hardouey poussait sa jument, il allongea son bâton ferré aux naseaux de la bête, qui recula en reniflant.

Le Hardouey blêmit de colère, et il releva son pied de frêne en jurant le saint Nom.

— J'n'avons pè poux de vos colères de Talbot, maître le Hardouey, dit le berger avec le calme d'une joie concentrée et féroce, car j'vous rendrons aussi aplati et le cœur aussi *bresillé* que votre femme, qui était bien haute itou, lorsque j'voudrons.

— Ma femme? dit le Hardouey troublé et qui abaissa son bâton.

— Vère! votre femme, votre moitié d'arrogance et de tout, et dont la fierté est maintenant aussi *éblaquée* que cha! répondit-il en frappant de sa gaule ferrée une motte de terre qu'il pulvérisa. D'mandez-lui si elle connaît le berger du *vieux probytère,* vous ouïrez ce qu'elle vous répondra!

— Chien de mendiant, cria maître Thomas le Hardouey, quelle accointance peut-il y avoir entre ma femme et un pouilleux gardeur de cochons ladres comme toi?...

Mais le berger ouvrit son bissac par-devant et y prit, après avoir cherché, un objet qui brilla dans sa main terreuse.

— Connaissez-vous pas cha? fit-il.

Le soir avait encore assez de clarté pour que le Hardouey discernât très-bien une épinglette d'or émaillé qu'il avait rapportée de la Guibray à sa femme et que Jeanne avait l'habitude de porter, par derrière à la calotte de sa coiffe.

— Où as-tu volé ça ? dit-il en descendant de sa jument d'allure, avec le mouvement d'un homme pris aux cheveux par une pensée qui va le traîner à l'enfer.

— Volé ! répondit le berger, qui se mit à ricaner. Vous savez si je l'ai volée, vous ! vous autres, les fils ! ajouta-t-il en se retournant vers ses compagnons, qui se prirent à ricaner aussi du même rire guttural. Maîtresse le Hardouey me l'a bien donnée elle-même, au bout de la lande, contre la Butte-aux-Taupes, et m'a assez *tourmenté-tourmenteras-tu* pour la prendre. Ah ! la fierté était partie. Elle *gimait* alors comme une pauvresse qui a faim et qui s'éplore à l'ue d'une farme. Vère, elle avait faim itou, mais de quel choine ? d'un choine [1] bénit que tout le *pouvait* des bergers n'eût su lui donner.

Et il recommença son ricanement.

Thomas le Hardouey n'avait que trop compris. La sueur froide de l'outrage qu'il fallait cacher coulait sur son visage bourrelé. Les propos qui lui étaient revenus sur sa femme, vagues, il est vrai, sans consistance, sans netteté, comme tous les propos qui reviennent, étaient donc bien positifs et bien hardis, puisque ces misé-

---

1. *Choint, pain,* normand.   (*Note de l'Auteur.*)

rables bergers les répétaient. Le choine bénit, c'était l'odieux prêtre ! Et qui l'eût cru jamais ? Jeanne-Madelaine, cette femme d'un si grand sens autrefois, avait des rapports avec ces bergers ! Elle avait eu recours à leur assistance ! Humiliation des humiliations ! Le couteau qui l'atteignait au cœur entrait jusqu'au manche, et il ne pouvait le retirer !

— Tu mens ! fils de gouge ! dit le Hardouey, serrant la poignée en cuir de son pied de frêne dans sa main crispée ; il faut que tu me prouves tout à l'heure ce que tu me dis.

— Vère ! répondit l'imperturbable pâtre, avec un feu étrange qui commença de s'allumer dans ses yeux verdâtres, comme on voit pointer un feu, le soir, derrière une vitre encrassée. Mais qué que vous me payerez, maître le Hardouey, si je vous montre que ce que je dis, c'est la pure et vraie vérité ?

— Ce que tu voudras ! dit le paysan dévoré du désir qui perd ceux qui l'éprouvent, le désir de voir son destin.

— Eh bien ! fit le berger, approchez, maître, et guettez ichin !

Et il tira encore du bissac d'où il avait tiré l'épinglette un petit miroir, grand comme la *mirette* d'un barbier de village, entouré d'un plomb noirci et traversé d'une fente qui le coupait de gauche à droite. L'étamage en était livide et jetait un éclat cadavéreux. Il est vrai aussi que les empâtements rouges du couchant devenu venteux s'éteignaient et que la lande commençait d'être obscure.

— Qu'est-ce donc que tu tiens? dit le Hardouey; on n'y voit plus.

— Buttez-vous là et guettez tout de même, fit le pâtre, ne vous lassez...

Et les autres bergers, attirés par le charme, s'accroupirent auprès de leur compagnon, et tous les trois, avec maître Thomas, qui tenait passée à son bras la bride de sa jument, laquelle reculait et s'effarait, ils eurent bientôt rapproché leurs têtes au-dessus du miroir, plongé dans l'ombre de leurs grands chapeaux.

— Guettez toujours, disait le pâtre.

Et il se mit à prononcer tout bas des mots étranges, inconnus à maître Thomas le Hardouey, qui tremblait à claquer des dents, d'impatience, de curiosité, et malgré ses muscles et son dédain grossier de toute croyance, d'une espèce de peur surnaturelle.

— Véy'ous quéque chose à cette heure? dit le berger.

— Vère! répondit le Hardouey, immobile d'attention, appréhendé, je commence...

— Dites ce que vous véyez, reprit le pâtre.

— Ah! je vois... je vois comme une salle, dit le gros propriétaire du Clos, une salle que je ne connais pas... Tiens, il y fait le jour rouge qu'il faisait tout à l'heure dans la lande et qui n'y est plus.

— Guettez toujours, reprenait monotonement le pâtre.

— Ah ! maintenant, dit le Hardouey après un silence, je vois du monde dans la salle. Ils sont deux et accotés à la cheminée. Mais ils ont le dos tourné, et le jour rouge qui éclairait la salle vient de mourir.

— Allez ! guettez, ne vous lassez, répétait toujours le berger qui tenait le miroir.

— V'là que je revois ! dit le fermier... Il brille une flamme. On dirait qu'ils ont allumé quelque chose... Ah ! c'est du feu dans la cheminée... Mais la voix de Thomas le Hardouey s'étrangla et son corps eut des tremblements convulsifs.

— Il faut dire ce que vous véyez, dit l'implacable pâtre, autrement le sort va s'évanir.

— *C'est eux*, fit le Hardouey d'une voix faible comme celle d'un homme qui va passer. Que font-ils là-bas à ce feu qui flambe ? Ah ! ils ont remué... La broche est mise et tourne...

— Et qué qu'y a à c'te broche qui tourne ?... demanda le pâtre, avec sa voix glacée, une voix de pierre, la voix du destin ! Ne vous lassez, que je vous dis... Guettez toujours, nous v'là à la fin.

— Je ne sais pas, dit le Hardouey qui pantelait, je ne sais pas... on dirait un cœur... Et Dieu me damne ! je crois qu'il vient de tressauter sur la broche, quand ma femme l'a piqué de la pointe de son couteau.

— V'ère, c'est un cœur qu'ils cuisent, fit le pâtre, et ch'est le vôtre, maître Thomas le Hardouey !

La vision était si horrible que le Hardouey se sentit frappé d'un coup de massue à la tête, et il tomba à terre comme un bœuf assommé. En tombant, il s'empêtra dans les rênes de son cheval, qu'il retint ainsi du poids de son corps, lequel était fort et puissant. Pas de doute que, sans cet obstacle, le cheval épouvanté ne se fût sauvé en faisant feu des quatre pieds, comme disait mon ami Tainnebouy ; car depuis longtemps l'ombrageux animal ressentait toutes les allures de la peur et se baignait dans son écume.

Lorsque maître le Hardouey revint à lui, il était tard et la nuit profonde. Les bergers sorciers avaient disparu... Maître le Hardouey vit un petit feu contre la terre. Était-ce un morceau d'amadou laissé derrière eux par les bergers, après en avoir allumé leurs brûle-gueules de cuivre ? Il n'eut pas le courage d'aller éteindre, de son soulier ferré, ce petit feu. Il voulut remonter à cheval, mais il chercha longtemps l'étrier. Il tremblait, le cheval aussi. Enfin, à force de tâtonnements dans ces ténèbres, l'homme enfourcha le cheval. C'était le tremblement sur le tremblement ! Le cheval, qui sentait l'écurie, emporta le cavalier comme une tempête emporte un fétu, et le Hardouey faillit casser sa bride quand il l'arrêta devant la porte de la maison, moitié forge, moitié cabaret, qui se trouvait sur le chemin, au sortir de la lande, et qu'on appelait la forge à Dussaucey dans le pays.

Le vieux forgeron travaillait encore, quoiqu'il fût près de dix heures du soir, car il avait une pacotille de fers à livrer à un maréchal de Coutances pour le lendemain.

Il a lui-même raconté qu'il ne reconnut pas la voix de le Hardouey, quand celui-ci l'appela de la porte et qu'il lui demanda un verre d'eau-de-vie. Le vieux forgeron prit la bouteille sur la planche enfumée, versa la rasade qu'on lui demandait et l'apporta à maître Thomas, qui la but avidement sans descendre de l'étrier. Le Cyclope villageois avait posé sur la pierre de sa porte un bout de chandelle grésillante et fumeuse, et c'est à cette lumière tremblotante qu'il s'aperçut que la jument de le Hardouey découlait comme un linge qu'on a trempé dans la rivière.

— A quoi donc avez-vous fourbu votre meilleure jument comme la v'là?... fit-il au propriétaire du Clos, qui ne répondit pas et qui, muet comme une statue noire, tendit, d'un air funèbre, son verre vidé pour qu'on le lui remplît encore. « C'était une pratique que maître le Hardouey, avait raconté le vieux forgeron lui-même à Louis Tainnebouy dans sa jeunesse, et il était bien un brin quinteux à la façon des grandes gens, quoiqu'il ne fût qu'un enrichi. Je lui versai une seconde *taupette,* puis une troisième... mais il les sifflait si vite qu'à la quatrième je le regardai fixement et que je lui dis : Vous soufflez, vous et la jument, comme le grand soufflet de ma forge, et vous buvez de l'eau-de-vie comme un fer rouge boirait de l'eau de puits. Est-ce qu'il vous est arrivé quelque chose à *tra* la lande, ce soir ? Mais brin de réponse. Et il sifflait toujours les taupettes tant et si bien qu'il arriva vite, de ce train-là, au fond du *bro*[1]. Quand il y fut, v'là qu'est tout, fis-je en *ricachant,* car je n'avais pas trop l'envie de rire. Son air me glaçait comme verglas. Cha fait tant, not'maître, lui dis-je. Mais il ne mit pas tant seulement la main à l'escarcelle, et il disparut comme l'éclair et comme si l'eau-de-vie qu'il avait lampée eût passé dans le ventre de

---

1. *Bro* pour *brox*, prononciation normande.
(*Note de l'Auteur.*)

son quevâ. Après tout, je n'étais pas inquiet de la dépense. J'étions gens de revue, comme on dit. Mais quand je rentrai dans la forge, j'dis à Pierre Cloud, mon apprenti, qui était à l'enclume : Dis donc, garçon ! bien sûr qu'il y a queuque malheur qui couve à Blanchelande. Tu verras, fils ! V'là le Hardouey qui rentre au Clos, aussi effaré qu'un Caïn. On jurerait qu'il porte un meurtre à califourchon sur la jointure de ses sourcils. »

XIII

Maître Thomas le Hardouey, en rentrant au Clos, n'y trouva à la place de sa femme qu'une grande inquiétude, car Jeanne-Madelaine n'était pas ordinairement si tardive. Elle manquait depuis l'*Angelus* qui sonne à sept heures du soir. Comme on pensait qu'elle s'était égarée, on avait envoyé plusieurs valets de ferme la chercher avec des lanternes dans différentes directions... Quand maître Thomas arriva dans la cour du Clos, tout le monde remarqua qu'il ne descendit pas de cheval pour demander sa femme, et que, brusquant toutes les lamentations qu'il entendait faire à ses gens, il sortit, ventre à terre, de la cour, sur la même jument qui l'avait amené, en proie à une de ces colères sombres qui mordent leurs lèvres en silence, mais qui ne disent pas leur secret.

La maison où il *la* croyait et où il parvint d'un temps de galop, plus noire que les ténèbres qui l'entouraient, avait ses volets de chêne strictement fermés, et sa porte aux vantaux épais ne laissait passer aucun liséré de lumière qui accusât la vie de la veillée à l'intérieur. Le Hardouey l'ébranla bientôt, mais en vain, des meilleurs coups de pied de frêne qu'il eût jamais donnés de sa *poigne* de Cotentinais. Il frappa ensuite aux volets comme il avait frappé à la porte. Il appela, blasphéma, maugréa, refrappa encore ; mais coups et bruits heurtaient la maison et le silence, sans les entamer l'une et l'autre. La maison résistait. Le silence reprenait plus profond, après le bruit. L'eau-de-vie et la rage bouillonnaient sous le cuir chevelu de maître Thomas. Il s'épuisait en efforts terribles. Il essaya même de mettre le feu à cette porte, ferme et dure comme une porte de citadelle, avec son briquet et de l'amadou, mais l'amadou s'éteignit. Alors une furie, comme les plus violents n'en ont guère qu'une dans leur vie, le jeta hors de lui. Cette broche qui tournait, ce cœur qui cuisait, ne quittaient pas sa pensée ; il les voyait toujours. Oui, il sentait réellement la pointe du couteau de Jeanne dans son cœur vivant, comme cela avait eu lieu dans le miroir, et il tressautait sous les coups dardés du couteau, comme ce cœur rouge tressautait au feu sur son pal! Son cheval, qu'il n'avait pas attaché, retourna tout seul au Clos.

L'eau-de-vie qu'il avait bue, peut-être, et aussi la rage impuissante, car rien ne fatigue le cerveau comme l'impossibilité de s'assouvir, le firent au bout d'une heure tomber dans un sommeil profond, une espèce de sommeil apoplectique, sur la pierre même où il s'était assis avec l'obstination d'un boule-dogue, et il dormit là, d'une seule traite, de ce sommeil sans rêve qui anéantit l'être entier. Mais vers quatre heures, cet homme de la campagne, toujours matinal, se réveilla sous le froid aigu du matin. La rosée avait pénétré ses vêtements. Il était cloué par des douleurs vives aux articulations. Quand il reprit sa connaissance, il ouvrit un œil hébété, dans lequel revenaient les flots d'une noire colère, sur cette maison où il croyait sa femme infidèle et le Chouan maudit. Chose singulière! depuis qu'il se croyait trahi par Jeanne, l'idée du Chouan étouffait en lui l'idée du prêtre, et c'était le Bleu, plus encore que le mari, qui aspirait à la vengeance. La maison du bonhomme Bouët, fieffée par l'abbé de la Croix-Jugan, apparaissait aux premiers rayons de l'aurore, comme un coffret de pierres d'un granit bleuâtre, aux lignes nettes et fortes, sans vigne alentour. Elle semblait sommeiller sous ses volets fermés, comme une dormeuse sous ses paupières. Maître Thomas recommença de frapper à coups redoublés. Il fit plusieurs fois le tour de cette maison carrée, comme une bête fauve arrêtée par un mur, qui cherche à se couler par quelque fente. Cette maison semblait un tombeau qui n'avait plus rien de commun avec la vie. C'était une ironie pétrifiée. Ah! bien souvent les choses, avec leur calme éternel et stupide, nous insultent, nous, créatures de fange enflammée qui nous dissolvons vainement auprès, dans la fureur de nos désirs, et nous concevons alors l'histoire de ce fou sacrilége, qui, dans un accès de ressentiment impie, tirait des coups de pistolet contre le ciel!

Vers cinq heures cependant, Thomas le Hardouey aperçut la femme de ménage de l'abbé de la Croix-Jugan, la vieille Simone Mahé, du bas du bourg de Blanchelande, qui se dirigeait vers la maison dont il gardait et frappait la porte. « Ah! dit-il, cette damnée porte va enfin s'ouvrir! » L'étonnement de Simone Mahé ne fut pas médiocre en voyant maître Thomas à cette place.

— Tiens, fit-elle, est-ce que vous voulez quelque chose à M. l'abbé de la Croix-Jugan, maître Thomas le Hardouey ? Il sera bien fâché de ne pas y être, mais il est parti d'hier soir pour Montsurvent.

— A quelle heure est-il parti ? dit Le Hardouey qui se rappelait l'heure où il était dans la lande et où il regardait dans le fatal miroir des bergers.

— Ma fé, il était nuit close, répondit la Mahé, et il n'avait pas l'idée de bouger de chez lui de tout le soir. Je l'y avais laissé, disant son bréviaire, au coin du feu ; mais c'est un homme si agité, et dont la tête donne tant d'occupation à son corps, qu'il m'a souvent dit : « Je ne sortirai pas ce soir, Simone, » que je l'ai trouvé parti, le lendemain, dès patron-jaquet, et la clef de la maison sous la pierre où il est convenu que j'la mettrons, pour la trouver, quand l'un des deux rentre. Seulement c'te nuit, il n'est pas parti, comme une fumée, sans qu'on le voie et sans qu'on sache où il est allé, car j'l'ai rencontré vers dix heures sur son cheval noir qui passait dans le bas du bourg. J'reconnaîtrais le pas de son cheval et sa manière de renifler quand je n'y verrais goutte comme les taupes et quand je serais aveugle comme le fils Crépin, de sorte que je me dis en moi-même : « Ça doit être M. l'abbé de la Croix-Jugan qui passe là. » Lui qui y voit dans la nuit comme un cat, car il a été Chouan, vous savez! m'a dit avec cette voix du commandement qui vous coupe le sifflet quand il parle : « C'est toi, la Simone! Mme la comtesse de Montsurvent, qui est malade vient de m'envoyer chercher et je pars! Tu trouveras la clef à la place ordinaire. » T'nez mon cher monsieur Le Hardouey, v'nez quand et moi, et regardez là... sous c'te pierre. Vous n'êtes pas un voleur, vous, et j'peux bien vous le dire... C'est là qu'il met toujours sa clef. Et vous l'voyez, la v'là qui s'y trouve. — Et en effet, elle prit une clef sous une pierre qu'elle souleva dans le petit mur de la cour, et l'ayant tournée dans la serrure, ils entrèrent tous deux, lui comme elle. Elle, pour faire son ménage accoutumé; lui, ne sachant trop à quel instinct de défiance il obéissait, mais voulant voir.

C'était la construction élémentaire de toute maison en Normandie, que la maison du bon homme Bouët, fieffée par l'abbé de la Croix-Jugan. Il y avait au rez-de-chaussée tout simplement un petit corridor, avec deux pièces l'une à droite, l'autre à gauche, faisant cuisine et salle, et, au premier étage, deux chambres à coucher. Simone Mahé et le Hardouey entrèrent dans la salle d'en bas, et quand elle eut poussé les volets de la fenêtre, le Hardouey, qui regardait autour de lui avec une investigation ardente, reconnut cette salle du miroir qui ne s'effaçait pas de sa mémoire et qu'il revoyait toujours en fermant les yeux.

— Vous êtes pâle comme la mort, dit Simone. Est-ce que vous auriez du mal chez vous, maître le Hardouey, que vous venez si matin pour parler à M. l'abbé de la Croix-Jugan? Qué qu'il y a? Auriez-vous des malades au Clos? Vous savez bien, ajouta-t-elle avec l'air mystérieux qu'on prend en parlant de choses redoutables, que M. l'abbé de la Croix-Jugan ne confesse pas. Il est *suspens*.

Mais le Hardouey n'écoutait guère le bavardage de la Mahé. Il s'était approché de la cheminée, et du bout de son pied de frêne il remuait fortement les cendres de l'âtre avec un air si préoccupé et si farouche que la Mahé commença d'avoir peur.

— Oui, dit-il, se croyant seul et parlant haut, comme dans les préoccupations terribles, v'là le feu dans lequel ils ont fait cuire mon cœur, et c'est sous ce crucifix qu'ils l'ont mangé!

Et, d'un coup de son pied de frêne, il frappa le crucifix avec furie, l'abattit et l'ayant poussé dans les cendres, il sortit en poussant des juremens affreux. La Mahé, comme elle disait, eut les bras et les jambes cassés par un tel spectacle. Elle crut que le Hardouey était la proie de quelque abominable démon. Elle se signa de terreur, mais sa peur devenant plus forte dans cette solitude, elle se hâta de s'en aller.

— Le lit n'est pas défait, dit-elle, et si je restais là toute seule plus longtemps, je crois, sur mon âme, que j'en mourrais de frayeur.

Et s'en retournant, elle rencontra la mère Ingou et sa fillette, qui toutes deux allaient laver leur pauvre linge au lavoir. Elles se souhaitèrent la bonne journée. Le lavoir n'était pas tout à fait sur la route qu'avait à suivre Simone Mahé pour regagner le bas du bourg, mais la flânerie, qui est aux vieilles femmes ce qu'est dans le nez du buffle l'anneau de fer par lequel on le mène, fit suivre à la Mahé le chemin du lavoir avec l'autre commère.

— Je sis de l'aisi, lui dit-elle; M. l'abbé de la Croix-Jugan est à Montsurvent depuis hier soir. Si vous v'lez que je vous aide, mère Ingou, je puis bien vous donner un coup de battoir.

Et elle l'accompagna moins pour l'aider quoiqu'elle ne manquât pas de l'obligeance qu'ont les pauvres gens entre eux, que pour lui raconter ce qui lui démangeait la langue, et ce qu'elle appelait la lubie de maître Thomas le Hardouey.

— En vous en venant, dit-elle, vous n'avez pas rencontré maître le Hardouey, mère Ingou?... Je l'ai trouvé, dès le réveil-minet, planté à la porte de M. l'abbé de la Croix-Jugan, plus pâle que le linge que vous avez sur le dos et les yeux tout troublés. Qu'est-ce qu'un homme sans religion, un acquéreur de biens de prêtre, un terroriste vient faire de si à bonne heure chez M. de la Croix-Jugan? que je me suis dit à mon à-part; mais, ma chère, les jambes me tremblent, rien que d'y penser? C'n'était rien que l'air qu'il avait. Il est entré avec moi dans la salle de M. l'abbé, et alors!!!...

Et elle raconta ce qu'elle avait vu, mais avec des circonstances nouvelles et plus horribles encore, écloses tout à coup sur cette langue de flânière, qui chante d'elle-même, comme les oiseaux, un langage dans lequel la responsabilité de ces pauvres diablesses (chrétiennement, il faut le croire du moins) n'est pour rien.

— Ah! dit la mère Ingou, j'crais ben qu'vous avez été épeurée! mais vous savez bien les diries, mère Mahé, sur la femme de maître le Hardouey et sur l'abbé de la Croix-Jugan. Et c'était sans doute cha qui tenait le Hardouey de si bon matin.

Alors elles ne s'arrêtèrent plus. Elles se débondèrent. Comme tout le monde à Blanchelande et à Lessay, elles recevaient l'influence des bruits qui couraient sur l'ancien moine et sur cette maîtresse le Hardouey qu'on avait vue si brillante de santé et d'entendement, et qui était tombée, sans qu'on sût même ce qu'elle avait, dans un état si digne de pitié. Elles interrogèrent l'enfant qui les suivait et qui portait le savon gris et les battoirs, sur le nombre de fois qu'elle avait vu Jeanne-Madelaine et l'abbé de la Croix-Jugan chez la Clotte, sur ce qu'ils faisaient quand ils y étaient ; mais la petite ne savait rien. L'imagination des deux vieilles ne chômait pas pour cela, et elle remplissait tous les vides qu'il y avait dans les dépositions de la jeune enfant.

C'est en commérant ainsi qu'elles arrivèrent enfin au lavoir, situé de côté sur la route, au bout d'un petit pré qui s'en allait en pente, jusqu'à ce lavoir naturel que les hommes n'avaient pas creusé et qui n'était qu'une mare d'eau de pluie, assez profonde, sur cailloutis.

— Tiens, il y a du monde déjà, si mes vieux yeux ne me trompent pas, dit la mère Ingou en entrant dans le pré ; la pierre est prise et nous allons être obligées d'espérer.

C'n'est pas une lessivière, mère Ingou, dit Simone, car en venant, j'aurions entendu le bruit du battoir.

— Nenni-da ! c'est le pâtre du vieux *probytère* qui aiguise son coutet sur la pierre du lavoir, fit la petite Ingou, dont les yeux d'émerillon dénichaient les plus petits nids dans les arbres.

— I' ne s'en ira pas donc du pays? dit la mère Mahé à sa compagnonne.

Ni l'une ni l'autre n'aimait ces bergers suspects à toute la contrée, mais la Misère unit ses enfants et de ses bras décharnés les rapproche dans la vie, comme sa fille, la Mort, étreint les siens dans le tombeau. Les bergers errants causaient moins d'effroi à des porte-haillons comme ces deux femmes qu'à ces riches qui avaient des troupeaux de vaches dont ils pouvaient tourner le lait par leurs maléfices, et des champs dont ils versaient parfois le blé dans une nuit. Parce qu'un de ces pâtres sinistres était là, au moment où elles le croyaient peut-être bien loin, elles ne s'en effrayèrent pas davantage et elles descendirent la pente du pré jusqu'à lui.

D'ailleurs, quand elles arrivèrent contre le lavoir, il avait fini d'aiguiser son couteau sur la pierre où les lavandières battent et tordent leur linge, et il l'essuyait dans les herbes.

— Vous v'nez à bonne heure, la mère Ingou, dit alors le pâtre à la bonne femme, et si vous n'avez pas paoû de tremper vot' linge dans de l'iau de mort, v'là vot' pierre ; lavez !

— Quéque vous voulez dire avec votre iau de mort, berger? dit la mère Ingou, laquelle ne manquait ni d'un certain bon sens, ni de courage. Est-ce que vous pensez nous épeurer?

— Que nenni! dit le pâtre, faites ce qui vous plaira, mais je vous dis, mè, que si vous trempez votre linge ichin, i' sentira longtemps la charogne, et même quand il sera sequié!

— V'là de vilains propos si matin, sous cette sainte lumière bénie du bon Dieu! dit la bonne femme avec une poésie naïve dont certainement elle ne se doutait pas. Laissez-nous en paix, pâtre! J'n'ai jamais vu l'iau si belle qu'à ce matin.

Et de fait, le lavoir, encaissé par un côté dans l'herbe, étincelait de beaux reflets d'agate, sous le ciel d'opale d'une aube d'été. Sa surface lisse et pure n'avait ni une ride, ni une tache, ni une vapeur. Quant à l'autre côté du lavoir, comme l'eau de pluie qui le formait n'était pas contenue par un bassin pavé à cet effet, elle allait se perdre dans une espèce de grand fossé couvert de joncs, de cresson et de nénuphars.

— Vère, reprit le berger pendant que la mère Ingou dénouait son paquet au bord du lavoir et que Simone Mahé et la petite, moins courageuses, commençaient de regarder avec inquiétude ce pâtre de malheur, planté là, debout, devant elles, — vère, l'iau est belle comme bien des choses au regard, mais au fond... mauvaise! Quand tout à l'heure j'affilais mon coutet sur c'te pierre, je m'disais: V'là de l'iau qui sent la mort et qui gâtera mon pain, et v'là pourqué vous m'avez veu l'essuyer si fort dans les herbes et le piquer dans la terre, car la terre est bienfaisante, quand vous avez dévalé le pré. Créyez-mè si vous v'lez, mère Ingou, fit-il en étendant son bâton vers le lavoir avec une assurance enflammée, mais je suis sûr comme de ma vie qu'il y a quéque chose de mort, bête ou personne, qui commence de rouir dans cette iau.

Et se courbant, appuyé sur sa gaule, vers la nappe limpide, il prit de cette eau diaphane dans sa main, et l'approchant du visage de la mère Ingou :

— Les vieilles gens sont têtues ! fit-il avec ironie. Mais si vous n'êtes pas punais, jugez vous-même, vieille mule, si cette iau ne sent pas à mâ.

— Allons donc ! dit la mère Ingou, c'est ta main qui sent à mâ, pâtre ! ce n'est pas l'iau.

Et relevant ses cottes, elle s'agenouilla près de la pierre polie et elle fit rouler dans l'eau une partie du linge qu'elle avait apporté sur son dos ; puis se retournant :

— Eh bien ! dit-elle à Simone et à sa fillette, v'zêtes donc figées ? A l'ouvrage, Petiote ! Sur mon salut, mère Mahé, j'vous créyais pus d'cœur que cha.

Et elle se plongea les bras et les mains dans cette eau fraîche comme de la rosée et qui retomba, en mille rais d'argent, autour de son battoir.

Simone Mahé et la petite fille s'approchèrent et se décidèrent à suivre son exemple, mais elles ressemblaient à des chattes qui rencontrent une mare et qui ne savent comment s'y prendre pour ne pas mouiller leurs pattes en passant.

— Et où donc qu'il est, le pâtre? fit encore la mère Ingou en regardant derrière elle entre deux coups de battoir que l'écho matinal répéta.

Toutes trois regardèrent : il n'était plus là. Il avait disparu comme s'il s'était envolé.

— Il avait donc sous sa langue du *trèfle à quatre feuilles,* qui rend invisible, car il était là tout à l'heure et il n'y est plus, dit la Mahé, visitée ce matin-là par tous les genres de terreur. Elle ressemblait à une vieille pelotte couverte d'aiguilles, et dans laquelle on en pique toujours une de plus.

— Est-ce que vous créyez à toutes ces bêtises? répondit la mère Ingou, tordant son linge dans ses mains sèches. Du trèfle à quatre feuilles!... qui en a jamais vu, du trèfle à quatre feuilles ! En v'là une idée ! A-t-on assez joqueté dans Blanchelande, quand le bonhomme Bouët est allé un jour, avec un de ces bergers qui font les sorciers, chercher de ce soi-disant trèfle et de la verveine dans la chesnaie Centsous, après minuit, au clair de la lune, et en marchant à reculons ?

— Les risées n'y font rien, dit la mère Mahé, que vère, j'y crais, au trèfle à quatre feuilles ? Et pourqué pas ? Défunt mon père, qui n'était pas déniché d'hier matin, m'a dit bien des fois qu'il y en avait...

Mais tout à coup elles furent interrompues par le rire guttural du berger. Il avait, sans qu'on le vît, tourné autour de la pièce d'eau, à moitié circulaire, et il montrait sa face blafarde par-dessus les roseaux, qui de ce côté étaient d'une certaine hauteur.

— Ohé ! ohé ! les buandières ! leur cria-t-il, guettez ichin ! et voyez si je n'avais pas raison de dire que l'iau était pourrie. Connaissez-vous cha ?

Et par-dessus le lavoir, il leur tendit un objet blanc qui pendait à sa gaule ferrée.

— Sainte Vierge ! s'écria la mère Ingou, c'est la coiffe de Jeanne le Hardouey !

— Ah ! que le bon Dieu ait pitié de nous ! ajouta Simone. Il n'y a jamais eu qu'une coiffe pareille dans Blanchelande, et la v'là ! Queu malheur ! mon Dieu ! Oh ! c'est bien certain que celle qui la portait s'est périe, et qu'elle doit être au fond du lavoir !

Et au risque d'y tomber elles-mêmes, elles se penchèrent sur sa surface et atteignirent la coiffe déchirée et mouillée qui pendillait à la gaule ferrée du berger. Elles l'examinèrent. C'était en effet la coiffe de Jeanne, son fond piqué et brodé, ses grands papillons et ses belles dentelles de Caen. Elles la touchaient, l'approchaient de leurs yeux, l'admiraient, puis se désolaient, et bientôt, mêlant la perte de la femme à la perte de la coiffe, elles se répandirent en toutes sortes de lamentations.

Quant au berger, il était entré dans l'eau jusqu'au genou, et il sondait le lavoir tout autour de lui, avec son bâton.

— Elle n'est pas de votre côté. Elle est là... cria-t-il aux trois femmes qui s'éploraient sur l'autre bord. Elle est là ! je la tiens ! je la sens sous ma gaule. Allons, mère Ingou, venez par ichin ! vous êtes la plus cœurue et la plus forte. Si je pouvais fourrer ma gaule par-dessous elle, je la soulèverais des vases du fond et l'approcherais du bord qui n'est pas bien haut de ce côté. P't-être que je l'aurions à nous deux.

Et la mère Ingou laissa la coiffe aux mains de Simone et de Petiote et courut au berger Ce que celui-ci avait prévu arriva. En s'efforçant beaucoup, il put soulever le corps de la noyée et le ranger contre le bord.

— Attendez! je la vois! dit la mère Ingou qui écarta les roseaux, et se couchant sur l'herbe et plongeant ses mains dans l'eau du fossé, elle saisit par les cheveux la pauvre Jeanne.

— Ah! comme elle pèse! fit-elle en appelant à son aide l'enfant et Simone; et, toutes les trois, elles parvinrent, avec l'aide du berger, à retirer le corps bleui de Jeanne-Madelaine et à le coucher dans l'herbe du pré.

— Eh bien! dit le berger presque menaçant, l'iau mentait-elle? A présent, êtes-vous sûre de ce que je disais, mère Ingou? Crairez-vous maintenant au *pouvait* des pâtres? Elle itou, fit-il en montrant le cadavre de Jeanne, n'y voulut pas craire et elle a fini par l'éprouver, et son mari, qui était encore plus rêche et plus mauvais qu'elle, y crait, depuis hier au soir, pus qu'au bon Dieu!

— Quéque vous v'lez dire par là, pâtre? fit la bonne femme.

— Je dis ce que je dis, répondit le pâtre. Les Hardouey avaient chassé les bergers du Clos. Les bergers se sont vengés *enui*[1]. V'là la femme nayée et l'homme...

---

1. *Aujourd'hui*, normand.   (*Note de l'Auteur.*)

— Et l'homme ?... interrompit la Mahé qui venait de quitter, il n'y avait qu'un moment, maître Thomas le Hardouey.

— L'homme, continua le berger, court à cette heure dans la campagne, comme un quêva qui a le tintouin !

Et les deux commères frissonnèrent. L'accent du pâtre était plus terrible que le pouvoir dont il parlait et auquel elles commençaient de croire, frappées qu'elles étaient de l'horrible spectacle qu'elles avaient alors sous les yeux.

— Vère, s'écria-t-il, la v'là morte, couchée à mes pieds, orde de vase ! — Et de son sabot impie il poussa ce beau corps naguère debout et si fier. — Un jour elle avait cru tourner le sort et m'apaiser en m'offrant du lard et du choine qu'elle m'eût donné comme à un mendiant, en cachette de son homme, mais je n'ai voulu rin ! rin que le sort... Un sort à li jeter ! et elle l'a eu ! Ah ! je savais ce qui la tenait, quand personne n'en avait doutance de Blanchelande à Lessay. Je savais qu'elle ferait une mauvaise fin... mais quand je repassais mon coutet ichin et que je le purifiais dans la terre, pour qu'il ne sentît pas la mort, j'ignorais que ce qui pourrissait l'iau ce fût elle. Sans cha je n'aurais pas essuyé mon *allumelle;* j'aurais toujours voulu trouver dessus le goût de la vengeance, plus fort que le goût de mon pain !

Et il prit avec des mains frissonnantes le couteau dont il parlait, dans son bissac, l'ouvrit et le plongea impétueusement dans l'eau du lavoir. Il l'en retira ruisselant, l'y replongea encore. Jamais assassin enivré ne regarda sur le fer de son poignard couler le sang de sa victime, comme il regarda l'eau qui roulait sur le manche et la lame de ce couteau ignoble et grossier. Puis égaré, forcené, et comme délirant à cette vue, il l'approcha de ses lèvres, et au risque de se les couper, il passa, sur toute la largeur de cette lame, une langue toute rutilante de la soif d'une vengeance infernale. Tout en la léchant, il l'accompagnait d'un grognement féroce. Avec sa tête carrée, ses poils hérissés et jaunes et le mufle qu'il allongeait en buvant avidement cette eau qui avait une si effroyable saveur pour lui, il ressemblait à quelque loup égaré qui, traversant un bourg la nuit, se fût arrêté, en haletant, à laper la mare de sang filtrant sous la porte mal jointe de l'étal immonde d'un boucher.

— C'est bon cha, dit-il. C'est bon ! murmumurait-il, et comme si ces quelques gouttes ramassées par sa langue avide eussent allumé en lui des soifs nouvelles plus difficiles à étancher, il prit, sans lâcher son couteau, de l'eau dans sa main, et il la but d'une longue haleine.

— Oh ! voilà le meilleur *baire* que j'aie beu de ma vie ! cria-t-il d'une voix éclatante, et je le bais, ajouta-t-il avec une épouvantable ironie, à ta santé, Jeanne le Hardouey, la damnée du prêtre ! Il a goût de ta chair maudite, et il serait encore meilleu si tu avais pourri pus longtemps dans cette iau où tu t'es nayée !

Et, affreuse libation ! il en but frénétiquement à plusieurs reprises. Il se baissait sur le lavoir pour la puiser, et il se relevait et se baissait encore, et d'un mouvement si convulsif, qu'on eût dit qu'il avait les trémoussements de la danse de Saint-Guy. Cette eau l'enivrait. « *Supe, supe !* » se disait-il en buvant et en se parlant à lui-même dans son patois sauvage, « *supe !* » Sa face de céruse écrasée avait une expression diabolique, si bien que les vieilles crurent voir le diable qui, d'ordinaire, ne rôde que la nuit sur la terre, se manifester, pâle, sous cette lumière, en plein jour, et elles s'enfuirent, laissant là leur linge, jusqu'à Blanchelande, pour chercher du secours.

XIV

La nouvelle de la mort de Jeanne le Hardouey se répandit dans Blanchelande avec la rapidité naturelle aux événements tragiques qui viennent sur nous, comme par les airs, tant les retentissements en sont électriques et instantanés ! Jeanne-Madelaine s'était-elle noyée volontairement ? Était-elle victime d'un désespoir, d'un accident ou d'un crime ? Questions qui se posèrent, voilées et funèbres, dans tous les esprits, problèmes qui se remuèrent avec une fiévreuse curiosité dans toutes les conversations, et qui, à bien des années de là, s'y agitaient encore avec une terreur indicible, soit à la veillée des fileuses, soit aux champs sur le sillon commencé, quand une circonstance remettait en mémoire l'histoire mystérieuse de la femme à maître Thomas le Hardouey.

Lorsque la mère Ingou et la mère Mahé prirent la fuite, épouvantées par l'action monstrueuse du berger, pour aller chercher au bourg du secours, hélas ! bien inutile, la petite Ingou, qui partageait la terreur des vieilles femmes, s'était enfuie avec elles, mais dans une direction différente. Habituée au chemin qu'elle faisait tous les jours, elle courut à la chaumine de la Clotte.

Quelle nuit celle-ci avait passée ! Quand elle avait voulu retenir Jeanne, elle avait bien senti l'amère parole que la malheureuse lui avait jetée, en s'arrachant de ses bras. « J'ai ce que je mérite, pensa-t-elle. Est-ce à moi de parler de vertu ? » et tous les souvenirs de sa vie lui étaient tombés sur le cœur. Paralysée, enchaînée à son seuil depuis bien des années, que pouvait-elle faire : empêcher, prévenir ? Elle n'avait de puissant que le cœur ; et le cœur quand il est seul, si grand qu'il soit, est inutile. Ah ! ce qu'elle éprouva fut bien douloureux ! Des pressentiments sinistres s'étaient levés dans son âme. L'insomnie visitait souvent son dur grabat avec tous les spectres de sa jeunesse, mais de ses longues nuits passées sans sommeil, aucune n'avait eu le caractère de cette nuit désolée. Ce n'était plus elle dont il était question. C'était de la seule personne qu'elle respectât et aimât dans la contrée. C'était de la seule âme qui se fût intéressée à son sort et à sa solitude depuis que le mépris et l'horreur du monde avaient étendu leurs cruels déserts autour d'elle. Où Jeanne-Madelaine était-elle allée ? Qu'avait-elle fait ? Cette passion dont elle avait encore les cris dans les oreilles, et la Clotte connaissait l'empire terrible des passions ! allait-elle perdre la pauvre Jeanne ? A ces cris répondirent bientôt les gémissements des orfraies, qui se mirent, tourterelles effarées et hérissées de la tombe, à roucouler leurs amours funèbres dans les ifs qui bordaient alors la chaussée rompue de Broquebœuf. Comme toutes les imaginations solitaires et près de la nature, la Clotte était superstitieuse.

Dans les plus grandes âmes, il y a comme un repli de faiblesse où dorment les superstitions.

Inquiète, fébrile, retournée vainement d'un flanc sur l'autre, elle se souleva et alluma son *grasset*. On croit, dans les longues insomnies brûler, consumer, à cette lampe qu'on allume, les longues heures, les pensées dévorantes, les souvenirs. On ne brûle rien. Pensées, souvenirs, longues heures, rien ne disparaît. Tout vous reste. Le grasset de la Clotte, avec sa lueur vacillante, fut aussi sombre pour ses yeux que l'était pour ses oreilles le cri rauque et lointain des orfraies expirant tristement dans la nuit. La lumière elle-même doubla les visions dont elle était obsédée. Cette image de Judith qui tue Holopherne et qu'elle avait entre les rideaux de son lit, cette image grossièrement enluminée semblait s'animer sous son regard fasciné. L'épais vermillon de cette image populaire ressemblait à du sang liquide, du vrai sang ! La Clotte, qui n'était pas timide, frissonnait. Cette forte stoïcienne avait peur. Elle souffla le grasset. Mais les ténèbres ne noient pas nos rêves. La vision demeure au fond des yeux, au fond du cœur, dans son impitoyable lumière. Assise sur son lit, roulée dans sa méchante camisole, tunique de Nessus de la misère et de l'abandon qu'elle ne devait plus dépouiller, elle posa son front sur ses genoux entrelacés de ses mains nouées, et resta ainsi, absorbée, courbée, jusqu'au point du jour, quand la petite Ingou tourna le loquet et qu'elle ouvrit brusquement la porte, comme si elle avait été poursuivie :

— Quel bruit tu fais, dit-elle, Petiote ! Et voyant le visage de l'enfant, elle sentit que l'anxiété de sa nuit se changeait en affreuse certitude.

— Ah ! il y a du malheur dans Blanchelande ! fit-elle.

— Il y a, dit la petite Ingou d'une voix saccadée par l'émotion et par la course, que maîtresse le Hardouey est morte, et que je v'nons de la trouver au fond du lavoir.

Un cri qui n'était pas sénile, un cri de lionne qui se réveillait, sortit de cette poitrine brisée et s'interrompit sur les lèvres de la Clotte. Son buste incliné sur ses genoux tomba, renversé en arrière, sur le lit, et la tête s'enroula dans les couvertures, comme si une hache invisible l'avait abattue d'un seul coup.

— Jésus-Marie ! s'écria l'enfant avec une angoisse effarée qui fuyait la mort et qui semblait la retrouver.

Et elle s'approcha du lit d'où chaque jour elle aidait la paralytique à descendre : et elle la vit, l'œil fixe, les tempes blêmes, la ligne courbe de ses lèvres impassibles et hautaines tremblante, tremblante comme quand le sanglot qu'on dévore s'entasse dans nos cœurs et va en sortir.

— Tenez, tenez, mère Clotte, dit l'enfant, écoutez : voici l'agonie !

Et, en effet, le vent qui venait du côté de Blanchelande apportait les sons de la cloche qui sonnait le trépas de Jeanne-Madelaine avec ces intervalles sublimes toujours plus longs à mesure qu'on avance dans cette sonnerie lugubre qui semble distiller la mort dans les airs et la verser par goutte, à chaque coup de cloche, dans nos cœurs.

Rien à ce moment, dans les campagnes toujours si tranquilles d'ailleurs, n'empêchait d'entendre les sons poignants de lenteur et brisés de silence qui finissent par un tintement suprême et grêle comme le dernier soupir de la vie au bord de l'éternité. Le matin, gris avant d'être rose, commençait de s'emplir des premiers rayons d'or de la journée et retenait encore quelque chose du calme sonore et vibrant des nuits. Les sons de la cloche mélancolique, toujours plus rares, passaient par la porte laissée ouverte derrière la petite Ingou et venaient mourir sur ce grabat, où un cœur altier, qui avait résisté à tout, se brisait enfin dans les larmes, et allait comprendre ce qu'il n'avait jamais compris, le besoin brûlant et affamé d'une prière.

La Clotte se souleva à ces sons qui disaient que Jeanne ne se relèverait jamais plus.

— Je ne suis pas digne de prier pour elle, fit-elle alors, comme si elle était seule ; la pleurer, oui ! Et elle passa ses mains sur ses yeux où montaient des larmes, et elle regarda ses mains mouillées avec un orgueil douloureux, comme si c'était une conquête pour elle que des pleurs ! — Qui m'aurait dit pourtant que je pleurerais encore ?... Mais prier pour elle, je ne puis, j'ai été trop impie ; Dieu rirait de m'entendre si je priais ! Il sait trop qui j'ai été et qui je suis pour écouter cette voix souillée qui ne lui a jamais rien demandé pour Clotilde Mauduit, mais qui lui demanderait, si elle osait, sa miséricorde pour Jeanne-Madelaine de Feuardent !

Et comme la proie d'une idée subite : — Écoute, Petiote, lui dit-elle en prenant les mains de l'enfant dans les siennes, tu vaux mieux que moi. Tu n'es qu'une enfant ; tu as l'âme innocente : à ton âge, on me disait que Dieu, venu sur la terre, aimait les enfants et les exauçait. Agenouille-toi là et prie pour elle !

Et avec ce geste souverain qu'elle avait toujours gardé au sein des misères de sa vie, elle fit tomber l'enfant à genoux au bord de son lit.

— Oui, prie, dit-elle d'une voix entrecoupée par ses larmes, je pleurerai pendant que tu prieras !

— Mais surtout prie haut, continua-t-elle, s'exaltant dans sa peine, à mesure qu'elle parlait, que je puisse t'entendre ! Oui, que je puisse t'entendre, si je ne puis m'unir à toi. Ah ! parle-lui donc, fit-elle impétueusement, parle-lui à ce Dieu des enfants, des purs, des patients, des doux, enfin de tout ce que je ne suis plus !

— C'est aussi le Dieu des misérables, dit la petite fille, naïvement sublime et qui répétait simplement ce que son curé lui avait appris.

— Ah ! c'est donc le mien ! fit la Clotte qui sentit l'atteinte du coup de foudre que Dieu fait quelquefois partir des faibles lèvres d'un enfant. Attends ! attends ! je m'en vais prier avec toi, ma fille...

Et s'appuyant sur l'épaule de l'enfant agenouillée, elle se jeta en bas de son lit. Paralytique dont l'âme était tout entière et qui retrouvait des organes, elle tomba à genoux près de la petite fille, et elles prièrent toutes les deux.

A ce moment-là, revenaient au lavoir la mère Ingou et la mère Mahé, accompagnées de tous les curieux de Blanchelande. Parmi ces curieux il y avait Barbe Causseron et Nônon Cocouan ;

Nônon véritablement désolée. Elles trouvèrent le cadavre de Jeanne toujours couché dans les hautes herbes, mais le berger, que les deux vieilles avaient fui, avait disparu. Seulement, avant de disparaître, l'horrible pâtre avait accompli sur le cadavre un de ces actes qui, quand ils ne sont pas un devoir pieux, sont un sacrilége. Il avait coupé les cheveux de Jeanne, ces longs cheveux châtains « qui lui faisaient, disait Louis Tainnebouy, le plus *reluisant* chignon qui ait jamais été retroussé sur la nuque d'une femme, » et pour les couper, il avait été obligé de se servir du seul instrument qu'il eût sous la main, de cette *allumelle* qu'il avait, on l'a vu, trempée dans l'eau du lavoir. Aussi les cheveux de Jeanne-Madelaine avaient-ils été « sciés comme une gerbe avec une mauvaise faucille, » ajoutait l'herbager, et, par places, durement arrachés. Était-ce un trophée de vengeance que cette chevelure emportée par le pâtre errant pour la montrer à sa tribu nomade, comme les Peaux-Rouges et tous les sauvages, car, à une certaine profondeur, l'unité de la race humaine se reconnaît par l'identité des coutumes? Était-ce plutôt une convoitise d'âme sordide, qui saisissait l'occasion de vendre cher une belle chevelure à ces marchands de cheveux qui s'en vont, traversant les campagnes et moissonnant, pour quelques pièces d'argent, les chevelures des jeunes filles pauvres? ou plutôt, comme le croyait maître Tainnebouy, ces cheveux d'une femme *morte d'un sort* devaient-ils servir à quelque sortilége et devenir dans les mains de ce berger quelque redoutable talisman? Ce fut Nônon Cocouan qui la première s'aperçut du larcin fait à la noble tête, appuyée sur le gazon.

— Ah! le pâtre s'est vengé jusqu'au bout! dit-elle. En effet, ces cheveux coupés paraissaient à ces paysans comme un meurtre de plus. Chacun d'eux commentait cette mort soudaine et s'apitoyait sur le sort d'une femme qui avait mérité l'affection de tous. Les gens du Clos, au premier bruit de la mort de leur maîtresse, étaient arrivés. Seul, le mari de Jeanne, maître le Hardouey, manquait encore. Reparti la veille, on le sait, au moment où il rentrait au Clos d'un galop si farouche, quand on lui avait dit sa femme absente, il n'avait point reparu... Son cheval seul était revenu, couvert de sueur, les crins hérissés, traînant sa bride dans laquelle il se prenait les pieds en courant. Or, comme maître le Hardouey n'était point aimé dans Blanchelande, on se demandait déjà à voix basse, et à mots couverts, si cette mort de Jeanne n'était pas un crime, et si le coupable n'était point ce mari qui ne se trouvait pas...

Depuis longtemps les bruits du pays avaient dû mettre martel en tête à le Hardouey. Cet homme, d'un tempérament sombre, était plus bilieux, plus morose, plus *grinchard* que jamais, disaient les commères, et quoiqu'il pût cuver silencieusement une profonde jalousie, il pouvait également l'avoir laissé éclater, en frappant quelque terrible coup. Une telle opinion, du reste, en rencontrait une autre dans les esprits. Cet ancien moine, chef de partisans, ce pénitent hautain, auquel se rattachaient tant de sentiments et d'idées puissantes et vagues, ce Chouan qu'on accusait d'avoir troublé la vie de Jeanne et d'avoir, on ne sait comment, égaré sa raison, paraissait aussi capable de tout. S'il ne l'avait pas poussée avec la main du corps dans le lavoir où elle s'était noyée, il l'y avait précipitée avec la main de l'esprit en lui brisant le cœur de honte et de désespoir. De ces deux opinions, on n'aurait pas trop su laquelle devait l'emporter, mais toutes les deux mêlaient à l'expression des regrets donnés à la mort de Jeanne quelque chose de sinistrement soupçonneux et de menaçant, qui, échauffé comme il allait l'être, eût fait prévoir à un observateur la scène épouvantable qui devait avoir lieu le lendemain.

Cependant il fallait que le corps de Jeanne restât exposé dans la prairie, jusqu'au moment où le médecin et le juge de paix de Blanchelande viendraient faire, conformément à la loi, ce qu'elle appelle énergiquement la *levée du cadavre*. Ces hommes et ces femmes, qui étaient accourus rassasier leur curiosité d'un spectacle inattendu et tragique, appelés aux champs par les travaux de la journée, se retirèrent donc peu à peu, parlant entre eux d'un événement dont ils devaient rechercher longtemps les causes. De ce flot de curieux écoulé, il ne demeura auprès du cadavre que le grand valet du Clos, chargé de veiller sur le corps de la morte jusqu'à l'arrivée du médecin et du juge de paix, et Nônon Cocouan, qui, d'un mouvement spontané, s'était proposée pour cette pieuse garde. Toute cette histoire l'a dit assez : Nônon avait toujours été dévouée à Jeanne. Dans ces derniers temps, elle l'avait vaillamment défendue contre tous ceux qui l'accusaient d'avoir oublié la sagesse de sa vie « dans des hantises de perdition, » et on entendait par-là, à Blanchelande, ses visites à la Clotte et ses obscures relations avec l'abbé de la Croix-Jugan. Nônon, plus que personne, excepté la Clotte peut-être, était touchée de cette mort subite, et elle l'était deux fois, car les cœurs frappés se devinent. Tout en défendant Jeanne, et quoiqu'elle n'eût jamais reçu de confidence, Nônon avait reconnu l'amour qui souffre, parce qu'autrefois, dans sa jeunesse, elle aussi l'avait éprouvé. La pauvre fille s'était prise pour Jeanne-Madelaine d'un véritable fanatisme de pitié silencieuse. Un grand respect, l'avait empêchée de lui en donner de ces muets et expressifs témoignages qui pressent le cœur, mais sans le blesser. Or, aujourd'hui qu'elle le pouvait, elle le faisait avec une ardeur éplorée. Dévote comme elle l'était, elle croyait que Jeanne-Madelaine la voyait de là-haut auprès de sa dépouille sur la terre. Être vu de ceux qu'on a aimés dans le silence et à qui on n'a pas pu dire dans la vie comme on les aimait, ah ! c'est là un de ces apaisements célestes qui vengent de toutes les impossibilités de l'existence, et que la Religion donne en prix à ceux qui ont la foi ! Nônon Cocouan sentait cet arome de la bonté de Dieu se mêler aux larmes qu'elle répandait sur Jeanne, et les adoucir. La matinée s'avançait avec splendeur. C'était une des plus belles journées d'été qu'on eût vues depuis longtemps : l'air était pur ; le lavoir diaphane ; les herbes sentaient bon ; la chaleur montait dans les plantes ; les insectes, attirés par l'immobilité de Jeanne, bourdonnaient autour de ce corps étendu avec une grâce de fleur coupée, et Nônon, assise à côté et par moment agenouillée, tenant son chapelet dans ses mains jointes, priait Celle qui a pitié encore, lorsque Dieu ne se rappelle que sa justice ; car le don que Dieu a fait à sa Mère, c'est d'avoir pitié plus longtemps que lui! De temps en temps, cette mystique de village élevait ses yeux, beaux encore et d'un bleu que le feu du cœur avait, en les incendiant autrefois, rendu plus macéré et plus chaste, vers cet autre bleu éternel, que rien ne ternit, ni siècles ni orages; vers ce ciel, d'un azur étincelant alors, à travers lequel elle voyait Jeanne se pencher vers elle et affectueusement lui sourire. Assis comme elle, par terre, à quelque distance, le grand valet du Clos se tenait dans cette stupeur accablée que cause aux natures vulgaires le voisinage de la mort. Pour le préserver d'un soleil qui devenait plus vif, Nônon avait recouvert le visage de Jeanne de ce tablier de cotonnade rouge que la Clotte avait déchiré en s'efforçant de la retenir. Seul lambeau de pourpre grossière que la destinée laissait, pour la couvrir, à cette fille noble qui avait emprisonné dans un corset de bure une âme patricienne longtemps contenue, longtemps surmontée, et qui tout à coup, éclatant à l'approche d'une âme de sa race, avait tué son bonheur et brisé sa vie!

Ce fut vers le soir qu'eut lieu la *levée du cadavre*. Après l'accomplissement de cet acte légal, le juge de paix ordonna au serviteur qui l'accompagnait et au grand valet du Clos de transporter Jeanne dans la maison la plus voisine de la prairie. L'enterrement de maîtresse le Hardouey était fixé pour le lendemain, à l'église paroissiale de Blanchelande. Dans l'incertitude où l'on était sur le genre de mort de Jeanne, la charité du bon curé Caillemer n'eut point à s'affliger d'avoir à appliquer cette sévère et profonde loi canonique, qui refuse la sépulture chrétienne à toute personne morte d'un suicide et sans repentance. Il estimait beaucoup Jeanne-Madelaine, qu'il appelait la nourrice de ses pauvres, et il aurait eu le cœur déchiré de ne pas bénir sa poussière. Dieu sauva donc à la tendresse du pasteur cette rude épreuve, et Jeanne, justiciable du mystère de sa mort à Dieu seul, put être déposée en terre sainte.

On l'y porta au milieu d'un concours immense de gens venus des paroisses voisines de Lithaire et de Neufmesnil. Les cloches de Blanchelande, qui, selon la vieille coutume normande, avaient sonné tout le jour et la veille, avaient appris à ces campagnes que « quelqu'un de riche » était mort. Les informations allant de bouche en bouche, on avait bientôt su que c'était maîtresse le-Hardouey. En Normandie, dans ma jeunesse encore, de toutes les cérémonies qui attiraient les populations aux églises, la plus solennelle et qui remuait davantage l'imagination publique, c'étaient les funérailles. Les indifférents y ac-

couraient autant que les intéressés; les impies,
autant que les gens pieux. Ce n'était pas comme
en Écosse, où les repas funéraires pouvaient
déterminer un genre de concours sans élévation
et sans pureté. En Normandie, il n'y avait de
repas, après l'enterrement, que pour les prêtres.
La foule, elle, s'en retournait, le ventre vide,
comme elle était venue, mais elle était venue
pour voir un de ces spectacles qui l'émouvaient
et l'édifiaient toujours, et elle s'en retournait la
tête pleine de bonnes pensées, quand ce n'était
pas le cœur. Ce jour-là, l'enterrement de maîtresse le Hardouey n'attirait pas seulement
parce qu'il était une cérémonie religieuse, ou
parce que la *décédée* était connue à dix lieues
à la ronde pour la reine des ménagères, mais
aussi parce que sa mort soudaine n'avait pas
été naturelle, et qu'il planait comme le nuage
d'un crime au-dessus. On vint donc aux obsè-
ques de Jeanne encore plus pour parler de sa
mort extraordinaire et inexpliquée que pour
s'acquitter envers elle d'un dernier devoir. La
jaserie, ce mouvement éternel de la langue
humaine, ne s'arrête ni sur une tombe fermée
ni en suivant un cercueil, et rien ne glace, pas
même la religion et la mort, l'implacable curiosité qu'Ève a léguée à sa descendance. Pour la
première fois peut-être, le recueillement manqua
à ces paysans. Ce qui, surtout, les rendit dis-

traits, parce que cela leur paraissait étrange et terrible, à eux, qui avaient au fond de leurs cœurs le respect de la famille, comme le christianisme l'a fait, c'était de ne pas voir de parents accompagner et suivre cette bière. La famille de Jeanne de Feuardent, dont elle avait blessé l'orgueil nobiliaire en épousant Thomas le Hardouey, n'était point venue à ses funérailles, et, d'un autre côté, les parents de le Hardouey, envieux de la fortune qu'il avait amassée, et blessés aussi par son mariage, qui les avait éloignés d'eux, n'avaient point paru dans le cortége, malgré l'invitation qu'on avait eu soin de leur adresser. Il y avait donc un assez grand espace entre la bière, portée, selon l'usage du pays, par les domestiques du Clos, sur des serviettes ouvrées, dont ils tenaient les extrémités deux par deux, et les pauvres de la paroisse, qui, pour *six blancs* et un pain de quatre livres, assistaient à la cérémonie, une torche de résine à la main. De mémoire d'homme, à Blanchelande, on n'avait vu d'enterrement où cet espace, réservé au deuil, fût resté vide. On en faisait tout haut la remarque. Maître le Hardouey n'était pas rentré au Clos. Tous les yeux étaient fixés sur la place qu'il aurait dû occuper... Hélas! il y avait un autre homme encore que les regards de l'assistance cherchèrent plus d'une fois en vain : c'était l'abbé de la Croix-Jugan.

Parti pour Montsurvent, la veille, ainsi que l'avait dit la mère Mahé à le Hardouey, il n'était point revenu de chez la comtesse Jacqueline. Pendant toute la funèbre cérémonie, sa stalle de chêne resta fermée dans le chœur, et le redoutable capuchon qu'on y voyait tous les dimanches ne s'y montra pas.

Fut-ce cette préoccupation de la foule, répartie entre ces deux absents, qui empêcha qu'on ne prît garde à une personne dont la présence, si elle avait été remarquée, eût semblé aussi extraordinaire que l'absence simultanée des deux autres?... En effet, impiété ou souffrance physique, la Clotte n'allait point à l'église. Il y avait plus de quinze ans qu'on ne l'y avait vue. Il est juste de dire aussi qu'on ne l'avait point vue ailleurs. Elle n'allait que jusqu'à son seuil. D'un esprit trop ferme pour insulter les choses saintes, la Clotte semblait les dédaigner, en ne les invoquant jamais dans sa vie. L'Hérodiade de Haut-Mesnil, qui avait eu avec les hommes toutes les férocités d'une beauté, puissante comme un fléau, devenue l'ascète de la solitude et la Marie Égyptienne de l'orgueil blessé, n'avait pas soupçonné la force qu'elle aurait trouvée au pied d'une croix. Lorsque, dans sa tournée de Pâques, le curé Caillemer entrait et s'asseyait chez elle, pour lui parler des consolations qu'elle puiserait dans l'accomplissement de ses devoirs de chrétienne, elle souriait avec une hauteur amère. Rachel, égoïste et stérile, qui ne voulait pas être consolée parce que sa jeunesse et sa beauté n'étaient plus! Elle souriait aussi de l'humble prêtre, enfant de la paroisse, qu'elle avait vu grandir derrière la charrue, sur le sillon voisin, et qui ne portait pas sur son front la marque de noblesse qui l'eût consacré, aux yeux d'une femme comme elle, plus que l'huile sainte du sacerdoce. Cette hauteur, ce sourire, cette fierté désespérée, mais sans une seule plainte, cette attitude éternelle, car il la retrouvait toujours la même à chaque année, cette manière de vider son calice d'absinthe et de le tenir comme elle avait tenu le verre de l'orgie, au château de Haut-Mesnil, tout cela imposait au curé, et arrêtait sur sa lèvre timide la parole qui peut convertir. Il le disait lui-même. Cette femme, chargée d'iniquité, au fond de sa masure délabrée et sous les vêtements d'une pauvreté rigide, le troublait plus que la comtesse de Montsurvent, dans son château et sous le dais féodal qu'elle avait eu le courage de rétablir dans la salle de chêne sculpté de ses ancêtres, comme si la trombe de la révolution n'avait pas emporté tous les droits et les signes qui représentaient ces droits! Pour toutes ces raisons, le bon curé s'était bien souvent demandé ce que deviendrait la vieille Clotte... et si, après toute une vie de scandale et d'incrédulité orgueilleuse, il n'était pas grand temps, pour elle, de donner l'exemple du repentir !

Et qui sait ? L'heure peut-être était venue. La mort de Jeanne, dernière goutte d'amertume, avait déjà fait déborder ce cœur qui, pendant des années, avait porté sa misère sans se pencher et sans trembler ! Ce qu'elle n'aurait point fait pour elle, cette femme, qui n'avait jamais demandé quartier à Dieu, l'avait fait pour Jeanne. Elle avait prié. Elle avait retrouvé l'humilité de la prière et des larmes ! Sous le coup de la mort de Jeanne, elle s'était juré à elle-même que, malgré sa paralysie, elle irait jusqu'à l'église de Blanchelande ; qu'elle accompagnerait jusqu'à sa tombe celle qu'elle appelait *son enfant,* et que, si elle ne pouvait pas marcher, elle s'y traînerait sur le cœur ! Eh bien ! ce qu'elle s'était juré elle l'accomplit ! Le matin du jour des funérailles, elle se leva dès l'aurore, s'habilla avec tout ce qu'elle avait de plus noir dans ses vêtements, et les deux mains sur le bâton sans lequel elle ne pouvait faire un seul pas, elle commença le pénible trajet qui, pour elle, était un voyage. Il y avait environ une lieue de sa chaumière au clocher de Blanchelande ; mais une lieue pour elle, c'était loin ! Elle ne marchait pas ; elle rampait plutôt sur la partie morte de son être, que son buste puissant et une volonté enthousiaste traînaient d'un effort continu. Les poètes ont parlé quelquefois de l'union de la mort et de la vie. Elle était l'image de cette union, mais la vie était si intense dans sa poitrine appuyée sur ses mains nerveuses, soutenues à leur tour par son bâton noueux... qu'on aurait cru, à certains moments, que cette vie descendait et la reprenait tout entière. Elle allait bien lentement, mais enfin elle allait ! Son front s'empourprait de fatigue. Son austère visage prenait des teintes de feu comme un vase de bronze rongé par une flamme intérieure dont les flancs opaques, devenus transparents, se colorent.

Quelquefois, trahie par sa force, vaincue, mais non désespérée, elle s'arrêtait, haletante, sur une butte ou un tas de cailloux dans le chemin, puis se relevait et poursuivait sa route pour se rasseoir encore après quelques pas. Les heures s'écoulaient. La cloche de Blanchelande sonna la messe funèbre. La malheureuse l'entendit presque avec égarement ! Elle mesurait, et de quel regard ! à travers les airs, l'espace qui la séparait de l'église, ce qui lui restait à dévorer par la pensée et à traverser avec ses pieds lents et maudits ! « Oh !

j'arriverai ! » elle se l'était dit plus d'une fois avec espérance. Maintenant elle se disait : « Arriverai-je à temps? » Nul voyageur à cheval, nul fermier avec sa charrette, qui, peut-être, eussent été touchés de l'énergie trompée de cette sublime infirme qui défaillait et allait toujours, et qui l'auraient prise avec eux, ne passèrent sur cette route solitaire. Ah! sa poitrine se soulevait d'anxiété et de folle colère! Son cœur trépignait sur ses pieds morts! Bientôt elle ne put même plus s'arrêter pour reprendre haleine, et comme elle était brisée dans son corps et qu'elle tombait affaissée, ne voulant pas être retardée par sa chute, l'héroïque volontaire se mit à marcher sur les mains, à travers les pierres, tenant dans ses dents le bâton dont elle ne pouvait se séparer et qu'elle mordait avec une exaspération convulsive... Dieu, sans doute, eut pitié de tant de courage et permit qu'elle arrivât à l'église de Blanchelande avant que la messe ne fût dite.

Quand, à moitié morte, elle franchit la grille du cimetière, le prêtre qui officiait chantait la préface. L'église était trop pleine pour qu'elle pût y pénétrer. Aussi resta-t-elle au seuil d'une des petites portes latérales qui s'ouvrait dans une chapelle de la Vierge, et là, accroupie sur le talon de ses sabots, derrière quelques femmes plantées debout et qui regardaient dans cette chapelle, elle mêla sa prière et sa désolation intérieure à la magnifique psalmodie que l'Église chante sur ses morts, et au croassement des corbeaux dont les noires volées tournaient alors autour du clocher retentissant. Comme elle agissait au nom d'un devoir et que, d'ailleurs, elle était toujours la fière Clotte, elle ne parla point à ces femmes qui, le dos tourné, chuchotaient entre elles et s'entretenaient de la morte, de maître Thomas le Hardouey et de l'abbé de la Croix-Jugan. Et voilà pourquoi aussi, quand elle se leva, d'accroupie qu'elle était, avant que la messe fût finie, elle put échapper au regard de ces femmes qui ne l'avaient pas remarquée.

Cependant, la messe étant dite, les porteurs reprirent la bière sur les tréteaux où elle avait été déposée, les prêtres se mirent à monter la nef en chantant les derniers psaumes, et débouchèrent par le portail, suivis de la foule, dans le cimetière, où la fosse creusée attendait le cercueil. Instant pathétique et redoutable! le cœur de l'homme le plus fort n'y résiste pas, lorsque, rangés en cercle, leurs cierges éteints, au bord de la tombe entr'ouverte, les prêtres versent l'eau bénite, dans un *requiescat* suprême, sur la bière dépouillée de sa draperie noire, et sur laquelle la terre, poussée par les bêches, croule avec un bruit lamentable et sourd. On était parvenu à ce moment terrible, et jusque-là rien n'avait troublé l'imposante et navrante cérémonie. Seulement quand le clergé, ayant béni le cercueil, se fut retiré, après un *Amen* suivi d'un morne et vaste silence, laissant la foule groupée autour de la fosse qu'on remplissait, et jetant à son tour l'eau sainte, comme il l'avait fait avant elle, une femme, qui était agenouillée sur la terre relevée de la fosse, et à laquelle personne n'avait fait attention, se leva péniblement, et, se plaçant derrière l'homme qui aspergeait alors la tombe, s'avança pour prendre le goupillon qu'il tenait; mais, au moment de le lui remettre, l'homme regarda la main tendue vers lui et l'être à qui appartenait cette main.

— Oh! dit-il en tressaillant, la Clotte!

Et comme si cette main tendue eût été pestiférée, il recula avec horreur.

— Que viens-tu faire ici, vieille Tousée? poursuivit-il, et pour quel nouveau malheur es-tu donc sortie de ton trou?

Le nom de la Clotte, sa présence inattendue, l'accent et le geste de cet homme firent passer dans la foule cette vibration attentive qui précède, comme un avertissement de ce qui va suivre, les grandes scènes et les grands malheurs.

La Clotte avait pâli à ce nom de Tousée qui lui rappelait brutalement un outrage qu'elle n'avait jamais pu oublier. Mais comme si elle n'eût pas entendu, ou comme si la douleur de la mort de Jeanne l'eût désarmée de toute colère :

— Donne ! que je la bénisse, fit-elle lentement, et n'insulte pas la vieillesse en présence de la mort, ajouta-t-elle avec une ferme douceur et une imposante mélancolie.

Mais l'homme à qui elle parlait était d'une nature rude et grossière, et les habitudes de son métier augmentaient encore sa férocité habituelle. C'était un boucher de Blanchelande, élevé dans l'exécration de la Clotte. Il s'appelait Augé. Son père, boucher comme lui, était un des quatre qui l'avaient liée au poteau du marché et qui avaient fait tomber sous d'ignobles ciseaux, en 1793, une chevelure dont elle avait été bien fière. Cet homme était mort de mort violente peu de temps après son injure, et sa mort, imputée vaguement à la Clotte par des parents superstitieux, passionnés, et en qui les haines de parti s'ajoutaient encore à l'autre haine, devait rendre le fils implacable.

— Non, dit-il, tu ferais tourner l'eau bénite, vieille sorcière ! tu ne mets jamais le pied à l'église, et te v'là ! Es-tu effrontée ! Et est-ce pour maléficier aussi son cadavre que tu t'en viens, toi qui ne peux plus traîner tes os, à l'enterrement d'une femme que tu as ensorcelée, et qui n'est morte peut-être que parce qu'elle avait la faiblesse de te hanter?

L'idée qu'il exprimait saisit tout à coup cette foule, qui avait connu Jeanne si malheureuse, et qui n'avait pu s'expliquer ni l'égarement de sa pensée, ni la violence de son teint, ni sa mort aussi mystérieuse que les derniers temps de sa vie. Un long et confus murmure circula parmi ces têtes pressées dans le cimetière et qu'un pâle rayon de soleil éclairait. À travers ce grondement instinctif, les mots de *sorcière* et d'*ensorcelée* s'entendirent comme des cris sourds qui menaçaient d'être perçants tout à l'heure... Étoupes qui commençaient de prendre et qui allaient mettre tout à feu.

Il n'y avait plus là de prêtres; ils étaient rentrés dans l'église; il n'y avait plus là d'homme qui, par l'autorité de sa parole et de son caractère, pût s'opposer à cette foule et l'arrêter en la dominant. La Clotte vit-elle le péril qui l'entourait dans les plis épais de cette vaste ceinture d'hommes, irrités, ignorants, et depuis des années sans liens avec elle, avec elle qui les regardait du haut de son isolement, comme on regarde du haut d'une tour?

Mais si elle le vit, son sang d'autrefois, son

vieux sang de concubine des seigneurs du pays monta à sa joue sillonnée comme une lueur dernière, en présence de ces hommes qui, pour elle, étaient des manants et qui commençaient de s'agiter. Appuyée sur son bâton d'épine, à trois pas de cette fosse entr'ouverte, elle jeta à Augé, le boucher, un de ces regards comme elle en avait dans sa jeunesse, quand, posée sur la croupe du cheval de Sang-d'Aiglon de Haut-Mesnil, elle passait dans le bourg de Blanchelande, scandalisé et silencieux.

— Tais-toi, fils de bourreau, dit-elle ; cela n'a pas tant porté bonheur à ton père de toucher à la tête de Clotilde Mauduit !

— Ah ! j'achèverai l'œuvre de mon père ! fit le boucher mis hors de lui par le mot de la Clotte. Il ne t'a que rasée, vieille louve, mais moi, je te prendrai par la *tignasse* et je t'*écalerai* comme un mouton.

Et joignant le geste à la menace, il leva sa main épaisse, accoutumée à prendre le bœuf par les cornes pour le contenir sous le couteau. La tête menacée resta droite... Mais un coup la sauva de l'injure. Une pierre lancée du sein de cette foule, que l'inflexible dédain de la Clotte outrait, atteignit son front d'où le sang jaillit et la renversa.

Mais renversée, les yeux pleins du sang de

son front ouvert, elle se releva sur ses poignets de toute la hauteur de son buste.

— Lâches! cria-t-elle, quand une seconde pierre sifflant d'un autre côté de la foule la frappa de nouveau à la poitrine et marqua d'une large rosace de sang le mouchoir noir qui couvrait la place de son sein.

Ce sang eut, comme toujours, sa fascination cruelle. Au lieu de calmer cette foule, il l'enivra et lui donna la soif avec l'ivresse. Des cris : « *A mort, la vieille sorcière!* » s'élevèrent et couvrirent bientôt les autres cris de ceux qui disaient : « *Arrêtez! non! ne la tuez pas!* » Le vertige descendait et s'étendait, contagieux, dans ces têtes rapprochées, dans toutes ces poitrines qui se touchaient. Le flot de la foule remuait et ondulait, compacte à tout étouffer. Nulle fuite n'était possible qu'à ceux qui étaient placés au dernier rang de cette *tassée* d'hommes, et ceux-là curieux, et qui discernaient mal ce qui se passait au bord de la fosse, regardaient par-dessus les épaules des autres et augmentaient la poussée. Le curé et les prêtres, qui entendirent les cris de cette foule en émeute, sortirent de l'église et voulurent pénétrer jusqu'à la tombe, théâtre d'un drame qui devenait sanglant. Ils ne le purent. « Rentrez, monsieur le curé, disaient des voix; vous n'avez que faire là! C'est la sorcière de la Clotte, c'est cette *profaneuse* dont on fait justice! Je vous rendrons demain votre cimetière purifié. »

Et, en disant cela, chacun jetait son caillou du côté de la Clotte, au risque de blesser ceux qui étaient rangés près d'elle. La seconde pierre, qui avait brisé sa poitrine, l'avait roulée dans la poussière, abattue aux pieds d'Augé, mais non évanouie. Impatient de se mêler à ce martyre, mais trop près d'elle pour la lapider, le boucher poussa du pied ce corps terrassé.

Alors, comme la tête coupée de Charlotte Corday qui rouvrit les yeux quand le soufflet du bourreau souilla sa joue virginale, la Clotte rouvrit ses yeux pleins de sang à l'outrage d'Augé, et d'une voix défaillante :

— Augé, dit-elle, je vais mourir ; mais je te pardonne, si tu veux me traîner jusqu'à la fosse de Mlle de Feuardent et m'y jeter avec elle, pour que la vassale dorme avec les maîtres qu'elle a tant aimés !

— *I' g'n'a pus* de maîtres ni de demoiselles de Feuardent, répondit Augé, redevenu Bleu tout à coup et brûlant des passions de son père. Non, tu ne seras pas enterrée avec celle que tu as envoûtée par tes sortiléges, fille maudite du diable, et je te donnerai à mes chiens !

Et il la refrappa de son soulier ferré au-dessus du cœur. Puis avec une voix éclatante :

— La v'là écrasée dans son venin, la vipère ! fit-il. Allons, garçons ! qui a une claie que je puissions traîner sa carcasse dessus ?

La question glissa de bouche en bouche, et soudain, avec cette électricité qui est plus rapide et encore plus incompréhensible que la foudre, des centaines de bras rapportèrent pour réponse, en la passant des uns aux autres, la grille du cimetière, arrachée de ses gonds, sur laquelle on jeta le corps inanimé de la Clotte. Des hommes haletants s'attelèrent à cette grille et se mirent à traîner, comme des chevaux sauvages ou des tigres, le char de vengeance et d'ignominie, qui prit le galop sur les tombes, sur les pierres, avec son fardeau. Éperdus de férocité, de haine, de peur révoltée, car l'homme réagit contre la peur de son âme, et alors il devient fou d'audace ! ils passèrent comme le vent rugissant d'une trombe devant le portail de l'église, où se tenaient les prêtres rigides d'horreur et livides ; et renversant tout sur leur passage, en proie à ce *delirium tremens* des foules redevenues animales et sourdes comme les fléaux, ils traversèrent en hurlant la bourgade épouvantée et prirent le chemin de la lande... Où allaient-ils ? ils ne le savaient pas. Ils allaient comme va l'ouragan. Ils allaient comme la lave s'écoule.

Seulement, chose moins rare qu'on ne croirait, si on connaissait les convulsifs changements des masses, à mesure qu'ils s'avançaient dans leur exécution terrible, ils devenaient moins nombreux, moins ardents, moins furieux ! Cette foule, cette légion, cet immense animal multiple, à plusieurs têtes, à plusieurs bras, perdait de sa toison d'hommes aux halliers du chemin. Ses rangs s'éclaircissaient. On voyait les uns se détacher des autres et s'enfuir en silence. On en voyait rester au détour d'une route, et ne pas rejoindre la troupe effrénée et clamante, pris de frisson, de remords, d'horreur lentement venue, mais enfin ressentie et glacée. Ce n'était plus qu'une poignée d'hommes, la lie du flot qui écumait il n'y avait qu'un moment. La conscience du crime revenait sur eux, sur ce fond et bas-fond humain qui s'opiniâtre au crime, quand les coups de violence sont passés ! et toujours allant, mais moins vite, elle grandit si fort en eux, cette conscience, qu'elle les arrêta court de son bras, fort et froid comme l'acier. La peur du crime qu'ils venaient de commettre, et qui peu à peu avait décimé leur nombre, prit aussi ces derniers qui traînaient sur sa claie de fer cette femme tuée par eux, assassinée ! Une autre peur s'ajouta à cette peur. Ils entraient dans la lande, la lande, le terrain des mystères, la possession des esprits, la lande incessamment arpentée par les pâtres rôdeurs et sorciers! Ils n'osèrent plus regarder ce cadavre souillé de sang et de boue qui leur battait les talons. Ils le laissèrent et s'enfuirent, se dispersant comme les nuées qui ont versé le ravage sur une contrée se dispersent, sans qu'on sache où elles ont passé.

Le silence s'étendit dans ces campagnes, devenues tout à coup solitaires. Il était d'autant plus profond qu'il succédait à des cris. Le clocher de Blanchelande, dont la sonnerie bruyante s'était arrêtée après vingt-quatre heures de continuelles volées, ne fut plus qu'une flèche muette sur laquelle l'ombre montait à mesure que le soleil penchait à l'horizon. Nul bruit ne venait du bourg. L'affreux spectacle qui l'avait sillonné, comme une vision de sang et de colère, avait laissé comme le poids d'une consternation sur ces maisons dont la terreur du matin semblait encore garder les portes. L'après-midi s'allongea dans une morne tristesse; et quand le soir de ce jour de funeste mémoire commença de tomber sur la terre, on n'entendit, dans les lointains bleuâtres, ni le chant mélancoliquement joyeux des vachères, ni les cris des enfants au seuil des portes, ni les claquements fringants du fouet des meuniers regagnant le moulin, assis sur leurs sacs, les pieds ballant au flanc de leurs juments d'allure. On eût dit Blanchelande mort au bout de sa chaussée... Pour qui pratiquait ce pays d'ordinaire vivant et animé à ces heures, il y avait quelque chose d'extraordinaire qui ne se voyait pas, mais qui se sentait... L'abbé de la Croix-Jugan, revenant ce soir-là de chez la comtesse Jacqueline, eut peut-être le sentiment que j'essaye de faire comprendre. Il avait traversé la lande de Lessay sur sa pouliche, noire comme ses vêtements, et depuis qu'il s'avançait vers l'endroit de cette lande où la solitude finissait, il n'avait rencontré âme qui vive. Tout à coup son ardente monture qui portait au vent, fit un écart et se cabra en hennissant... Cela le tira de sa rêverie, car cet homme, renversé sous les débris d'une cause ruinée, cette espèce de Marius vaincu trouvait son marais de Minturnes dans l'abîme de sa propre pensée... Il regarda alors l'obstacle qui faisait dresser le crin sur le cou de sa noire pouliche, et il vit, devant les pieds levés de l'animal, la Clotte sanglante, inanimée, étendue dans la route sur sa claie d'acier.

— Voilà de la besogne de Bleu! dit-il, mettant le doigt sur la moitié de la vérité par le fait de sa préoccupation éternelle, les bandits auront tué la vieille Chouanne.

Et il vida l'étrier, s'approcha du corps de la Clotte, ôta son gant de daim et tourna vers lui la face saignante. Un instant s'écoula, il interrogea les artères. Par un prodige de force vitale comme il s'en rencontre parfois dans d'exceptionnelles organisations, la Clotte, évanouie, remua. Elle n'était pas encore morte, mais elle se mourait.

— Clotilde Mauduit! fit le prêtre de sa voix sonore.

— Qui m'appelle? murmura-t-elle d'une voix faible. Qui? je n'y vois plus.

— C'est Jéhoël de la Croix-Jugan, Clotilde, répondit l'abbé. Et il la souleva et lui appuya la tête contre une butte. Oui, c'est moi. Reconnais-moi, Clotilde. Je viens pour te sauver.

— Non, dit-elle, toujours faible, et elle sourit d'un dédain qui n'avait plus d'amertume, vous venez pour me voir mourir,... Ils m'ont tuée...

— Qui t'a tuée? qui? dit impétueusement le prêtre. Ce sont les Bleus, n'est-ce pas, ma fille? insista-t-il avec une ardeur dans laquelle brûlait toute sa haine.

— Les Bleus! fit-elle comme égarée, les Bleus! Augé, c'est un Bleu ; c'est le fils de son père. Mais tous y étaient... tous m'ont accablée... Blanchelande... tout entier.

Sa voix devint inintelligible; les noms ne
sortaient plus. Seul, son menton remuait encore... Elle ramenait sa main à sa poitrine et
faisait ce geste épouvantable de ceux qui agonisent, quand ils semblent écarter de leurs
doigts convulsifs les araignées de leurs cercueils. Qui a vu mourir connaît cette effroyable
trépidation.

L'abbé la connaissait. Il voyait que la mort
était proche.

Il interrogea encore la mourante, mais elle
ne l'entendit pas. Elle avait l'absorption de
l'agonie... Lui, qui ne savait pas la raison de
cette mort terrible qu'il avait là devant les yeux,
pensait aux Bleus, sa fixe pensée, et il se disait
que tout crime de parti pouvait rallumer la
guerre éteinte. Le cadavre mutilé de la vieille
Clotte lui paraissait aussi bon qu'un autre
pour mettre au bout d'une fourche et faire un
drapeau qui ramenât les paysans normands au
combat.

— Que se passe-t-il donc ? fit-il avec explosion, déjà frémissant, palpitant et frappant la
terre de ses bottes à l'écuyère, aux éperons
d'argent. Le chef, l'inflexible partisan, se dressa,
redevenu indomptable, dans le prêtre, et oubliant, lui, le ministre d'un Dieu de miséricorde, qu'il y avait là une mourante qui n'était
pas encore trépassée, il s'enleva à cheval comme

s'il eût entendu battre la charge. Lorsqu'il retomba sur sa selle, sa main caressa fiévreusement la crosse des pistolets qui garnissaient les fontes... Le soleil, qui se couchait en face de lui, éclairait en plein son visage cerclé de sa jugulaire de velours noir et haché par d'infernales blessures, auxquelles le feu de sa pensée faisait monter cette écarlate qu'un aveugle célèbre comparait au son de la trompette. Il enfonça ses éperons dans les flancs de la pouliche qui bondit à casser sa sangle. Par un mouvement plus prompt que la pensée, il tira un des pistolets de ses fontes et le leva en l'air, le doigt à la languette, comme si l'ennemi avait été à quatre pas, visionnaire à force de belliqueuse espérance! Ces pistolets étaient ses vieux compagnons. Ils n'avaient, durant la guerre, jamais quitté sa ceinture. Quand la mère Hecquet l'avait sauvé, elle les avait enfouis dans sa cabane. C'étaient ses pistolets de Chouan. Sur leur canon rayé, il y avait une croix ancrée de fleurs de lys qui disait que le Chouan se battait pour le Sauveur, son Dieu, et son Seigneur le roi de France.

Cette croix que le soleil couchant fit étinceler à ses yeux lui rappela l'austère devoir de toute sa vie, auquel il avait si souvent manqué.

— Ah! dit-il, replongeant l'arme aux fontes de la selle, tu seras donc toujours le même pécheur, insensé Jéhoël! La soif du sang de l'ennemi desséchera donc toujours ta bouche impie? Tu oublieras donc toujours que tu es un prêtre? Cette femme va mourir et tu songes à tuer, au lieu de lui parler de son Dieu et de l'absoudre. A bas de cheval, bourreau, et prie!

Et il descendit de sa pouliche comme la première fois.

— Clotilde Mauduit, es-tu morte? lui dit-il en s'approchant d'elle.

Fut-ce une convulsion suprême, mais elle se tordit sur la poussière comme une branche de bois sec dans le feu. Il semblait que la voix du prêtre galvanisât sa dernière heure.

— Si tu m'entends, dit-il, ô ma fille! pense au Dieu terrible vers lequel tu t'en vas monter. Fais, par la pensée, un acte de contrition, ô pécheresse! et quoique indigne moi-même et pénitent, mais prêtre du Dieu qui lie et qui délie, je vais t'absoudre et te bénir.

Et les mains étendues, il prononça lentement les paroles sacramentelles de l'absolution sur ce front offusqué déjà des ombres de la mort. Singulier prêtre, qui rappelait ces évêques de Pologne, lesquels disent la messe, bottés et éperonnés comme des soldats, avec des pistolets sur l'autel. Jamais être plus hautain debout n'avait récité de plus miséricordieuses paroles sur un être plus hautain renversé. Quand ce fut fini : « Elle a passé, » dit-il, et il détacha son manteau et l'étendit sur le cadavre. Puis il prit deux branches cassées dans un ravin et les posa en forme de croix par-dessus le manteau. Le soleil s'était couché dans un banc de brume sombre : « Adieu, Clotilde Mauduit, dit-il, ô complice de ma folle jeunesse, te voilà ensevelie de mes mains! Si un grand cœur sauvait, tu serais sauvée ; mais l'orgueil a égaré ta vie comme la mienne. Dors en paix, cette nuit, sous le manteau du moine de Blanchelande. Nous viendrons te chercher demain. » Il remonta à cheval, regarda encore cette forme noire qui jonchait le sol. Son cheval, qui connaissait son genou impérieux, frémissait d'être contenu et voulait s'élancer, mais il le retenait... Sa main baissée sur le pommeau de la selle rencontra par hasard la crosse des pistolets : « Taisez-vous, dit-il, tentations de guerre! » Et conduisant au pas cette pouliche qu'il précipitait d'ordinaire dans des galops qu'on appelait insensés, il s'en alla, récitant à demi-voix, dans les ombres qui tombaient, les prières qu'on dit pour les morts.

XIV

Il était nuit noire quand l'abbé de la Croix-Jugan traversa Blanchelande et rentra dans sa maison, sise à l'écart du bourg. Il n'avait rencontré personne. En Normandie, comme ils disent, les paysans se couchent avec les poules, et, d'ailleurs, la scène effrayante du matin avait vidé la rue de Blanchelande, car les hommes se blottissent dans leurs maisons comme les bêtes dans leur tanière, quand ils ont peur. Rappelé par la mort de la Clotte au sentiment de ses devoirs de prêtre, l'abbé de la Croix-Jugan attendit le lendemain, malgré les impatiences naturelles à son caractère, pour s'informer d'un événement dans lequel l'ardeur de sa tête lui avait fait entrevoir la possibilité d'une reprise d'armes. Il sut alors, par la mère Mahé, les détails des horribles catastrophes qui venaient de plonger Blanchelande dans la stupéfaction et l'effroi.

L'une de ces catastrophes avait un tel caractère, que l'autorité qui se refaisait alors en France, au sortir de la révolution, dut s'inquiéter et sévir. Les meurtriers de la Clotte furent poursuivis. Augé, qui fut jugé selon les lois du temps, passa plusieurs mois dans les prisons de Coutances. Quant à ses complices, ils étaient trop nombreux pour pouvoir être poursuivis. La législation était énervée, et, en frappant sur une trop grande surface, on aurait craint de rallumer une guerre dans un pays dont on n'était pas sûr. Quant à la mort de Jeanne le Hardouey, on la considéra comme un suicide. Nulle charge, en effet, au sens précis de la loi, ne s'élevait contre personne. La seule chose qui, dans le mystère profond de la mort de Jeanne, ressemblât à une présomption, fut la disparition de maître Thomas le Hardouey. S'il était entièrement innocent du meurtre de sa femme, pourquoi avait-il quitté si soudainement un pays où il avait de gros biens, et sa bonne terre du Clos, l'admiration et la jalousie des autres cultivateurs du Cotentin?

Était-il mort? S'il l'était, pourquoi sa famille n'avait-elle pas entendu parler de son décès? S'il vivait, et si réellement, coupable ou non, il avait craint d'être inquiété sur le meurtre de sa femme, les jours et les mois s'accumulant les uns sur les autres avec l'oubli à leur suite, et les distractions qui forment le train de la vie et empêchent les hommes de penser longtemps à la même chose, pourquoi ne reparaissait-il pas? Plusieurs disaient l'avoir vu aux îles, à l'île d'Oléron et à Guernesey, mais ils n'avaient pas osé lui parler. Était-ce une vérité? Était-ce une méprise ou une vanterie? car il est des gens qui ont toujours vu ce dont on parle, pour peu qu'ils aient fait quatre pas. Dans tous les cas, maître le Hardouey restait absent. On mit ses biens sous le séquestre, et un si long temps s'écoula qu'on finit par désespérer de son retour.

Mais ce que le train ordinaire de la vie ne diminua point et n'emporta point, comme le reste, ce fut l'impression de terreur mystérieuse, redoublée encore par les événements de cette histoire, qu'inspirait à tout le pays le grand abbé de la Croix-Jugan. Si, comme maître Thomas le Hardouey, l'abbé avait quitté la contrée, peut-être aurait-on perdu à peu près ces idées qui, dans l'opinion générale du pays, avaient fait de lui la cause du malheur de Jeanne-Madelaine. Mais il resta sous les yeux qu'il avait attirés si longtemps et dont il semblait braver la méfiance. Cette circonstance de son séjour à Blanchelande, l'inflexible solitude dans laquelle il continua de vivre, et, qu'on me passe le mot, la noirceur de sa physionomie, sur laquelle des ténèbres nouvelles s'épaississaient de plus en plus, voilà ce qui fixa et dut éterniser à Blanchelande et à Lessay la croyance au pouvoir occulte et mauvais que l'abbé avait exercé sur Jeanne, croyance que maître Louis

Tainnebouy avait trouvée établie dans tous les esprits. La mort de Jeanne avait-elle atteint l'âme du prêtre?

— Quand vous lui avez appris qu'elle *s'était périe,* avait dit Nônon à la mère Mahé, un matin qu'elles puisaient de l'eau au puits Colybeaux, qué qu'vous avez remarqué en lui, mère Mahé ?

— *Rin pus* qu'à l'ordinaire, répondit la mère Mahé. Il était dans son grand fauteuil, au bord de l'âtre. *Mè,* j'étais assise sur mes sabots et je soufflais le feu. J'avais sa voix qui me parlait au-dessus de ma tête et je n'osais guère me retourner pour le voir, car, quoiqu'un chien regarde bien un évêque, che n'est pas un homme bien commode à dévisager. I'm'demanda qué qu'il était arrivé à la Clotte, et quand j' lui eus dit qu'elle avait eu le cœur d'aller à l'enterrement de maîtresse le Hardouey, et que ch'était au *bénissement* de la tombe qu'ils avaient commencé à la *pierrer,* oh! alors... savait-il déjà c'te mort de maîtresse le Hardouey ou l'ignorait-il? mais *mè* qui m'attendais à un apitoiement de la part de qui, comme lui, avait connu, et trop connu, maîtresse le Hardouey, je fus toute saisie du silence qui se fit dans la salle, car il ne répondit pas tant seulement une miette de parole. Le bois qui prenait craquait, craquait, et je soufflais toujours. La flamme ronflait; mais je n'entendais que c'ha et *i' n'* remuait pas pus qu'une borne; si bien que *j' m'* risquai à me r'tourner, mais je n' m'y attardai guère, ma pauvre Nônon, quand j'eus vu ses deux yeux de *cat* sauvage. Je virai encore un *tantet* dans la salle, mais ses yeux et son corps ne bougèrent et je le laissai, regardant toujours le feu avec ses deux yeux fixes, qui auraient mieux valu que mes vieux soufflets pour allumer mon fagot.

— V'là tout? fit Nônon triste et déçue.

— V'là tout! vère! reprit la Mahé, en laissant glisser la chaîne du puits, qui emporta le seau au fond du trou frais et sonore, en retentissant le long de ses parois verdies.

— Il n'est donc pas une créature comme les autres? dit Nônon rêveuse, son beau bras que dessinait la manche étroite de son *juste* appuyé à sa cruche de grès, placée sur la margelle du puits.

Et elle emporta lentement la cruche remplie, pensant que de tous ceux qui avaient aimé Jeanne-Madelaine de Feuardent, elle était la seule, elle, qui l'eût aimée, et ne lui eût pas fait de mal.

Et peut-être avait-elle raison. En effet, la Clotte avait profondément aimé Jeanne-Madelaine, mais son affection avait eu son danger pour la malheureuse femme. Elle avait exalté des facultés et des regrets inutiles, par le respect passionné qu'elle avait pour l'ancien nom de Feuardent. Il n'est pas douteux, pour ceux qui savent la tyrannie des habitudes de notre âme, que cette exaltation, entretenue par les conversations de la Clotte, n'ait prédisposé Jeanne-Madelaine au triste amour qui finit sa vie. Quant à l'abbé lui-même, à cette âme fermée comme une forteresse sans meurtrières et qui ne donnait à personne le droit de voir dans ses pensées et ses sentiments, est-il téméraire de croire qu'il avait eu pour Jeanne de Feuardent ce sentiment que les âmes dominatrices éprouvent pour les âmes dévouées qui les servent ? Il est vrai qu'à l'époque de la mort de Jeanne, le dévouement de cette noble femme était devenu inutile par le fait d'une pacification que tous les efforts et les vastes intrigues de l'ancien moine ne purent empêcher. Mais quoi qu'il en fût, du reste, la vie de l'abbé n'en subit aucune modification extérieure, et l'on ne put tirer d'induction nouvelle d'habitudes qui ne changèrent pas. L'abbé de la Croix-Jugan resta ce qu'on l'avait toujours connu, et ni plus ni moins. Cloîtré dans sa maison de granit bleuâtre, où il ne recevait personne, il n'en sortait que pour aller à Montsurvent, dont les tourelles, disaient les Bleus du pays, renfermaient encore plus d'un nid de chouettes royalistes ; mais jamais il n'y passait de semaine entière, car une des prescriptions de la pénitence qui lui avait été infligée était d'assister à tous les offices du dimanche dans l'église paroissiale de Blanchelande et non ailleurs. Que de fois, quand on le croyait retenu à Montsurvent par une de ces circonstances inconnues qu'on prenait toujours pour des complots, on le vit apparaître au chœur, sa place ordinaire, enveloppé dans sa fière capuce : et les éperons qui relevaient les bords de son aube et de son manteau disaient assez qu'il venait de quitter la selle. Les paysans se montraient les uns aux autres ces éperons si peu faits pour chausser les talons d'un prêtre, et que celui-ci faisait vibrer d'un pas si hardi et si ferme ! Hors ces absences de quelques jours, l'abbé Jéhoël, ce sombre oisif auquel l'imagination du peuple ne comprenait rien, tuait le temps de ses jours vides à se promener, des heures durant, les bras croisés et la tête basse, d'un bout de la salle à l'autre bout. On l'y apercevait à travers les vitres de ses fenêtres ; et il lassa plus d'une fois la patience de ceux qui, de loin, regardaient cet éternel et noir promeneur.

Souvent aussi il montait à cheval, au déclin du jour, et il s'enfonçait intrépidement dans cette lande de Lessay, qui faisait tout trembler à dix lieues alentour. Comme on procédait par étonnement et par questions à propos d'un pareil homme, on se demandait ce qu'il allait chercher, dans ce désert, à des heures si tardives, et d'où il ne revenait que dans la nuit avancée, et si avancée, qu'on ne l'en voyait pas revenir. Seulement on se disait dans le bourg, d'une porte à l'autre, le matin : « Avez-vous entendu c'te nuit la pouliche de l'abbé de la Croix-Jugan ? » Les bonnes têtes du pays, qui croyaient que jamais l'ancien moine de Blanchelande ne parviendrait à se dépouiller de sa vieille peau de partisan, avaient plusieurs fois essayé de le suivre et de l'épier de loin dans ses promenades vespérales et nocturnes, afin de s'assurer si, dans ce steppe immense et désert il ne se tenait pas, comme autrefois il s'en était tenu, des conseils de guerre au clair de lune ou dans les ombres. Mais la pouliche noire de l'abbé de la Croix-Jugan allait comme si elle eût eu la foudre dans les veines et désorientait bientôt le regard, en se perdant dans ces espaces. Et par ce côté, comme par tous les autres, l'ancien moine de Blanchelande restait la formidable énigme dont maître Louis Tainnebouy, bien des années après sa mort, aussi mystérieuse que sa vie, n'avait pas encore trouvé le mot.

Or, une de ces nuits, m'affirma maître Tainnebouy, sur le dire des pâtres qui l'avaient raconté, quelque temps après le dénoûment de cette histoire, une de ces nuits pendant lesquelles l'abbé de la Croix-Jugan errait dans la lande, selon ses coutumes, plusieurs de la tribu de ces bergers sans feu ni lieu, qu'on prenait pour des coureurs de sabbat, se trouvaient assis en rond sur des pierres carrées qu'ils avaient roulées avec leurs sabots jusqu'au pied d'un petit tertre qu'on appelait la *Butte aux sorciers.* Quand ils n'avaient pas de troupeaux à conduire et par conséquent d'étables à partager avec les moutons qu'ils rentraient le soir, les bergers couchaient dans la lande, à la belle étoile. S'il faisait froid ou humide, ils y formaient une espèce de tente basse et grossière avec leurs limousines et la toile de leurs longs bissacs étendus sur leurs bâtons ferrés, plantés dans le sol. Cette nuit-là, ils avaient allumé du feu avec des plaques de marc de cidre, ramassées aux portes des pressoirs, et de la tourbe volée dans les fermes, et ils se chauffaient à ce feu sans flamme qui ne donne qu'une braise rouge et fumeuse, mais persistante. La lune, dans son premier quartier, s'était couchée de bonne heure.

— La blafarde n'est plus là ! dit l'un d'eux. L'abbé doit être dans la lande. C'est lui qui l'aura épeurée.

— Vère! dit un autre, qui colla son oreille contre la terre, j'ouïs du côté du sû[1] les pas de son quevâ, mais il est loin !

Et il écouta encore.

— Tiens! dit-il, il y a un autre pas pus près, et un pas d'homme; quelqu'un de hardi pour rôder dans la lande à pareille heure, après nous et cet enragé d'abbé de la Croix-Jugan !

Et, comme il cessait de parler, les deux chiens qui dormaient au bord de la braise, le nez allongé sur leurs pattes, se mirent à grogner.

— Paix, Gueule-Noire ! dit le pâtre qui avait parlé le premier, et qui n'était autre que le Pâtre du vieux Presbytère. I gn'y a pas de moutons à voler, mes bêtes ; dormez.

Il faisait noir comme dans la gueule de ce chien qu'il venait de nommer Gueule-Noire, et qui portait ce signe caractéristique de la férocité de sa race. Les bergers virent une ombre vague qui se dessinait assez près d'eux dans le clair-obscur d'un ciel brun. Seulement, comme la pureté de l'air dans la nuit double la valeur du son et en rend distinctes les moindres nuances :

— Il est donc toujours de ce monde, cet abbé

---

1. Sû pour *sud*. (*Note de l'Auteur.*)

de la Croix-Jugan ? dit une voix derrière les bergers, et vous, qui savez tout, pâtureaux du diable, diriez-vous à qui vous payerait bien cette bonne nouvelle, s'il doit prochainement en sortir ?

— Ah! vous v'là donc revenu! maître le Hardouey, fit le pâtre, sans même se retourner du côté de la voix, et les mains toujours étendues sur la braise, v'là treize mois que le Clos chôme de vous! Que vous êtes donc *tardif*, maître! et comme les os de votre femme sont devenus mous en vous *espérant!*

Était-ce vraiment le Hardouey qui était là dans l'ombre ? On aurait pu en douter, car il était violent et il ne répondait pas.

— Ah! j' nous sommes donc ramollis itou ? reprit le pâtre, continuant son abominable ironie, et reprenant le cœur de cet homme silencieux, comme Ugolin le crâne de son ennemi, pour y renfoncer une dent insatiable.

Si c'était le Hardouey, cet homme, carabiné de corps et d'âme, disait Tainnebouy, pour renvoyer l'injure et la payer comptant, sur place, à celui qui la lui jetait, il était donc bien changé pour ne pas bouillir de colère en entendant les provocantes et dérisoires paroles de ce misérable berger!

— Tais-toi, damné, finit-il par dire d'un ton brisé... mais avec une amère mélancolie, les morts sont les morts... et les vivants, on croit qu'ils vivent, et les vers y sont, quoiqu'ils parlent et remuent encore. J'ne suis pas venu pour parler avec toi de *celle* qui est morte...

— Porqué donc que vous êtes revenu ? dit le berger, incisif et calme comme la puissance, toujours assis sur sa pierre et les mains étendues sur son brasier.

— Je suis venu, répondit alors Thomas le Hardouey, d'une voix où la résolution comprimait de rauques tremblements, pour vendre mon âme à Satan, ton maître, pâtre ! J'ai cru longtemps qu'il n'y avait pas d'âme, qu'il n'y avait pas de Satan non plus. Mais ce que les prêtres n'avaient jamais su faire, tu l'as fait, toi ! Je crois au démon, et je crois à vos sortiléges, canailles de l'enfer ! On a tort de vous mépriser, de vous regarder comme de la vermine... de hausser les épaules quand on vous appelle des sorciers. Vous m'avez bien forcé à croire les bruits qui disaient ce que vous étiez... Vous avez du *pouvoir*. Je l'ai éprouvé... Eh bien ! je viens livrer ma vie et mon âme, pour toute l'éternité, au Maudit, votre maître, si vous voulez jeter un de vos sorts à cet être exécré d'abbé de la Croix-Jugan !

Les trois bergers se mirent à ricaner avec

mépris, en se regardant de leurs yeux luisants aux reflets incertains du brasier.

— Si vous n'avez que cha à nous dire, maître le Hardouey, reprit le berger du vieux Presbytère, vous pouvez vous en retourner au pays d'où vous venez, et ne jamais remettre le pied dans la lande, car les sorts ne peuvent rien sur l'abbé de la Croix-Jugan.

— Vous n'avez donc pas de pouvoir, dit le Hardouey, vous n'êtes donc plus que des valets d'étable, de sales râcleurs de *ordet* à cochon ?

— Du pouvai ! j' n'en avons pas contre li, dit le pâtre, il a sur li un signe pus fort que nous !

— Quel signe ? repartit l'ancien propriétaire du Clos. Est-ce son bréviaire ou sa tonsure de prêtre ?...

Mais les bergers restèrent dans le silence, indifférents à ce que disait le Hardouey de la perte de leur pouvoir, et à ses insultantes déductions.

— Sans cœurs ! fit-il.

Mais ils laissèrent tomber l'injure, opiniâtrément silencieux et immobiles comme les pierres sur lesquelles ils étaient assis.

— Ah ! du moins, continua le Hardouey, après une pause, si vous ne pouvez faire de lui ce que vous avez fait de moi et... d'elle, n' pouvez-vous me montrer son destin dans votre miroir et m' dire s'il doit charger la terre du poids de son corps encore bien longtemps?

Le silence et l'immobilité des bergers avaient quelque chose de plus irritant, de plus insolent, de plus implacable que les plus outrageantes paroles. C'était comme l'indifférence de ce sourd destin qui vous écrase, sans entendre tomber vos débris!

— Brutes! reprit Thomas le Hardouey, vous ne répondez donc pas? Et sa voix monta jusqu'aux éclats de la colère! — Eh bien! je me passerai de vous; et l'expression dont il se servit, il l'accompagna d'un blasphème. — Gardez vos miroirs et vos sorcelleries. Je saurai à moi tout seul quel jour il doit mourir, cet abbé de la Croix-Jugan!

— Demandez-li, maître Thomas, fit le berger d'un ton de sarcasme. Le v'là qui vient! entend'ous hennir sa pouliche?

Et, en effet, le cavalier et le cheval, lancés à triple galop, passèrent dans l'obscurité comme un tourbillon, et frisèrent de si près les pâtres et le Hardouey, qu'ils sentirent la ventilation de ce rapide passage, et qu'elle courut sur la braise en petite flamme qui s'éteignit aussitôt.

— Tâchez donc de le rattraper, maître Thomas! cria le berger qui prenait un plaisir cruel à souffler la colère de le Hardouey.

Celui-ci frappa de son bâton une pierre du chemin, qui jeta du feu et se brisa sous la force du coup.

— Vère ! reprit le pâtre, frappez les pierres. Les chiens les mordent, et votre furie n'a pas p'us de sens que la colère des chiens. Crayez-vous qu'un homme comme cet abbé, pus soldat que prêtre, *s'abat* sous un pied de frêne comme un *faraud* des foires de Varanguebec ou de Créance ? *I g' n'y* a qu'une balle qui puisse tuer un la Croix-Jugan, maître Thomas ! et des balles, les Bleus n'en fondent p'us !

— *C'est-il* là le *pronostic* sur l'abbé, pâtre ? fit le Hardouey en crispant sa rude main sur l'épaule du berger et en le secouant comme une branche. Ses yeux, dilatés par un désir exalté jusqu'à la folie, brillaient dans l'ombre comme deux charbons.

— Vère ! dit le pâtre, auquel tant de violence arrachait l'oracle, il a entre les deux sourcils l'M qui dit qu'on mourra d'une mort terrible. Il mourra comme il a vécu. Les balles ont déjà fait un lit sur sa face à la dernière qui s'y couchera, pour le coucher sous elle à jamais. Ch'est le *bruman* [1] des balles ! mais la

---

[1]. *Bruman*, fiancé, l'homme de la *bru*.
(*Note de l'Auteur.*)

mariée peut tarder à venir, à c'te heure, où les Chouans et les Bleus ne s'envoient p'us de plomb, comme au temps passé, dans l'air des nuits !

— Ah ! j'en trouverai, moi ! s'écria maître le Hardouey, avec la joie d'un homme en qui se coulait, à la fin, l'idée d'une vengeance certaine, qu'aucun événement ne dérangerait, puisque c'était une destinée ; j'en trouverai, pâtre, quand je devrais l'arracher avec mes ongles des vitres de l'église de Blanchelande et le mâcher pour le mouler en balle, comme un mastic, avec mes dents. En attendant, v'là pour ta peine, puisqu'enfin tu as *causé,* bouche têtue !

Et il jeta, au milieu du cercle des bergers, quelque chose qui retentit comme de l'argent en tombant dans le feu qui s'éparpilla... Puis il s'éloigna, grand train, dans la lande, s'y fondant presque, tant il fit peu de bruit, en s'y perdant ! Il en connaissait les espaces et les sentiers pleins de trahisons. Que de préoccupations et d'images cruelles l'y avaient suivi déjà ! Cette nuit-là, la lande à l'effrayante physionomie, lui avait dit son dernier mot avec le dernier mot du pâtre. Il la traversait le cœur si plein qu'il ne dut pas entendre la vieille mélopée patoise des bergers qui se mirent à la chanter hypocritement, en comptant peut-être les pièces qu'ils avaient retirées du feu :

> Tire lire lire, ma cauche (ma chausse) étrille !
> Tire lire lire, raccommode l'an (la) !
> Tire lire lire, je n'ai pas d'aiguille !
> Tire lire lire, achète-z-en !
> Tire lire lire, je n'ai pas d'argent ! etc., etc.

Quand ils racontèrent cette histoire à maître Tainnebouy, ils dirent qu'ils avaient laissé l'argent dans la braise, les coutumes de leur tribu ne leur permettant pas de prendre d'argent pour aucune *pronostication*. Comme on ne l'y retrouva point, et que pourtant on retrouvait ordinairement très-bien, au matin, les ronds de cendre qui marquaient, dans la lande, les places où les bergers avaient allumé leur tourbe pendant la nuit, on dit que ce feu des sorciers, très-parent du feu de l'enfer, l'avait fait fondre, à moins pourtant que quelque passant discret ne l'eût ramassé, sans se vanter de son aubaine. Car la Normandie n'en est plus tout à fait au temps de son glorieux Duc, où l'on pouvait suspendre à la branche d'un chêne, quand on passait par une forêt, un bracelet d'or ou un collier d'argent, gênant pour la route, et, un an après, les y retrouver !

Ceci se passait vers la fin du carême de 18... Les bergers, de leur naturel peu communicatifs avec les populations défiantes qui les employaient, par habitude ou par terreur, ne dirent point alors qu'ils avaient vu le Hardouey dans la lande (ce qu'ils dirent plus tard), et nulle part, ni à Blanchelande ni à Lessay, on ne se douta que le mari de Jeanne eût reparu, même pour une heure, dans le pays.

Cependant le jour de Pâques arriva, et cette année il dut être plus solennel à Blanchelande que dans toutes les paroisses voisines. Voici pourquoi. Le temps de la pénitence que ses supérieurs ecclésiastiques avaient infligée à l'abbé de la Croix-Jugan était écoulé. Trois ans de la vie extérieurement régulière qu'il avait menée à Blanchelande avaient paru une expiation suffisante de sa vie de partisan et de son suicide. Dans l'esprit de ceux qui avaient le droit de le juger, les bruits qui avaient couru sur l'ancien moine et sur Jeanne ne méritaient aucune croyance. Or, quand il n'y a point de motif réel de scandale, l'Église est trop forte et trop maternelle dans sa justice pour tenir compte d'une opinion qui ne serait plus que du respect humain à la manière du monde, si on l'écoutait. Elle prononce alors avec sa majesté ordinaire : « Malheur à celui qui se scandalise! » et résiste à la furie des langues et à leur confusion. Telle avait été sa conduite avec l'abbé de la Croix-Jugan. Elle ne l'avait pas tiré de Blanchelande pour l'envoyer sur un autre point du diocèse où il n'eût scandalisé personne, disaient les gens à sagesse mondaine, qui ne comprennent rien aux profondes pratiques de l'Église. Calme, imperturbable, informée, elle avait, au bout de ces trois ans, remis à l'abbé ses pleins pouvoirs de prêtre, et c'était lui qui devait chanter la grand'messe à Pâques dans l'église de Blanchelande, après une si longue interruption dans l'exercice de son ministère sacré.

Quand on sut cette nouvelle dans le pays, on se promit bien d'assister à cette messe célébrée par le moine chouan, dont les blessures et la vie, mal éclairée des reflets d'incendie d'une guerre éteinte, avaient passionné la contrée d'une curiosité mêlée d'effroi. L'évêque de Coutances serait venu lui-même célébrer sa messe épiscopale à Blanchelande, qu'il n'eût point excité de curiosité comparable à celle que l'abbé de la Croix-Jugan inspirait. Taillé lui-même pour être évêque ; de nom, de caractère et de capacité, disait-on, à s'élever aux premiers rangs dans l'Église, il ne resterait pas, sans doute, à Blanchelande. L'imagination populaire couvrait déjà du manteau de pourpre du cardinalat cette arrogante épaule qui brisait enfin la cagoule noire de la pénitence, comme le mouvement puissant d'un lion crève les toiles insultantes de fragilité dans lesquelles on le croyait pris. La comtesse de Montsurvent, qui ne quittait jamais son château et qui n'entendait de prières que dans sa chapelle, vint à cette messe où toute la noblesse des environs se donna rendez-vous pour honorer, dans la personne de l'abbé, le gentilhomme et le chef de guerre.

Le jour de Pâques tombait fort tard cette année-là. On était en avril, le 16 d'avril, car cette date est restée célèbre. C'était une belle journée de printemps, me dit la vieille comtesse centenaire, quand je lui en parlai et qu'elle me mit les lambeaux de ses souvenirs par-dessus l'histoire de mon brave herbager Tainnebouy. L'église de Blanchelande avait peine à contenir la foule qui se pressait sous ses arceaux. Il fait toujours beau temps le jour de Pâques, affirment, avec une superstition chrétienne qui ne manque pas de grâce, les paysans du Cotentin. Ils associent dans leur esprit la résurrection du Christ avec la résurrection de la nature, et acceptent comme un immuable fait, qui a sa loi dans leur croyance, la simultanéité que l'Église a établie entre les fêtes de son rituel et le mouvement des saisons. Les neiges de Noël, la bise plaintive du vendredi saint, le soleil de Pâques sont des expressions proverbiales dans le Cotentin. Le soleil brillait donc, ce jour-là, et éclairait l'église de ses premiers joyeux rayons, qui ne sont pas les mêmes que ceux des autres jours de l'année. O charme emporté des premiers jours, qui n'est si doux que parce qu'il est si vite dissipé et que la mémoire en est plus lointaine !

Tous les bancs de l'église étaient occupés par les familles qui les louent à l'année. Revêtus de leurs plus beaux habits, les paysans se pressaient jusque dans les chapelles latérales, et on ne voyait de tous côtés que ceintures et gilets rouges aux boutons de cuivre, la parure séculaire de ces farauds bas Normands. Dans la grande allée de la nef, ce n'était qu'une mer un peu houleuse de ces coiffes qu'on appela plus tard du nom éblouissant de *comètes*, et qui donnaient aux jeunes filles du pays un air de mutinerie héroïque qu'aucune autre coiffure de femme n'a jamais donné comme celle-là ! Toutes ces coiffes blanches si rapprochées les unes des autres, qu'un prédicateur de mauvaise humeur comparait assez exactement, un jour, à une troupe d'oies dans un marais, étaient agitées par le désir de voir enfin une fois sans son capuchon ce fameux abbé de la Goule-Fracassée, comme on disait dans le pays. Surnom populaire qu'à une autre époque sa race aurait gardé, s'il n'avait pas été le dernier de sa race ! Le seul banc qui fût vide dans cette foule de bancs qui regorgeaient étaient le banc, fermé à la clef, de maîtresse le Hardouey. On n'y avait plus revu personne depuis la mort de la femme et l'inexplicable disparition du mari. Ce banc vide rappelait, ce dimanche-là mieux que jamais, toute l'histoire que j'ai racontée. Il faisait penser davantage à cette *morte,* à laquelle on pensait toujours et dont le souvenir amenait infailliblement dans l'esprit l'idée de l'abbé de la Croix-Jugan, de ce moine blanc de l'abbaye en ruines, qui allait chanter la grand'messe pour la première fois. On pensait que la tragédie de l'ensorcellement de Jeanne avait commencé à ce banc, à une procession comme celle-ci, et que le malheur était venu de ce premier regard, sorti de *ces trous par lesquels,* dit Bossuet, *Dieu verse la lumière dans la tête de l'homme,* et qui, sous le front balafré du prêtre et la pointe de son capuchon, semblaient deux soupiraux de l'enfer; *la bouche en feu du four du Diable,* disaient ces paysans qui savaient peindre avec un mot, comme Zurbaran avec un trait. Quand on se reportait aux bruits qui avaient couru sur l'abbé, et dont l'écho ne mourait pas, on était haletant de voir *quelle mine* il aurait, en passant le long du banc de sa *victime* (car on la croyait sa victime), le jour où il allait dire la messe, et consacrer le corps et le sang de

Notre-Seigneur Jésus-Christ. C'était une épreuve! Il se jouait donc dans toutes ces têtes un drame dont le dernier acte était arrivé et qui touchait au dénoûment. Aussi me serait-il impossible de peindre l'espèce de frémissement de curiosité qui circula soudainement dans cette foule quand la rouge bannière de la paroisse, qui devait ouvrir la marche de la procession, commença à flotter à l'entrée du chœur, et que les premiers tintements de la sonnette annoncèrent, au portail, que la procession allait sortir. Qui ne sait, d'ailleurs, l'amour éternel de l'homme pour les spectacles et même pour les spectacles qu'il a déjà vus? Cette bannière, qui ne sort guère qu'aux grandes fêtes, et de laquelle tombent, comme de ses glands d'or et de soie vermeille, je ne sais quelle influence de joie et de triomphe sur les fidèles, la croix d'argent, avec son velarium brodé par des mains virginales, cette espèce d'obélisque de cire blanche qu'on appelle le cierge pascal et qui domine la croix de sa pointe allumée, les primevères qui jonchaient la nef, ces premières primevères de l'année que les prêtres étendent sur les autels lavés du samedi saint et dont les débris odorants de la veille se mêlaient à la forte et tonique senteur du buis coupé, tous ces détails avaient aussi leur émotion sainte. La procession étincelait d'ornements magnifiques donnés par la comtesse de Montsurvent et qu'on portait alors pour la première fois. Elle avait voulu que son grand abbé de la Croix-Jugan (c'est ainsi qu'elle avait coutume de l'appeler) ne dît sa première messe, depuis sa pénitence, que dans une pourpre et une splendeur dignes de lui! Comme il est d'usage, il venait le dernier dans cette foule solennelle, précédé du curé de Varenguebec et de l'abbé Caillemer, tous deux en dalmatique, car ils devaient l'assister comme diacre et sous-diacre à l'autel. La foule tendait le cou sur son passage, et plusieurs jeunes filles montèrent même sur les banquettes de leurs bancs lorsqu'il s'avança dans la nef. Le jour bleu qui entrait alors par le portail tout grand ouvert et qui répandait ses clartés jusqu'au fond du chœur dans son mystère de vitraux sombres, et tournait ses blancheurs vives autour des piliers, frappait bien en face ce visage extraordinaire qu'on voulait voir, tout en frémissant de le regarder, et qui produisait la magnétique horreur des abîmes. Seulement (sans y penser assurément) l'abbé de la Croix-Jugan devait impatienter cette curiosité, avide de le contempler enfin dans l'ensemble de son atterrante physionomie. Comme officiant, il portait l'étole, l'aube et la chape, mais il avait gardé son capuchon noir en agrafant sa chape par-dessus, en sorte que sa tête n'avait point quitté son encadrement habituel, fermé par la barre de velours noir de l'espèce de mentonnière qu'il portait toujours.

« Qui fut bien surpris et eut le nez cassé? me dit maître Tainnebouy qui prétendait tenir tous ces détails de Nônon elle-même, ce furent les filles de Blanchelande, monsieur ! Quand il passa auprès du banc de la malheureuse dont il avait causé la perte, on ne s'aperçut pas tant seulement qu'il eût un cœur à l'air de son visage. On n'y vit rien, ni *stringo* ni *stringuette,* et on se demanda tout bas s'il avait une licence du pape, le vieux diable, pour dire la messe en capuchon. Mais ne vous tourmentez, monsieur ! la suite prouva bien qu'il n'en avait pas, et les filles et les gars de Blanchelande, et bien d'autres, en virent plus long à c'te messe-là qu'ils n'auraient voulu. »

Ainsi, pour un moment, la curiosité et l'attente universelle furent trompées. L'abbé de la Croix-Jugan n'avait rien de nouveau que sa chape fermée sur sa poitrine par une agrafe de pierres précieuses, d'un éclat prodigieux aux yeux de ces paysans éblouis.

« D'aucunes fois, depuis, j'ons bien regardé ! ce tas de pierreries n'a *éclaffé* com' cha sur la poitrine de nos prêtres, » disaient-ils à la comtesse de Montsurvent, qui expliquait le phénomène, un peu par l'imagination, un peu par le manteau du capuchon qui faisait repoussoir au blanc éclat des pierreries, mais qui ne pouvait s'empêcher de sourire de ces incroyables superstitions.

La procession fit le tour de l'église, le long des murs du cimetière, et rentra par le portail, qui resta ouvert. Il y avait tant de monde à Blanchelande ce jour-là, et le temps était si doux et presque si chaud, que beaucoup de personnes se groupèrent au portail et, de là, entendirent la messe. Il y en avait jusque sous l'if planté en face du portail.

Cependant, après le temps mis à chanter l'*Introït,* pendant lequel l'officiant va revêtir les ornements sacrés, les portes de la sacristie s'ouvrirent et l'abbé de la Croix-Jugan, précédé des enfants de chœur portant les flambeaux, des thuriféraires et des diacres, apparut sur le seuil, en chasuble, et marcha lentement vers l'autel. Le mouvement de curiosité qui avait eu lieu dans l'église quand la procession était passée, recommença, mais pour cette fois sans déception. Le capuchon avait disparu et la tête idéale de l'abbé put être vue sans aucun voile...

Jamais la fantaisie d'un statuaire, le rêve d'un grand artiste devenu fou, n'auraient combiné ce que le hasard d'une charge d'espingole et le déchirement des bandelettes de ses blessures par la main des Bleus avaient produit sur cette figure, autrefois si divinement belle, qu'on la comparait à celle du martial Archange des batailles. Les plus célèbres blessures dont parle l'histoire, qu'étaient-elles auprès des vestiges impliqués sur le visage de l'abbé de la Croix-Jugan, auprès de ces stigmates qui disaient si atrocement le mot sublime du duc de Guise à son fils ?

« Il faut que les fils des grandes races sachent se bâtir des renommées sur les ruines de leur propre corps ! »

Pour la première fois, on jugeait dans toute sa splendeur foudroyée le désastre de cette tête, ordinairement à moitié cachée, mais déjà, par ce qu'on en voyait, terrifiante ! Les cheveux, coupés très-courts, de l'abbé, envahis par les premiers flocons d'une neige prématurée, miroitaient sur ses tempes et découvraient les plans de ses joues livides, labourées par le fer. C'était tout un massacre, me dit Tainnebouy avec une poésie sauvage, mais ce *massacre* exprimait un si implacable défi au destin, que si les yeux s'en détournaient, c'était presque comme les yeux de Moïse se détournèrent du buisson ardent qui contenait Dieu ! Il y avait, en effet, à force d'âme, comme un dieu en cet homme plus haut que la vie, et qui semblait avoir vaincu la mort en lui résistant. Quoiqu'il se disposât à offrir le Saint Sacrifice et qu'il s'avançât les yeux baissés, l'air recueilli et les mains jointes, ces mains qui avaient porté l'épée interdite aux prêtres, et dont le galbe nerveux et veiné révélait la puissance des éperviers dans leurs étreintes, il était toujours le chef fait pour commander et entraîner à sa suite. Avec sa grande taille, la blancheur flamboyante de sa chasuble lamée d'or, que le soleil, tombant par une des fenêtres du chœur, sembla tout à coup embraser, il ne paraissait plus un homme, mais la colonne des flammes qui marchait en avant d'Israël et qui le guidait au désert. La vieille comtesse de Montsurvent parlait encore de ce moment-là, du fond de ses cent ans, comme s'il eût été devant elle, quand Blanchelande agenouillé vit ce prêtre, colossal de physionomie, se placer au pied de l'autel et commencer cette messe fatale qu'il ne devait pas finir.

Nul, alors, ne pensa à ses crimes. Nul n'osa garder dans un repli de son âme subjuguée une mauvaise pensée contre lui. Il était digne des pouvoirs que lui avait remis l'Église, et le calme de sa grandeur, quand il monta les marches de l'autel, répondit de son innocence. Impression éphémère, mais pour le moment toute-puissante! On oublia Jeanne le Hardouey.

On oublia tout ce qu'on croyait il n'y avait qu'un moment encore.

Entrevu à l'autel à travers la fumée d'azur des encensoirs, qui vomissaient des langues de feu de leurs urnes d'argent, balancées devant sa terrible face, sur laquelle le sentiment de la messe qu'il chantait commençait de jeter des éclairs inconnus, qui s'y fixaient comme des rayons d'auréole et faisaient pâlir l'éclat des flambeaux, il était le point culminant et concentrique où l'attention fervente et respectueuse de la foule venait aboutir. Le timbre profond de sa voix retentissait dans toutes les poitrines. La lenteur de son geste, sa lèvre inspirée, la manière dont il se retournait, les bras ouverts, vers les fidèles, pour leur envoyer la paix du Seigneur, toutes ces sublimes attitudes du prêtre qui prie et qui va consacrer, et dans lesquelles le sublime de sa personne, à lui, s'incarnait avec une si magnifique harmonie, prenaient ces paysans hostiles et fondaient leur hostilité au point qu'il n'y paraissait plus...

La messe s'avançait cependant, au milieu des *alleluia* d'enthousiasme de ce grand jour... Il avait chanté la Préface. Les prêtres qui l'assistaient dirent plus tard que jamais ils n'avaient entendu sortir de tels accents d'une bouche de chair. Ce n'était pas le chant du cygne, de ce mol oiseau de la terre qui n'a point sa place dans le ciel chrétien, mais les derniers cris de l'aigle de l'Évangéliste, qui allait s'élever vers les Cimes Éternelles, puisqu'il allait mourir ! Il consacra, dirent-ils encore, comme les Saints consacrent, et vraiment, s'il avait jamais été coupable, ils le crurent plus que pardonné. Ils crurent que le charbon d'Isaïe avait tout consumé du vieil homme dans sa purification dévorante, quand, à genoux près de lui, et tenant le bord de sa tunique de pontife, les diacres le virent élever l'hostie sans tache, de ses deux mains tendues vers Dieu. Toute la foule était prosternée dans une adoration muette. L'*O salutaris hostia !* allait sortir, avec sa voix d'argent, de cet auguste et profond silence... Elle ne sortit pas... Un coup de fusil partit du portail ouvert et l'abbé de la Croix-Jugan tomba la tête sur l'autel.

Il était mort.

Des cris d'effroi traversèrent la foule, aigus, brefs, et tout s'arrêta, même la cloche qui sonnait le sacrement de la messe et qui se tut, comme si le froid d'une terreur immense était monté jusque dans le clocher et l'eût saisie !

Ah ! qui pourrait raconter dignement cette scène unique dans les plus épouvantables spectacles ? L'abbé de la Croix-Jugan, abattu sur l'autel, arraché par les diacres de l'entablement sacré qu'il souillait de son sang, et couché sur les dernières marches, dans ses vêtements sacerdotaux, au milieu des prêtres éperdus et des flambeaux renversés ; la foule soulevée, toutes les têtes tournées, les uns voulant voir ce qui se passait à l'autel, les autres regardant d'où le coup de feu était parti ; le double reflux de cette foule, qui oscillait du chœur au portail, tout cela formait un inexprimable désordre, comme si l'incendie eût éclaté dans l'église ou que la foudre eût fondu les plombs du clocher !

« L'abbé de la Croix-Jugan vient d'être assassiné ! » Tel fut le mot qui vola de bouche en bouche. La comtesse de Montsurvent, qui avait le courage de ceux de sa maison, tenta de pénétrer jusqu'au chœur, mais ne put percer la foule amoncelée.

« Fermez les portes ! arrêtez l'assassin ! » criaient les voix. Mais on n'avait vu ni arme ni homme. Le coup de fusil avait été entendu. Il était parti du portail, tiré probablement pardessus la tête des fidèles prosternés ; et celui qui l'avait tiré avait pu s'enfuir, grâce au premier moment de surprise et de confusion. On le cherchait, on s'interrogeait.

Le chaos s'emparait de cette église, qui résonnait, il n'y avait que quelques minutes, des chants joyeux d'*alleluia*... Il y avait deux scènes distinctes dans ce chaos : la foule qui se gonflait au portail ; et à la grille du sanctuaire, dans le chœur, les prêtres jetés hors de leurs stalles, et les chantres, pâles, épouvantés, entourant le corps inanimé, et les deux diacres, debout auprès, pâles comme des linceuls, en proie à l'indignation et à l'horreur ! Un crime affreux aboutissait à un sacrilége ! L'hostie, teinte de sang, était tombée à côté du calice. Le curé de Varenguebec la prit et la communia.

Alors ce curé de Varenguebec, qui était un homme puissant, un robuste prêtre, commanda le silence, d'une voix tonnante, et, chose étrange, due, sans nul doute, à l'impression d'un tel spectacle, il l'obtint. Puis il dépouilla sa dalmatique, et n'ayant plus que son aube, tachée du sang qui avait jailli de tous côtés sur l'autel, il monta en chaire et dit :

« Mes frères, l'église est profanée. L'abbé de la Croix-Jugan vient d'être assassiné en offrant le divin sacrifice. Nous allons emporter son corps au presbytère et nous en ferons l'inhumation à la paroisse de Neuf-Mesnil. L'église de Blanchelande va rester fermée jusqu'au moment où Notre Seigneur de Coutances viendra solennellement la rouvrir et la purifier. Lui seul, de sa droite épiscopale, et non pas nous, humble prêtre, peut laver ici la place d'un détestable sacrilége. Allez, mes frères, rentrez dans vos maisons, consternés et recueillis. Les jugements de Dieu sont terribles et ses voies cachées. Allez, la messe est dite : *Ite, missa est !* »

Et il descendit de chaire. Le silence le plus profond continua de régner dans l'assemblée qui s'écoula, mais avec lenteur. Les plus curieux restèrent à voir les prêtres éteindre les flambeaux et voiler le saint tabernacle. On éteignit jusqu'à la lampe du chœur, cette lampe qui brûlait nuit et jour, image de l'Adoration perpétuelle. Puis, les prêtres enlevèrent sur leurs bras entrelacés le corps de l'abbé de la Croix-Jugan, dans sa chasuble sanglante, en récitant à voix basse le *De profundis*. Resté le dernier sur le seuil de l'église déserte, le curé Caillemer en ferma les portes, comme sous les sept sceaux de la colère du Seigneur. Arrêtées un moment dans le cimetière, quelques personnes furent sommées d'en sortir et les grilles en furent fermées, comme les portes de l'église l'avaient été. Étrange et formidable jour de Pâques ! le souvenir saisissant devait s'en transmettre à la génération suivante. On eût dit qu'on remontait au moyen âge et que la paroisse de Blanchelande avait été mise en interdit.

XVI

Ce ne fut que quarante jours après cet effroyable drame, dont le récit, même dans la bouche du paysan qui me le fit, me sembla aussi pathétique que celui du meurtre de ce Médicis frappé dans l'église de Florence, lors de la conjuration des Pazzi, laquelle a fourni aux historiens italiens l'occasion d'une si terrible page, que l'évêque de Coutances, accompagné d'un clergé nombreux, vint rouvrir et reconsacrer l'église de Blanchelande ; cérémonie imposante, dont la solennité devait rendre plus profond encore dans tous les esprits le souvenir de cette fameuse messe de Pâques, interrompue par un meurtre.

Quant *au meurtrier,* tout le monde crut que c'était maître Thomas le Hardouey ; mais de preuve certaine et matérielle que cela fût, on n'en eut jamais. Les bergers racontèrent ce qui s'était passé, la nuit, dans la lande ; mais ils haïssaient le Hardouey, et peut-être se vengeaient-ils de lui jusque sur sa mémoire. Disaient-ils vrai ? C'étaient des païens auxquels il ne fallait pas trop ajouter foi.

Le Hardouey, assurément, avait plus que personne un intérêt de vengeance à tuer l'abbé de la Croix-Jugan. Le lingot de plomb, qui avait traversé de part en part la tête de l'abbé et qui était allé frapper la base d'un grand chandelier d'argent placé à gauche du tabernacle, fut reconnu pour être un morceau de plomb arraché d'une des fenêtres du chœur avec la pointe d'un couteau ; et cette circonstance parut confirmer le récit des pâtres.

Ainsi le Hardouey avait fait ce qu'il avait dit ; car on reconnut encore que le plomb avait été mâché avec les dents, soit pour le forcer à entrer dans le canon du fusil, soit pour en rendre la blessure mortelle. Excepté cette notion incertaine, tous les renseignements manquèrent à la justice. Interrogées par elle, les personnes qui entendaient la messe au portail (et c'étaient des femmes pour la plupart) répondirent n'avoir entendu que l'arme à feu par-dessus leurs têtes, agenouillées qu'elles étaient et le front baissé au moment de l'Élévation.

Leur surprise, leur effroi avaient été si grands, que l'homme qui avait tiré le coup de fusil avait eu le temps de courir jusqu'à l'échalier du cimetière et de le franchir avant d'être reconnu. Seule, une vieille mendiante, qui ne pouvait s'agenouiller à cause de l'état de ses pauvres jambes, et qui était restée debout, les mains à son bâton et les reins contre le tronc noir de l'if, vit tout à coup au portail un large dos d'homme, et au-dessus de ce dos un bout de fusil couché en joue et qui brillait au soleil. Quand le coup fut parti, l'homme se retourna, mais il avait, dit-elle, un crêpe noir sur la figure, et il *s'ensauvait* comme un *cat poursuivi par un quien*. Tout cela, ajouta-t-elle, eut lieu si vite, et elle avait été *si saisie*, qu'elle n'avait pas même pu crier.

Si c'était le Hardouey, du reste, on ne le découvrit ni à Blanchelande, ni à Lessay, ni dans aucune des paroisses voisines, et sa disparition, qui a toujours duré depuis ce temps, demeura aussi mystérieuse qu'elle l'avait été après la mort de sa femme. Seulement, *s'il était resté dans l'esprit du monde,* disait Tainnebouy, que l'abbé de la Croix-Jugan avait *maléficié* Jeanne-Madelaine, il resta aussi acquis à l'opinion de toute la contrée que le Hardouey avait été l'assassin, par vengeance, de l'ancien moine.

Telle avait été l'histoire de maître Louis Tainnebouy sur cet abbé de la Croix-Jugan, dont le nom était resté dans le pays l'objet d'une tradition sinistre. Je l'ai dit déjà, mais il me paraît nécessaire d'insister : le fermier du Mont-de-Rauville omit dans son récit bien des traits que je dus plus tard à la comtesse Jacqueline de Montsurvent ; seulement ces détails, qui tenaient tous à la manière de voir et de sentir de la comtesse et à sa hauteur de situation sociale, ne portaient nullement sur le fond et les circonstances dramatiques de l'histoire que mon Cotentinais m'avait racontée. A cet égard l'identité était complète ; seule, la manière d'envisager ces circonstances était différente.

Et cependant, dans les idées de la centenaire féodale, de cette décrépite à qui la vieillesse avait arraché les dernières exaltations, s'il y en avait jamais eu dans ce caractère auquel les guerres civiles avaient donné le fil et le froid de l'acier, l'abbé de la Croix-Jugan était, autant que dans les appréciations de l'honnête fermier, un de ces personnages énigmatiques et redoutables qui, une fois vus, ne peuvent s'oublier.

Maître Tainnebouy en parlait beaucoup par ouï-dire, et pour l'avoir entr'aperçu une ou deux fois du bout de l'église de Blanchelande à l'autre bout, mais la vieille comtesse l'avait connu... Elle ne l'avait pas seulement vu à cette distance qui transforme les bâtons flottants ; elle l'avait coudoyé dans cet implacable plain-pied de la vie qui renverse les piédestaux et rapetisse les plus grands hommes.

— Voyez-vous cette place ? — me disait-elle le jour que je lui en parlai, et elle me désignait de son doigt, blanc comme la cire et chargé de bagues jusqu'à la première phalange, une espèce de chaire en ébène, de forme séculaire, placée en face de son dais ; — c'était là qu'il s'asseyait quand il venait à Montsurvent. Personne ne s'y mettra plus désormais. Il a passé là bien des heures ! Lorsqu'il arrivait dans la cour, moi qui suis toujours seule dans cette salle vide, avec les portraits des Montsurvent et des Toustain (c'était une Toustain que la vieille comtesse Jacqueline), je reconnaissais le bruit du sabot de son cheval, et je tressaillais dans mes vieux os sans moelle et dans mes dentelles rousses, comme une fiancée qui eût attendu son fiancé. N'étions-nous pas fiancés aux mêmes choses mortes ?... Le vieux Soutyras, car tout est vieux autour de moi, l'annonçait, en soulevant devant lui, d'un bras tremblant de la terreur qu'il inspirait à tous, la portière que voilà là-bas, et alors il entrait, le front sous sa cape, et il s'en venait me baiser de ses lèvres mutilées cette main solitaire, à laquelle les baisers du respect ont manqué depuis que la vieillesse et la révolution sont tombées sur ma tête chenue. Puis il s'asseyait... et, après quelques mots, il s'abîmait dans son silence et moi dans le mien ! Car, depuis que la Chouannerie était finie et qu'il n'y avait plus d'espoir de soulèvement dans cette misérable contrée où les paysans ne se battent que pour leur fumier, il n'avait plus rien à m'apprendre, et nous n'avions plus besoin de parler.

— Quoi ! m'écriai-je, comtesse, croyant qu'au moins cette intimité grandiosement sévère entre cet homme si viril, vaincu, et cette femme dépossédée de tout, excepté de la vie, laissait échapper dans cette solitude de fiers cris de rage et de regret, vous ne parliez même pas ! Et vous avez ainsi vécu pendant des années ?

— Seulement deux ans, fit-elle, le temps qu'il demeura à Blanchelande, quand toute espérance fut perdue, jusqu'à sa mort... Qu'avions-nous à nous dire ? Sans parler, nous nous entendions... Si ! pourtant, il me parla encore une fois, fit-elle en se ravisant et en baissant un chef qui branlait, comme si elle eût cherché un objet perdu entre son busc et sa poitrine, par un dernier mouvement de femme qui cherche ses souvenirs là où elle mettait ses lettres d'amour dans sa jeunesse, ce fut quand ce malheureux et fatal duc d'Enghien...

Elle hésitait, et cette hésitation me parut si sublime que je lui épargnai la peine d'achever.

— Oui, lui dis-je, je comprends...

— Ah ! oui, vous comprenez, dit-elle avec un vague éclair au fond de son regard d'un bleu froid et effacé, nageant dans un blanc presque sépulcral, vous comprenez ; mais je puis bien le dire : cent ans de douleur pavent la bouche pour tout prononcer.

Elle s'arrêta, puis elle reprit :

— Ce jour-là, il vint plus tôt qu'à l'ordinaire. Il ne m'embrassa pas la main et il me dit : « Le duc d'Enghien est mort, fusillé dans les fossés de Vincennes... Les royalistes n'auront pas le cœur de le venger ! » Moi, je poussai un cri, mon dernier cri ! Il me donna les détails de cette mort terrible, et il marchait de long en large en me les donnant. Quand ce fut fini, il s'assit et reprit son silence qu'il n'a pas rompu désormais. Aussi, ajouta-t-elle encore après une pause, il n'y a pas grande différence pour moi qu'il soit vivant ou qu'il soit mort, comme il l'est maintenant. Les vieillards vivent dans leur pensée. Je le vois toujours !... Demandez à la Vasselin, si je ne lui ai pas dit bien souvent, le soir, à l'heure où elle vient m'apporter mon sirop d'oranges amères : « Dis donc, Vasselin, n'y a-t-il personne, là... sur la chaise noire ? Je crois toujours que l'abbé de la Croix-Jugan y est assis !... »

En vérité, ce silence de trappiste étendu entre ces deux solitaires restés les derniers d'une société qui n'était plus, cette amitié ou cette habitude d'un homme de venir s'asseoir régulièrement à la même place, et qui frappait de la contagion de son silence une femme assez hautaine pour que rien jamais pût beaucoup influer sur elle, oui, en vérité, tout cela fut comme le dernier coup d'ongle du peintre qui m'acheva et me fit tourner cette figure de l'abbé de la Croix-Jugan, de cet être taillé pour terrasser l'imagination des autres et compter parmi ces individualités exceptionnelles qui peuvent ne pas trouver leur cadre dans l'histoire écrite, mais qui le retrouvent dans l'histoire qui ne s'écrit pas, car l'Histoire a ses rapsodes comme la Poésie. Homères cachés et collectifs, qui s'en vont semant leur légende dans l'esprit des foules ! Les générations qui se succèdent viennent pendant longtemps brouter ce cytise merveilleux d'une lèvre naïve et ravie, jusqu'à l'heure où la dernière feuille est emportée par la dernière mémoire, et où l'oubli s'empare à jamais de tout ce qui fut poétique et grand parmi les hommes !

XVII

Pour l'abbé de la Croix-Jugan, la légende vint après l'histoire.

— J'avoue, dis-je à l'herbager cotentinais, quand il eut fini son récit tragique, j'avoue que voilà d'étranges et d'horribles choses ; mais quel rapport, maître Louis Tainnebouy, cette messe de Pâques a-t-elle avec celle que nous avons entendue sonner il y a deux heures, et que vous avez nommée la messe de l'abbé de la Croix-Jugan ?

— Quel rapport il y a, monsieur ? fit maître Tainnebouy, il n'est pas bien difficile de l'apercevoir après ce que j'ai tant ouï raconter...

— Et qu'avez-vous donc entendu, maître Louis ? repartis-je, car je veux, puisque vous m'en avez tant dit, tout savoir de ce qui tient à l'histoire de l'abbé de la Croix-Jugan ?

— Vous êtes dans votre droit, monsieur, fit le Cotentinais, dont la parole n'avait pas le même degré de vivacité qu'elle avait quand il me racontait son histoire. D'ailleurs, vous avez entendu les neuf coups de Blanchelande, il faut bien que vous sachiez pourquoi ils ont sonné. Puisque je vous ai dit tout ceci, il faut bien que j'achève, quoique p't-être il aurait mieux valu ne pas commencer.

Il était évident que le fermier du Mont-de-Rauville, cette bonne tête si raisonnable, si calme et d'un sens si affermi par la pratique de la vie, était la proie d'une terreur secrète qui venait sans doute de l'enfant qu'il avait perdu au berceau après avoir entendu sonner les neuf coups de Blanchelande, et que, dans tous les cas, pour une raison ou pour une autre, il se repentait d'avoir comméré sur les morts.

Il surmonta pourtant sa répugnance, et il reprit :

— Il y avait un an, jour pour jour, que l'abbé de la Croix-Jugan était décédé : on était donc au jour de Pâques de l'année en suivant. L'année s'était passée à beaucoup *causer* de lui et à la veillée dans les fermes, et en revenant, sur le tard, des foires et des marchés, et partout...

C'était une *dierie* qui ne finissait pas, et dont j'ai eu moi-même les oreilles diantrement battues et rebattues dans ma jeunesse. Que oui, cette *dierie* a duré longtemps !

J'ai vu, dans ces époques-là, et à Lessay, un tauret blanc qui avait des cornes noires entrelacées et recourbées sur son mufle comme l'ancien capuchon du moine, et qu'on appelait pour cette raison *le moine de Blanchelande,* tant on était imbu de l'histoire de l'abbé de la Croix-Jugan ! Le surnom, du reste, avait porté malheur à la bête, car elle s'était éventrée sur le pieu ferré d'une barrière dans un accès de fureur, et d'aucuns disaient qu'on avait eu tort et grand tort, et qu'on en avait été puni, d'avoir donné à un animâ un surnom qui avait été le nom d'un prêtre.

On était donc au jour de Pâques, et M. le curé Caillemer avait recommandé au prône du matin cet abbé de la Croix-Jugan, dont la mort avait tant *épanté* Blanchelande. Les esprits étaient plus pleins de lui que jamais.

Pierre Cloud, ce compagnon à Dussaucey le Forgeron, qui avait tant versé de *taupettes* à le Hardouey, le soir qu'il rentra au Clos pour n'y pas retrouver sa femme, s'en revenait de Lessay où il avait passé la journée, et où il s'était attardé un peu trop à *pinter* avec de bons garçons... Mais il n'en avait pas pris assez pour ne pas voir sa route ; et d'ailleurs ceux qui l'ont accusé d'avoir un coup de soleil dans les yeux sont depuis convenus qu'il avait dit la pure et sainte vérité, et que ses yeux n'avaient pas été *égalués*.

Il faisait une nuitée noire comme suie, mais biau temps tout de même, et Pierre Cloud marchait bien tranquille, et p't-être de tous les gens de Blanchelande celui qui pensait le moins à l'abbé de la Croix-Jugan. Il était parti de la veille au soir et n'avait, par conséquent, pas assisté au prône du curé Caillemer, ni entendu parler dans les cabarets de Blanchelande comme on en parlait ce jour-là, de l'ancien moine, assassiné il y avait juste un an... Or, comme il n'était pas loin du cimetière, qu'il était obligé de traverser pour arriver au bourg, et qu'il longeait la haie d'épines plantée sur le mur du jardin d'Amant Hébert, le gros liquoriste du bourg, qui fournissait à tous les prêtres du canton, il entendit sonner ces neuf coups de cloche que j'avons, c'te nuit, entendus sonner dans la lande, et il s'arrêta, comme vous itou vous avez fait, monsieur.

J'ai entendu dire à lui-même que ces neuf coups lui figèrent sa sueur au dos et qu'il se laissa choir par terre, faites excuse, monsieur, comme si le battant de la cloche lui était tombé sur la tête, dru comme sur l'enclume le marteau !

Mais comme la cloche se tut et ne rebougea plus, et qu'il ne pouvait rester là jusqu'au jour pendant que sa femme l'*espérait* au logis, il crut avoir trop levé le coude avec les amis de Lessay, et il se remit en route pour Blanchelande, quand, arrivé à l'échalier du cimetière, il sentit un diable de tremblement dans ses mollets et r'marqua une grande lumière qui éclairait les trois fenêtres du chœur de l'église.

Il pensa d'abord que c'était la lampe qui envoyait c'te lueur aux vitres ; mais la lampe ne pouvait pas donner une clarté si rouge « qu'elle ressemblait au feu de ma forge, » me dit-il quand j'en devisâmes tous les deux. Ces vitraux qui flamboyaient lui firent croire qu'il n'avait pas rêvé, quand il avait entendu la cloche.

« — Je ne suis pas pus aveugle que *jodu*, pensa-t-il. Qué qu'il y a donc dans l'église, à pareille heure, pour qu'il y brille une telle lumière, d'autant qu'elle est silencieuse, la vieille église, comme après complies, et que les autres fenêtres de ses bas côtés ne laissent passer brin de clarté ? J' sommes entre le dimanche et le lundi de Pâques, mais i' se commence à être tard pour le Salut. Qué qu'il y a donc ? »

Et il restait affourché sur son échalier, guettant, sur les herbes des tombes qu'elle rougissait, c'te lueur violente qui allait p't-être casser en mille pièces les vitraux tout contre lesquels elle paraissait allumée...

— « Mais tiens, dit-il, les prêtres ont des idées à eux, qui ne sont pas comme les autres. Qu'est-ce qui sait ce qu'ils forgent dans l'église à c'te heure où l'on dort partout ? Je veux vais à cha ! »

Et i' dévala de l'échalier et s'avança résolûment tout près du portail.

Je vous l'ai dit, monsieur ; c'était l'ancien portail arraché aux décombres de l'abbaye. Les Bleus l'avaient percé de plus d'une balle, il était criblé de trous par lesquels on pouvait ajuster son œil. Pierre Cloud y guetta donc, comme il avait guetté tant de fois, en rôdant par là, le dimanche, quand il voulait savoir où l'on en était de la messe, et alors il vit une chose qui lui dressa le poil sur le corps, comme à un hérisson saisi par une couleuvre. Il vit, nettement, par le dos, l'abbé de la Croix-Jugan, debout au pied du maître-autel. Il n'y avait personne dans l'église, noire comme un bois, avec ses colonnes. Mais l'autel était éclairé, et c'était la lueur des flambeaux qui faisait ce rouge des fenêtres que Pierre Cloud avait aperçu de l'échalier. L'abbé de la Croix-Jugan était, comme il y avait un an à pareil jour, sans capuchon et la tête nue; mais cette tête, dont Pierre Cloud ne voyait en ce moment que la nuque, avait du sang à la tonsure, et ce sang, qui plaquait aussi la chasuble, n'était pas frais et coulant, comme il était, il y avait un an, lorsque les prêtres l'avaient emporté dans leurs bras.

— « Je ne me souviens pas, disait Pierre Cloud, d'avoir eu jamais bien grand'peur dans ma vie, mais cette fois j'étais *épanté*. J'entendais une voix qui me disait tout bas : « En v'là assez, garçon, » et qui m' conseillait de m'en aller. Mais j'étais fiché comme un poteau en terre, à ce damné portail, et j'étais *ardé* du désir de voir... Il n'y avait que lui à l'autel... Ni répondant, ni diacre, ni *chœuret*. Il était seul. Il sonna lui-même la clochette d'argent qui était sur les marches quand il commença l'*Introïbo*. Il se répondait à lui-même comme s'il avait été deux personnages! Au *Kyrie eleison*, il ne chanta pas... c'était une messe basse qu'il disait... et il allait vite. Moi, je ne pensais rien qu'à regarder. Toute ma vie se ramassait dans ce trou de portail... Tout à coup, au premier *Dominus vobis cum* qui l'obligea à se retourner, je fus forcé de me fourrer les doigts dans les trous qui *vironnaient* celui par lequel je guettais, pour ne pas tomber à la renverse... Je vis que sa face était encore plus horrible qu'elle n'avait été de son vivant, car elle était toute semblable à celles qui roulent dans les cimetières quand on creuse les vieilles fosses et qu'on y déterre d'anciens os. Seulement les blessures qui avaient *foui* la face de l'abbé étaient *engravées* dans ses os. Les yeux seuls y étaient vivants comme dans une tête de chair et ils brûlaient comme deux chandelles. Ah! je crus qu'ils voyaient mon œil à travers le trou du portail, et que leur feu allait m'éborgner en me brûlant... Mais j'étais endiablé de voir jusqu'au bout... et je regardais! Il continua de marmotter sa prière, se répondant toujours et sonnant aux endroits où il fallait sonner ; mais pus il s'avançait, pus il se troublait... Il s'embarrassait, il s'arrêtait... On eût gagé qu'il avait oublié sa science... Vère! i' n' savait pus! Néanmoins il allait encore, buttant à tout mot comme un bègue, et reprenant... quand, arrivé à la *préface,* il s'arrêta court... Il prit sa tête de mort dans ses mains d'*esquelette,* comme un homme perdu qui cherche à se rappeler une chose qui peut le sauver et qui ne se la rappelle pas ! Une espèce de *courroux* lui creva dans la poitrine... il voulut consacrer, mais il laissa choir le calice sur l'autel... Il le touchait comme s'il lui eût dévoré les mains. Il avait l'air de devenir fou. Vère ! un mort fou ! Est-ce que les morts peuvent devenir fous jamais ? Ch'était pus qu'horrible ! J' m'attendais à voir le démon sortir de dessous l'autel, se jeter sur lui et le remporter ! Les dernières fois qu'il se retourna, il avait des larmes, de grosses larmes qui ressemblaient à du plomb fondu, le long de son visage. Il pleurait, ah ! mais il pleurait comme s'il avait été vivant ! C'est Dieu qui le punit, me dis-je, et quelle punition !... Et les mauvaises pensées me revinrent : vous savez toutes ces *affreusetés* qu'on avait traînées sur la renommée de ce prêtre et de Jeanne le Hardouey. Sans doute qu'il était damné, mais il souffrait à faire pitié au démon lui-même. Vère ! par saint Paterne, évêque d'Avranches, c'était pis pour lui que l'enfer, c'te messe qu'il s'entêtait à achever et qui lui tournait dans la mémoire et sur les lèvres ! Il en avait comme une manière de sueur de sang mêlée à ses larmes qui ruisselaient, éclairées par les cierges, sur sa face et presque sur sa poitrine, comme du plomb dans la rigole d'un moule à balles ou du vitriol. Quand je vous dirais qu'il recommença pus de vingt fois c'te messe impossible, j' ne vous mentirais pas. Il s'y épuisait. Il en avait la *broue* à la bouche comme un homme qui tombe de haut mal ; mais il ne tombait pas, il restait droit. Il priait toujours, mais il brouillait toujours sa messe, et, de temps en temps, il tordait ses bras au-dessus de sa tête et les dressait vers le tabernacle comme deux tenailles, comme s'il eût demandé grâce à un Dieu irrité qui n'écoutait pas !

« J'étais si appréhendé par un tel spectacle que je ne m'en allai point. J'oubliai tout, ma femme qui attendait, l'heure qu'il était, et je restai collé à ce portail jusqu'au jour... Car il n'y eut qu'au jour où ce terrible diseur de messe rentra dans la sacristie, toujours pleurant, et sans avoir jamais pu aller plus loin que la Consécration... Les portes de la sacristie s'ouvrirent d'elles-mêmes devant lui, en tournant lentement sur leurs gonds, comme s'ils avaient été de laine huilée... Les cierges s'éteignirent comme les portes de la sacristie s'étaient ouvertes, sans personne ! La nef commençait de blanchir. Tout était dans l'église tranquille et comme à l'ordinaire. Je m'en allai *de delà*, moulu de corps et d'esprit... et de tout cha, je ne dis mot à ma femme. C'est pus tard que j'en *causai* pour ma part, parce qu'on en *causait* dans la paroisse. Un matin, le sacristain Grouard avait, à *l'ouverture,* trouvé dans les bénitiers des portes l'eau bénite qui bouillait, en fumant, comme du goudron. Ce ne fut que peu à peu qu'elle s'apaisa et refroidit : mais il paraît que pendant la messe de ce prêtre maudit, elle bouillait toujours !·»

Tel fut le dire de Pierre Cloud lui-même,— ajouta maître Louis Tainnebouy dont la voix avait subi, en me les répétant, les mêmes altérations que quand il avait commencé de me parler de cette messe nocturne, — et voilà, monsieur, ce qu'on appelle la messe de l'abbé de la Croix-Jugan !

J'avoue que cette dernière partie de l'histoire, cette expiation surnaturelle, me sembla plus tragique que l'histoire elle-même. Était-ce l'heure à laquelle un croyant à cette épouvantable vision me la racontait ? Était-ce le théâtre de cette dramatique histoire, que nous foulions alors sous nos pieds ? Étaient-ce les neuf coups entendus et dont les ondes sonores frappaient encore à nos oreilles et versaient par là le froid à nos cœurs ? Était-ce enfin tout cela combiné et confondu en moi qui m'associait à l'impression vraie de cet homme si robuste de corps et d'esprit ? Mais je conviens que je cessai d'être un instant du XIXᵉ siècle, et que je crus à tout ce que m'avait dit Tainnebouy, comme il y croyait.

Plus tard, j'ai voulu me justifier ma croyance, par une suite des habitudes et des manies de ce triste temps, et je revins vivre quelques mois dans les environs de Blanchelande. J'étais déterminé à passer une nuit aux trous du portail, comme Pierre Cloud, le forgeron, et à voir de mes yeux ce qu'il avait vu. Mais comme les époques étaient fort irrégulières et distantes auxquelles sonnaient les neuf coups de la messe de l'abbé de la Croix-Jugan, quoiqu'on les entendît retentir parfois encore, me dirent les anciens du pays, mes affaires m'ayant obligé à quitter la contrée, je ne pus jamais réaliser mon projet.

FIN.

Achevé d'imprimer

le 30 septembre mil huit cent soixante-dix-huit

PAR CHARLES UNSINGER

POUR

ALPHONSE LEMERRE, ÉDITEUR

A PARIS

www.ingramcontent.com/pod-product-compliance
Lightning Source LLC
Chambersburg PA
CBHW050801170426
43202CB00013B/2520